Wilhelm Dietl

Staatsgeheimnis

Impressum

Herstellung und Verlag: Books on Demand GmbH, Norderstedt

ISBN-13: 9783837083873

Bibliografische Information der Deutschen Nationalbibliothek
Die Deutsche Nationalbibliothek verzeichnet diese Publikation in der Deutschen Nationalbibliografie; detaillierte bibliografische Daten sind im Internet über http://dnb.d-nb.de abrufbar.

„Die gefährlichsten Unwahrheiten sind Wahrheiten, mäßig entstellt.“

Georg Christoph Lichtenberg

Über den Autor:

Wilhelm Dietl ist seit 1971 als Journalist tätig und hat von 1982 bis 1993 für den Bundesnachrichtendienst Informationen aus dem Nahen und Mittleren Osten beschafft und in der dortigen Region zum Teil hochrangige Quellen geführt. Dafür erhielt er beim BND beste Beurteilungen. Er hat seit 1981 insgesamt 15 Bücher veröffentlicht, die sich mit Nachrichtendiensten, Terrorismus und den Krisengebieten von Nordafrika bis Südasien befassen. Er war Mitbegründer und stellvertretender Direktor des Essener „Instituts für Terrorismusforschung und Sicherheitspolitik".

Wilhelm Dietl

Staatsgeheimnis

Wie der Bundesnachrichtendienst
mit Hilfe von Medien und Justiz
seine eigenen Mitarbeiter enttarnt

Inhalt:

VORWORT

„Der BND entsorgt unliebsame Mitarbeiter“ 10

ÜBER MICH 36
Die frühen Jahre – Angefangen hat es
In Kötzting 37
Internationaler Journalismus:
Mit der QUICK um die Welt 44
Vom Bundesnachrichtendienst: 1982 bis 1993 58
Alptraum FOCUS – 1993 bis 2004 69
Intrige Schäfer-Bericht: Mai 2006 93
IFTUS 108

RECHT UND UNRECHT
Kündigungsverfahren FOCUS 111
Medienverfahren FOCUS 123
Medienverfahren Süddeutsche Zeitung 139
Medienverfahren Der Spiegel 145
Norddeutscher Rundfunk:
Zapp: Die Speerspitze des Rufmords 153
Medienverfahren Tageszeitung (taz) 159
Medienverfahren Der Fachjournalist 163
Medienverfahren Westdeutscher
Rundfunk (WDR) 166

WAHRHEIT UND HETZE 170

ANHANG 196

DIE BÜCHER 197

FACHGESPRÄCH
„Vom „Juwel" zum Zielobjekt des Bundesnachrichtendienstes" 220
„Cover Story", Haaretz, 22. Juni 2007 248

AUSGEWÄHLTE VORTRÄGE
GKND 2004: *„Öffentliche Medien als Kontrollinstanz der Geheimdienste"* 262
Friedrich-Naumann-Stiftung: *„What does Terrorism mean? Phenomenons of Terrorism"* 266
Sambachshof 2004: *„Der neue Terrorismus. Hintergründe, Wirkungen, Lösungsmöglichkeiten. Bedrohungsszenarien und Bekämpfungsstrategien gegen den islamischen Terrorismus"* 278
Konrad-Adenauer-Stiftung: *„Probleme der Internationalen Zusammenarbeit"* 301
Hanns-Seidel-Stiftung: "Research on Terrorismus/ Need for New Paradigms?" 318

AUFSÄTZE:
Geheimdienststaat Syrien 330
Geheimdienststaat Iran 344

VORWORT

Der BND entsorgt unliebsame Mitarbeiter

Dabei bedient er sich

- „Schäfer-Bericht“,
- Medien und
- Justiz

Die sogenannte Journalisten-Affäre des Bundesnachrichtendienstes (BND) begann bereits am 12. November 2003. Damals trafen sich ein Justitiar des Münchner Burda-Verlags, der FOCUS-Redakteur Josef Hufelschulte und ein ehemaliger Mitarbeiter des deutschen Auslandsgeheimdienstes. Später bekannte sich ein Mann namens Andreas Friesinger dazu, der FOCUS-Informant gewesen zu sein. Gegenüber den Münchner Ermittlungsbehörden leugnete er es bei anderer Gelegenheit. Der Kontakt zu Andreas Friesinger war Hufelschulte vom Ex-BND-Agenten Norbert Juretzko vermittelt worden.

Der im Protokoll des Treffens anonymisierte Informant gab an, Jahre zuvor für die damalige Abteilung 5 des BND gearbeitet zu haben, also für die Sicherheit. Er sei bei einem Observationskommando beschäftigt gewesen. Dessen frühere Bezeichnung QC30 sei inzwischen in QB30 geändert worden. Diese operative Einheit habe der BND nicht in Pullach stationiert, sondern in den Stadtbereich München ausgelagert. Zu ihren Pflichten gehöre es, Mitarbeiter des Dienstes zu überprüfen und möglicherweise bei illoyalem Verhalten zu überführen.

Zu den wichtigsten Aufgaben der Observanten habe während Friesingers Dienstzeit die Untersuchung der dunklen Kanäle zwischen BND-Mitarbeitern und den Medien gehört. Von April 1994 bis Anfang 1995 sei man häufig in Vaterstetten, Landkreis Ebersberg, eingesetzt gewesen. Der Spähtrupp habe einen BND-Kollegen beobachtet, der hausintern bei der Betreuung von Partnerdiensten tätig gewesen war. Für diese Überwachungsaktion (Deckname „Dinner") habe man der Zielperson den Codenamen „Carlos" verpasst.

Der Informant der Zeitschrift FOCUS konnte sich noch vieler Details entsinnen. Pro Schicht seien zwei Teams mit bis zu acht Personen im Einsatz gewesen. Sie hätten sich auch derselben Anzahl von Fahrzeugen bedient. Zeitweise seien also bis zu 15 Mitarbeiter in Vaterstetten unterwegs gewesen. Dem Zeugen fiel auf, dass häufig Autos und Observanten von „Carlos" abgezogen und anderweitig eingesetzt wurden. Interessanterweise habe man zu einem bestimmten Zeitpunkt das Interesse an „Carlos" verloren, den Mann später sogar noch befördert. Dabei habe die Observation durchaus Verfehlungen ergeben. Die Gründe hätten gereicht, ihn disziplinarrechtlich zu belangen.

Informationen aus dem BND

Der FOCUS-Gesprächspartner erzählte ausführlich, wie er immer wieder gegen den Redakteur Hufelschulte, wohnhaft in der Nachbarstraße von „Carlos", eingesetzt wurde. Die Mannschaft von QC30 habe niemals einen offiziellen Auftrag erhalten, den Journalisten zu überwachen. Man sei jedoch gebeten worden, am Hufelschulte-Reihenhaus in der Freundorfer Straße vorbeizufahren und die Kennzeichen der dort geparkten Fahrzeuge zu notieren. Im Pullacher Hauptquartier des BND interessierte sich ein Vorgesetzter der Beobachter für die Lebensgewohnheiten des hochgewachsenen Westfalen – und für seine Kontakte. Das war eine illegale Amtshandlung, und deshalb lief sie absolut inoffiziell. Für die Observation Hufelschultes gab es keine ausdrückliche Anweisung, und doch wussten alle Beteiligten, was sie zu tun hatten.

Dem Observationsteam lagen persönliche Daten der Hufelschultes, die Kennzeichen ihrer Autos, sogar ein Foto des Journalisten vor. Das hatte der BND operativ bei der lokalen Meldebehörde beschafft. Dabei wäre das einfacher gegangen. FOCUS druckte mehrfach ein gemeinsames Bild des Redakteurs und des neuen BND-Sicherheitschefs Volker Foertsch ab. Es hätte also nur einer Papierschere bedurft. Die gesamte BND-Aktion soll zwischen 300 000 und 350 000 Mark für Personal, Fahrzeuge und Reisespesen verschlungen haben. Sie wurde eingestellt, als der Dienst wieder einmal in eine Sparphase geriet.

Insider Friesinger berichtete dem Magazin auch von einem anderen Überwachungsvorgang. 1994 formierte sich die Geheimtruppe gegen den Friedensforscher und Journalisten Erich Schmidt-Eenboom, der kurz vorher ein grundlegendes Werk über den BND veröffentlicht hatte („*Schnüffler ohne Nase*"). Die Observanten richteten gegenüber Schmidt-Eenbooms Büro in Weilheim eine konspirative Wohnung ein, filmten von dort ihr Zielobjekt. Sie folgten ihm auf seinen Reisen, registrierten das innige Verhältnis mit der Sekretärin und den Besuch von Peep-Shows. Wiedererkennungswert hatte ein Besuch Hufelschultes bei Schmidt-Eenboom. Er sollte nicht der einzige Gast sein, dem die amtlichen Schatten anschließend folgten.

Der Protokoll führende Anwalt war von der Fülle der BRD-internen Details beeindruckt. Er stufte den Informanten für absolut glaubwürdig ein und konnte bei seiner umfassenden Beichte keine Tendenz zur Rache am ehemaligen Arbeitgeber erkennen. Der Informant, so der „Schriftführer", halte die illegalen Überwachungsmaßnahmen für rechtlich fragwürdig, den BND für eine gewöhnliche deutsche Behörde mit schlecht bezahlten Mitarbeitern, teilweise unqualifizierten Chefs, mit Dienst nach Vorschrift und vielen Intrigen.

Josef Hufelschulte deponierte das Protokoll des Treffens in einem Bankschließfach, das er nach einer Durchsuchungsaktion der Staatsanwaltschaft Jahre vorher eingerichtet hatte. Er wartete auf die passende Gelegenheit, die Skandal-Lawine loszutreten. Bis auf weiteres informierte er nur seinen zeitweiligen Mitstreiter Erich Schmidt-Eenboom. Beide gelobten mediale Zurückhaltung. Erst 2005 sollte der Zusammenhang veröffentlicht werden, und dann auch nicht von FOCUS. Gemäß der hauseigenen Taktik, lieber Berichte anderer zu zitieren und dabei „über Bande" zu spielen, wurde der neue BND-Skandal an die „*Berliner Zeitung*" lanciert. Der sachkundige Redakteur Andreas Försters bekam die Informationen von Hufelschulte/Schmidt-Eenboom als „brandaktuell und hochexklusiv" (Förster) präsentiert.

FOCUS lässt Geheimnisse enthüllen

Unter der Überschrift „*Ins Visier genommen*" veröffentlichte Andreas Förster in der Ausgabe vom 8. November 2005 sein ihm zugespieltes Wissen: *„Ein Publizist schrieb ein Buch über den Bundesnachrichtendienst und wurde daraufhin selbst beschattet. Ein Skandal, über den die Verantwortlichen sich ausschweigen."* Schrill stimmten die direkt Betroffenen in den Chor der BND-Opfer ein und lockerten so innerhalb von zwei Wochen die starre Front der Geheimen. Die Journalisten legten immer wieder eine kleine Information nach und steigerten die Branchen-interne Empörung. Vor allem, sie erweckten den Eindruck als hätten sie erst Stunden oder Tage vorher von dem eklatanten Gesetzesverstoß erfahren.

Nun befassten sich die deutschen Medien auf breiter Front mit diesem Thema. Am 21. November 2005 behaupteten das Nachrichtenmagazin „*Der Spiegel*" und die Zeitschrift FOCUS, der BND habe Journalisten nicht nur beobachtet, sondern auch als Quellen geführt. Das brachte neue, entscheidende Aspekte.

Der scheidende BND-Präsident August Hanning musste dem für die deutschen Nachrichtendienste zuständigen Parlamentarischen Kontrollgremium (PKG) einen ersten Zwischenbericht vorlegen – und dabei eingestehen, dass noch mehr Journalisten bespitzelt worden waren. Die Bundestagsabgeordneten forderten vom Dienst, *„ausdrücklich, dass sofort Maßnahmen ergriffen werden, die für die Zukunft eine Wiederholung solcher Vorfälle vermeiden helfen"*.

Der damalige PKG-Vorsitzende Volker Neumann gab am 21. November 2005 folgende Erklärung ab:

„Das Parlamentarische Kontrollgremium des Deutschen Bundestages hat sich heute erneut mit in der Presse erhobenen Vorwürfen befasst, der BND habe über Monate hinweg Journalisten rechtswidrig observiert, um so deren Informanten aus dem BND zu enttarnen. Die Bundesregierung hat dem Gremium ausführlich zu diesem Vorgang berichtet und Fragen der Mitglieder beantwortet.

Das Gremium hat dabei festgestellt, dass der BND mit seiner Vorgehensweise teilweise seine ihm in § 2 Abs. 1 BNDG eingeräumten Befugnisse, Maßnahmen zum Schutz seiner Mitarbeiter, Einrichtungen, Gegenstände und Quellen zu treffen, überschritten hat. Jedoch sieht das Gremium hier noch weiteren Aufklärungsbedarf.

Um eine unverzügliche und gründliche Aufklärung der Vorfälle sicherzustellen, hat das Parlamentarische Kontrollgremium beschlossen, von der in § 2c PKGrG vorgesehenen Möglichkeit Gebrauch zu machen, einen Sachverständigen mit der Untersuchung zu beauftragen.

Darüber hinaus hat das Kontrollgremium gegenüber der Bundesregierung ausdrücklich gefordert, dass sofort Maßnahmen ergriffen werden, die für die Zukunft eine Wiederholung solcher Vorfälle vermeiden helfen. Über den Fortschritt der Schaffung und Implementation dieser

Maßnahmen wird die Bundesregierung das Kontrollgremium laufend informieren."

Der Grünen-Abgeordnete Christian Ströbele wurde in der *„Berliner Zeitung"* zitiert: *„Der Bürger muss sicher sein, dass seine Informationen, die er Journalisten anvertraut, nicht bei den Geheimdiensten landen."* Die PKG beschloss, einen Sonderermittler einzusetzen. Er sollte die Journalistenaffäre restlos aufklären.

Die Wahl fiel auf den ehemaligen Vorsitzenden Richter am Bundesgerichtshof Dr. Gerhard Schäfer. Der damals 68jährige Jurist stand vor der Aufgabe, zusammen mit zwei Mitarbeitern innerhalb weniger Monate den Gesamtkomplex aufzuarbeiten. Der mit dieser Arbeit hoffnungslos überforderte Schäfer ließ sich Anfang 2006 vom BND 25 relevante Akten und zehn Hefter zusammenstellen, lud Mitarbeiter des Dienstes zur Anhörung und fertigte bis Anfang Mai 2006 einen 175 Seiten starken Bericht an.

Sonderermittler Schäfer wurde instrumentalisiert

Wesentliche Teile des „Schäfer-Berichts" basieren auf den Aktenvermerken und Aussagen des früheren BND-Abteilungsleiters Volker Foertsch. Wiederum viele dieser Vermerke entstanden während der Ermittlungen von Gerhard Schäfer, also im Jahr 2006 und damit nachträglich. Foertsch rekonstruierte sie aus seinen Notizen, da viele Originaldokumente nicht mehr auffindbar waren. Manche Erkenntnisse hatte er auch während seiner Dienstzeit nie zu Papier gebracht.

Gerade in den Tagen nach dem 1.Mai 2006 wurde an diesem Bundestags-Report mit Hochdruck gearbeitet. Kurz vor seiner Fertigstellung schrieb Schäfer ihn mehrfach um, erweiterte und anonymisierte den Text. Trotzdem blieb er bis heute ein Provisorium, das nach dem Willen der Bundesregierung mit keinem Satz verändert oder berichtigt werden darf.

Am 10. Mai 2006 legte Schäfer dem Parlamentarischen Kontrollgremium seinen Abschlußbericht vor. Bereits zwei Tage später berichtete die *„Süddeutsche Zeitung“* über den noch als VS-Geheim eingestuften Report. Andere Blätter zogen nach. Der lockere Umgang mit dem Geheimmaterial blieb für sie folgenlos. Im Gegenteil: Das PKG sah sich am 16. Mai 2006, unter dem Druck der Medien, veranlasst, die Veröffentlichung des „Schäfer-Berichts“ anzukündigen. In einer Erklärung hieß es: *„Zur Wahrung der Persönlichkeitsrechte von Betroffenen hat das Gremium entschieden, dass diesen vorab Gehör gewährt wird.“* Die Veröffentlichung wurde für den 24. Mai bekannt gegeben. Es sollte schließlich der 26. Mai 2006 werden.

Der unzureichend verschlüsselte „Schäfer-Bericht“ befasste sich mit den folgenden Journalisten:

1. **Erich Schmidt-Eenboom** alias „Journalist T“ (Decknamen „März“ und „Gladiator“).
2. **Uwe Müller** alias „Person N“ (Deckname „Sommer“).
3. **Josef Hufelschulte** alias „Journalist....“ (Deckname „Jerez“)
4. **Erwin Decker** alias „Journalist U“ (Deckname „Bosch“).
5. **Thomas Tumovec** alias „Journalist R“ (Deckname „Kempinski“).
6. **Wilhelm Dietl** alias „Journalist V“ (Decknamen „Dali“ und „Schweiger“).
7. **Peter Ferdinand Koch** alias „Journalist X“ (Deckname Mis“).
8. **Bodo Wegmann** alias „Person L“ (Deckname „Muskelkrampf“).
9. **Wolfgang Steigert** alias „Person St“ – wegen des Kontakts zu Schmidt-Eenboom.
10. **Wolfgang Krach** – wegen des Kontakts zu Schmidt-Eenboom.
11. **Andreas Förster** – wegen der Kontakte zu Schmidt-Eenboom und Müller.

12. **Jo Angerer** alias „Person J“ – wegen des Kontakts zu Schmidt-Eenboom.
13. Verleger xxxx alias „Person J“ – er hatte ein Buchmanuskript eines BND-Mitarbeiters anonym erhalten.

Der „Schäfer-Bericht“ ist sehr schwierig zu lesen, weil es darin von Abkürzungen nur so wimmelt. Auf alle Fälle gewinnt der Interessent den Eindruck, dass der BND ohne Rücksicht auf bestehende Gesetze in die Presselandschaft eingegriffen und dabei häufig die Pressefreiheit verletzt hat. Mehrere der genannten Journalisten wurden vom BND operativ auf Kollegen angesetzt. Ich selbst war für den BND zehn Jahre und acht Monate operativ im Nahen und Mittleren Osten tätig. Vier der aufgelisteten Personen gerieten ins Visier des BND, weil sie irgendwann den ihnen bekannten Erich Schmidt-Eenboom besuchten. Sie blieben absolute Randfiguren. Auch der zuletzt genannte Verleger war eine passive Erscheinung, die ohne eigenes Zutun ins Visier des Nachrichtendienstes geriet.

Der „Schäfer-Bericht“ registrierte, wie sehr der BND vom Schmidt-Eenboom-Buch und von den Enthüllungen des „Spiegel“ zur Plutonium-Affäre getroffen war, wie intensiv die Pullacher nach den undichten Stellen forschten. Schmidt-Eenboom wurde zum einen überwacht, zum anderen als Quelle angeworben. Er übergab einem Verbindungsführer Dokumente, erweckte den Eindruck, er würde für den BND in Hamburg tätig werden und nahm BND-„Spenden“ für sein Institut an.

Uwe Müller, der in Leipzig einen Newsletter publiziert, wurde vom BND an den ehemaligen BND-Agenten Norbert Juretzko und an mich herangespielt, um unseren Arbeitsstand in Erfahrung zu bringen. Vor dem Erscheinen unseres gemeinsamen Buches *„Bedingt dienstbereit“* sollte er alles darüber herausfinden. Josef Hufelschulte diente als Informant für eine Vielzahl von Medienthemen, desgleichen sein beruflicher Partner Thomas Tumovec, ein früherer Offizier der

DDR-Staatssicherheit. Erwin Decker plauderte mit BND-Sicherheitschef Volker Foertsch über seinen Intimfeind Hufelschulte. Was unterschied mich von ihnen? Ich arbeitete professionell für den BND und beschaffte Informationen im Ausland, zumeist in den Bereichen Politik, Wirtschaft und Terrorismus.

Nach meinem Ausscheiden, Anfang 1993, hielt ich weiterhin Kontakt zum Dienst, weil ich mich als Mitarbeiter des Magazins FOCUS und als Buchautor mit Geheimdiensten und Sicherheitsbehörden beschäftigte. Im Rahmen dieser Kontakte, vorwiegend zu Volker Foertsch, wurde ich – als Small-Talk getarnt -. immer wieder in Gespräche über Medien verwickelt. Wirkliche Internas kannte ich jedoch nur selten. Um offene Fragen des BND zu klären, startete ich keine Recherchen. Mich in Verbindung mit der Journalisten-Bespitzelung zu bringen, war deshalb pure Verleumdung. Die Vergeltung des BND für die publizistische Zusammenarbeit mit dem „Verräter" Norbert Juretzko.

Josef Hufelschulte von FOCUS war der einzige Journalist, der gegen den „Schäfer-Bericht" noch vor seiner Veröffentlichung gerichtliche Schritte einleitete. Er erwirkte am 23. Mai 2006 vor der 2. Kammer des Verwaltungsgerichts Berlin einen Beschluss, wonach die ihn betreffenden Passagen aus dem Text der Untersuchung getilgt werden mussten. Obwohl es sich bei Hufelschulte – wie erst seit kurzem bei *Wikileaks* nachzulesen ist – um den aktivsten Informanten des BND in Sachen Medieninternas handelte, akzeptierte das Berliner Gericht die Argumente der FOCUS-Anwälte, *„die personenbezogenen Daten des Antragsstellers*" seien rechtswidrig, es fehle an der gesetzlichen Grundlage für ihre Veröffentlichung und das Recht Hufelschultes *„auf informationelle Selbstbestimmung*" werde verletzt. Es sei geboten, die Privatsphäre des Klägers zu schützen.

Eine Maxime, die in der täglichen FOCUS-Arbeit weitgehend unberücksichtigt bleibt, und die gerade im Fall Hufelschulte keine Rolle spielte. Jedoch, das Gericht spielte mit und übernahm die von den Medien konstruierte Version des Opfers Hufelschulte. Der Täter „Jerez“ blieb unberücksichtigt.

FOCUS Online formulierte mit großer Chuzpe: *„FOCUS begrüßt die Entscheidung des Gerichts, weil damit deutlich wird, dass Journalisten die Opfer der BND-Schnüffeleien sind und vor einer zweiten Diffamierung durch eine Veröffentlichung in ihren Persönlichkeitsrechten geschützt werden müssen.“*

Erste Gerichtsverfahren gegen zweifelhafte Medienberichte

Auch Erich Schmidt-Eenboom klagte im Jahr 2006 gegen Veröffentlichungen im Zusammenhang mit seiner Erwähnung im „Schäfer-Bericht“. Beim ersten Verfahren, im Juni 2006, wurde Hans Leyendecker von der „*Süddeutschen Zeitung*“ per Unterlassungsverpflichtungserklärung verurteilt, verschiedene Behauptungen gegen Schmidt-Eenboom, die mit dem „Schäfer-Bericht“ in Zusammenhang standen, nicht mehr zu verbreiten. Dabei ging es unter anderem um die Frage, ob der Friedensforscher eine „Vertrauensperson“ (VP) des Dienstes gewesen sei, ob er Wert darauf gelegt habe, dass sein Tarnname nur dem Präsidenten des BND und zwei direkten Verbindungsleuten bekannt gewesen sei. Das Landgericht Hamburg untersagte außerdem die Behauptungen, Volker Foertsch habe zu Vertrauten gesagt, er halte Schmidt-Eenboom für einen „netten Spinner“, der einen sauberen BND wolle. Darüber hinaus legte Schmidt-Eenboom Wert auf die Feststellung, er habe dem BND keinen Hinweis gegeben, dass er beim WDR eine Reportage über Foertsch und den Geheimdienst angeregt habe. Das Landgericht Hamburg stellte deshalb fest, der „Schäfer-Bericht“ sei keine „privilegierte Quelle“, wie etwa ein Polizeibericht, den man ohne weitere Recherche übernehmen und zitieren dürfe.

In einer weiteren Entscheidung des Landgerichts München wurde der „*Süddeutschen Zeitung*“ im Dezember 2006 erneut die Behauptung untersagt, Schmidt-Eenboom habe dem BND erzählt, welchen Bericht über den BND das WDR-Magazin „Monitor" plane. Die SZ argumentierte, es liege eine zulässige Verdachtsberichterstattung vor. Die Journalisten hätten sich auch ohne eigene Recherche auf die entsprechenden Angaben im „Schäfer-Bericht" stützen können. Dies hielt die zuständige 9. Zivilkammer für unerheblich.

In der Urteilsbegründung hieß es wörtlich: *„Der Bericht in der Form, die der Berichterstattung durch die Beklagten zugrunde lag, war noch nicht veröffentlicht. Dies geht schon aus der Ausgangsmitteilung hervor, in der noch von dem `unter Verschluss gehaltenen Bericht´ die Rede ist. Da der Bericht noch nicht der Öffentlichkeit von einer amtlichen Stelle zugänglich gemacht worden war, kann er nicht als privilegierte Quelle angesehen werden, die dem Beklagten eine eigene Recherche ersparte."*

Ich habe von 1993 bis 2004 für das Magazin FOCUS gearbeitet und wurde mit einem frei erfundenen, ehrenrührigen Vorwurf fristlos gekündigt. Dagegen habe ich mich gerichtlich gewehrt und das Verfahren in erster Instanz gewonnen. Am 12. Januar 2006 verkündete die 34. Zivilkammer des Landgerichts München I, die Kündigung sei zu Unrecht erfolgt. Zitat: *„Die Beklagte konnte die eine fristlose Kündigung rechtfertigenden wichtigen Gründe sowie die Zumutbarkeit der Fortsetzung des Vertragsverhältnisses bis zum ordentlichen Ende nicht zur Überzeugung des Gerichtes nachweisen. Da die Beklagte hierfür die Beweislast trägt, muss dies zu ihrem Nachteil gelten."* FOCUS müsse ausstehende Honorare bezahlen und die Kosten des Verfahrens übernehmen.

Der Münchner Verlag ging in Berufung und fuhr ein halbes Jahr später schweres Geschütz auf. Inzwischen war der „Schäfer-Bericht" erschienen. Die FOCUS-Anwälte führten ihn als nachgeschobenen Kündigungsgrund ein. Die ursprüngliche Begründung nahm nur noch wenige Zeilen ein. Über die absolut legale Zusammenarbeit mit dem BND in der Zeit vor der Gründung von FOCUS wurde breit referiert.

Wahrheitswidrig behauptete FOCUS, der Mitarbeiter Wilhelm Dietl habe den Verlag im Auftrag des BND ausgeforscht. Sogar im „Schäfer-Bericht" war jedoch klar festgehalten, dass keiner der genannten Journalisten den eigenen Arbeitgeber im Auftrag des BND bespitzelt habe. Der Zusammenhang zwischen der Kündigung von 2004 und der aktuellen BND-Affäre wurde künstlich konstruiert.

Am 4. Oktober 2006 stellte der 18. Zivilsenat des Oberlandesgerichts München fest: *„Der Senat beabsichtigt, die Berufung des Beklagten gegen das Endurteil des Landgerichts München I vom 12.1.2006 zurückzuweisen."* Die Berufung sei ohne Aussicht auf Erfolg, die vorausgegangene fristlose Kündigung unwirksam. Eine Verdachtskündigung sei nur zulässig, „wenn der Dienstherr alle zumutbaren Anstrengungen zur Aufklärung des Sachverhalts unternommen, insbesondere dem Dienstverpflichteten Gelegenheit zur Stellungnahme gegeben hat."

Auch zu den nachgeschobenen Kündigungsgründen äußerte sich das OLG München eindeutig: *„Schließlich lässt sich die Kündigung auch nicht auf den Verdacht stützen, der Kläger habe mit dem BND zusammen gearbeitet. Entgegen der Ausführung in der Berufungsbegründung reicht für eine Verdachtskündigung nicht der Nachweis aus, dass ein Verdacht gehegt wird, sondern der Verdacht muss sich auf objektive Tatsachen gründen. Objektive Tatsachen wurden von der Beklagten nicht genannt." Das OLG vermerkte auch „die vom Kläger nicht in Abrede gestellte Tätigkeit für den BND vor seiner journalistischen Mitarbeit bei der Beklagten". Das Gericht riet FOCUS dringend, „die Berufung zurückzunehmen".*

Noch einmal warnten meine Anwälte vor dem grundlegenden rechtlichen Fehler, mit einer am 26. Mai 2006 geschaffenen Tatsache eine Kündigung vom 29. November 2004 rechtfertigen zu wollen. Zitat: *„Für die Beurteilung der fristlosen Kündigung kommt es auf die im Zeitpunkt des Zugangs der Kündigung bestehenden und bekannten*

Kündigungsgründe an.“ Schon damals wurde der „Schäfer-Bericht“ völlig willkürlich zitiert, wurden Sachverhalte in den Medien aus dem Zusammenhang gerissen. In einem Schriftsatz der Kläger-Anwälte hieß es: *„Dem `Schäfer-Bericht´ ist nicht zu entnehmen, dass der Kläger im Auftrag des Bundesnachrichtendienstes Journalisten bespitzelt hat, und hierfür Geld erhalten hat. Dies wurde auch von Herrn Schäfer entsprechend bestätigt. Im übrigen wird der Wahrheitsgehalt des `Schäfer-Berichtes´ diesseits angezweifelt und bestritten. Der `Schäfer-Bericht´ besteht nur aus Angaben des Bundesnachrichtendienstes, die offensichtlich einigen – in Ungnade gefallenen – Personen Schaden bereiten sollen. Der Berichterstatter selbst hatte keine Möglichkeit, den Wahrheitsgehalt der einzelnen Punkte unabhängig zu überprüfen.“*

Bei der mündlichen Verhandlung vor dem OLG München erfolgte am 6. März 2007 die große Kehrtwende. Der Richter forderte die Rücknahme der Klage gegen FOCUS. Er drohte mit einem Ermittlungsverfahren wegen falscher Aussagen zur BND-Tätigkeit in der ersten Instanz. Dem schlossen sich überraschenderweise meine eigenen Anwälte an. Aus dieser Situation heraus, habe ich meine Klage zurückgezogen. Eine weitere Instanz war nicht möglich. So ging ein erfolgreich verlaufenes Kündigungs-Verfahren wegen des „Schäfer-Berichts“, der damit absolut nichts zu tun hatte, verloren.

Strafanzeige gegen die BND-Präsidenten

Zeitgleich reichte ich am 18. August 2006 eine Strafanzeige *„gegen die Verantwortlichen des Bundesnachrichtendienstes namentlich seinen derzeitigen Präsidenten Ernst Uhrlau und dessen Vorgänger August Hanning, heute Staatssekretär im Bundesinnenministerium, und alle weiteren Beteiligten an strafbaren Handlungen“* ein.

Der Text meiner Anzeige lautete:

„Ich war im Zeitraum 1982 bis 1993 hauptamtlich für den Bundesnachrichtendienst tätig. In diesen Jahren habe – unter dem Decknamen `Dali´ - nachrichtendienstliche Verbindungen (NDV) im Nahen und Mittleren Osten sowie Süd- und Zentralasien angeworben und geführt. Mehrere dieser Quellen befinden sich noch heute in Schlüsselpositionen ihrer Länder, unter anderem als Minister. Andere arbeiten für Geheimdienste oder für islamistische/terroristische Organisationen.

In diesem Zusammenhang ging es um die traditionellen Arbeitsbereiche des Referats 16A – Politik, Wirtschaft, Rüstung -, aber auch um Aufklärung von Terrorismus, Proliferation, Nachrichtendienste und Drogenhandel. Ich habe sehr unabhängig gearbeitet, war aber bei Bedarf immer wieder in einem Team eingebettet. Dafür können Zeugen benannt werden. Nach dem Ende unserer Bemühungen um die deutschen Geiseln im Libanon habe ich den BND verlassen. In den ersten Wochen des Jahres 1993 nahm der damalige UAL 16 die Sicherheitsbelehrung vor, was ich durch Unterschrift bestätigte. Ich habe seither über die seinerzeitige Tätigkeit ausnahmslos geschwiegen.

Im November 2005 wurde die aktuelle BND-Affäre um die Bespitzelung von investigativen Journalisten durch gezielte Berichterstattung in der `Berliner Zeitung´ und in FOCUS losgetreten. Vorausgegangen waren Indiskretionen durch einen oder mehrere ehemalige Mitarbeiter des BND-Observationskommandos QB30. Von Seiten des Deutschen Bundestages wurde der Sonderermittler Dr. Gerhard Schäfer eingesetzt, den Gesamtzusammenhang zu untersuchen. Er bekam vom Bundesnachrichtendienst eine sehr begrenzte Auswahl von Akten über nachrichtendienstliche Kontakte zu Journalisten. Als Reaktion auf meine Ko-Autorenschaft an den beiden Juretzko-Büchern wurde ich mit anderen Journalisten, die in der Tat im Auftrag des Dienstes Kollegen ausgeforscht hatten, unzulässigerweise in Zusammenhang gebracht. Pikant: Ich geriet dabei auf dieselbe Handlungsebene wie

Uwe Müller, den das Referat 80B des BND jahrelang auf mich angesetzt hatte.

Gleichzeitig kam es zu gezielten Informationen aus dem BND über meine Tätigkeit und die dafür erfolgten finanziellen Abrechnungen. Sogar meine dienstinterne, geheime V-Nummer wurde dabei verraten. FOCUS-Chefredakteur Uli Baur berichtete in einer Redaktionskonferenz von entsprechenden Erkenntnissen. Er sagte, der damalige Präsident August Hanning habe ihn persönlich über mich aufgeklärt. Das fand schließlich auch Niederschlag in der Berichterstattung der Zeitschrift und wurde von ihr in einen laufenden, zivilen Rechtsstreit eingeführt, durch Herausgeber Helmut Markwort emsig in zahlreichen anderen Medien verbreitet. Dabei verfolgten FOCUS und andere die eindeutige Absicht, meinen journalistischen Ruf irreparabel zu schädigen. Vordergründig und absolut unrichtig wurde dargestellt, ich hätte ab 1993 im Auftrag des BND andere Journalisten ausgeforscht. Um dies zu berichtigen und auf die erheblichen Sicherheitsrisiken dieser Abläufe hinzuweisen, bat ich mehrfach schriftlich um ein Gespräch mit dem aktuellen BND-Präsidenten Ernst Uhrlau, was dieser ablehnte, Auch eine Berichtigung von Seiten des BND, dass ich seinerzeit nicht auf Journalisten angesetzt war, sondern in den genannten anderen Bereichen gearbeitet habe, wurde vom BND verweigert.

Der Bundesnachrichtendienst hat durch seine Indiskretion gegenüber dem Sonderermittler Schäfer als auch gegenüber der Medienöffentlichkeit meine Existenz als aktuell (und in den Krisengebieten der islamischen Welt) arbeitender Journalist mutwillig zerstört. Er setzt mich zudem einer erheblichen Gefährdung aus und bewirkt, dass ich künftig nicht mehr an meine traditionellen Wirkungsstätten reisen kann, ohne an Leib und Leben bedroht zu sein. Der Bundesnachrichtendienst gefährdet darüber hinaus in unerträglicher Weise sämtliche früheren Quellen, die mit mir in Zusammenhang gebracht werden können. Nach meinen Informationen haben Nachrichtendienste des Nahen Ostens bereits damit begonnen, Daten meiner Reisen und Kontakte abzugleichen, um die Informanten in ihren Ländern herauszufinden. Ich war gezwungen, mehrere von ihnen nachdrücklich zu warnen.

Gerade hier ist ein nachhaltiger Schaden für die Interessen der Bundesrepublik Deutschland entstanden. Ich bitte die Bundesanwaltschaft, diesen Sachverhalt besonders eingehend zu prüfen.

Der BND hat die existierende Gefahrengemeinschaft willkürlich und ohne Not zerstört und dabei in eklatanter Weise gegen seine Garantenpflicht verstoßen. Gerade Menschen, die sich im Auftrag des Auslandsnachrichtendienstes und zum Wohle der Bundesrepublik Deutschland in deutlich erhöhte Gefahr begeben, müssen verlässlich geschützt werden. So war es bisher und so ist es eine eherne Grundregel aller Geheimdienste. In einigen Staaten wurde dies per Gesetz festgelegt. Ein Verstoß gilt als schweres Verbrechen, zum Beispiel in den Vereinigten Staaten. Der Fall der – aus politischen Motiven – von Mitarbeitern des Weißen Hauses vorsätzlich enttarnten CIA-Mitarbeiterin Valerie Plame hat dies in den vergangenen Monaten besonders klar gezeigt.

Ich verweise in diesem Zusammenhang auf ein Präzedenzurteil des 3. Strafsenats des BGH vom 8. November 1965. Es richtete sich gegen einen hauptamtlichen Mitarbeiter des Bundesamtes für Verfassungsschutz, der gegenüber einem Rechtsanwalt aus Hannover und mehreren Journalisten eine Anzahl seiner Kollegen enttarnt hatte. Das hatte zu einschlägigen Veröffentlichungen in mehreren Zeitschriften geführt. Der Angeklagte P. hatte seinerzeit Namen, Dienststellung (nach Abteilung, Gruppe und Referat mit Buchstaben und Nummer) sowie NS-Belastung von sechs BfV-Beamten offen gelegt. Nach Einschätzung des Senats hat der

Angeklagte in der irrigen Annahme des Rechts auf `freie Meinungsäußerung´ Staatsgeheimnisse preisgegeben und damit gegnerischen Nachrichtendiensten Vorteile verschafft.

Staatsgeheimnisse, so stellte der BGH fest, müssen nicht zwingend aus Akten bestehen. Es kann sich auch um konkrete Personen aus dem Sicherheitsbereich handeln. Der Angeklagte P. offenbarte Amtsgeheimnisse im Sinne des § 353b StGB gegenüber Unbefugten und handelte dabei als Beamter im Sinne desselben Paragraphen (BGH St. 2 396, 398). Er verstieß damit in besonders ernster Weise gegen öffentliche Interessen, unter anderem bei der alltäglichen Zusammenarbeit mit den Abwehrdiensten der westlichen Alliierten. Der Senat verurteilte ihn deshalb wegen eines Vergehens des vorsätzlichen Geheimnisbruchs mit vorsätzlicher Gefährdung öffentlicher Interessen (§ 353b Abs. 1 Halbs. StGB).

Auch im vorliegenden Fall, bezüglich der Herren Hanning und Uhrlau sowie möglicher anderer Mittäter an dieser kriminellen Handlung, ist der Tatbestand des Geheimnisverrats erfüllt. Mit dem Anwerben von hauptamtlichen Mitarbeitern wie nachrichtendienstlichen Verbindungen oder auch einfachen Quellen übernimmt der Bundesnachrichtendienst ihnen gegenüber eine Garantenpflicht. Die Garantenpflicht schützt den Agenten besonders nachdrücklich auch vor der Aufdeckung durch seinen eigenen Auftraggeber. Die Aufdeckung des Agenten durch seinen Auftraggeber, hier also durch den Bundesnachrichtendienst, stellt eine eklatante Verletzung dieser Garantenpflicht und damit einen Geheimnisbruch dar, da der Enttarnte mutwillig einer Gefahr für Leib und Leben ausgesetzt und darüber hinaus sein berufliches und soziales Umfeld in extremer Weise beeinträchtigt wird. Für diese konkrete Gefährdung gibt es auch keine Rechtfertigung.“ [i]

Am 25. August 2006 stellte der Generalbundesanwalt fest, dass die Anzeige gegen Uhrlau und Hanning wegen Geheimnisverrats nicht in die Zuständigkeit der Karlsruher Behörde fallen würde. Das sei keine einschlägige Staatsschutzsache. Deshalb habe man die Anzeige an das Landgericht München II weitergeleitet.

Am 6. Oktober 2006 stellte die Staatsanwaltschaft München I das Verfahren ein. Begründung: *„Ein Anfangsverdacht in Hinblick auf eine verfolgbare Straftat liegt nicht vor."*

Meine Beschwerde gegen diese Entscheidung führte dazu, dass die Ermittlungen gegen Uhrlau und Hanning am 15. November 2006 wieder aufgenommen wurden (Az. 115 AR 4157/06). Die Münchner Kriminalpolizei bat FOCUS-Chefredakteur Uli Baur zur Vernehmung ins Präsidium. Das kam ihm ungelegen, und deshalb sagte er den Termin mit Hinweis auf sein Zeugnisverweigerungsrecht kurzerhand ab.

Am 27. Februar 2007 stellte die Staatsanwaltschaft München I erneut ein: *„Ein Anfangsverdacht im Hinblick auf eine Straftat, begangen durch Ernst Uhrlau und August Hanning, liegt nicht vor."* Eine weitere Beschwerde, vorgetragen durch eine Münchner Anwaltskanzlei, wurde am 25. Juni 2007 von der Generalstaatsanwaltschaft abgewiesen.

Rechtsfreier Raum bei den Medienverfahren

Neben dem Kündigungsverfahren lief gegen FOCUS ein Medienverfahren. Das Magazin hatte stets seine eigenen Interessen und jenes der Öffentlichkeit vermischt. Zwei Tage vor der Hauptverhandlung im Kündigungsverfahren stand im Münchner Bilderblatt zu lesen, der freie Mitarbeiter D. habe *„über viele Jahre dem BND sein Wissen offenbart"*. Mitte der 90er Jahre sei seine Aufgabe *„die Ausspähung von Journalisten-Kollegen"* gewesen. Mittlerweile werde D. selbst vom BND überwacht. Er gelte als *„möglicher Zuträger für einen ausländischen Geheimdienst"*. FOCUS zitierte sich selbst, da es diese Falschinformation eigenhändig in Umlauf gebracht hatte.

Wochen vor der Frage des „Schäfer-Berichts“ beschaffte sich FOCUS die als geheim eingestufte Fassung und zitierte ungestraft wie auch verfälschend. In den Ausgaben vom 15. und vom 22. Mai 2006 riss FOCUS erneut Details des noch nicht existierenden „Schäfer-Berichts“ aus ihrem Zusammenhang. Seit 1996 sei Wilhelm Dietl „gezielt auf Journalisten“ angesetzt gewesen. Der Dienst habe ihn *„mit über 650 000 Mark entlohnt“*. FOCUS nannte meine streng geheime V-Nummer (068 533) und meinen einstigen Decknamen „Dali“.

Das Blatt verweigerte in der nächsten Phase Gegendarstellung und Unterlassung, auch den geforderten Widerruf. Also kam es zu einem langwierigen Verfahren. In erster Instanz urteilte das Landgericht Regensburg am 30. April 2007. Nach Auffassung der Richter *„konnte der Schäfer-Bericht grundsätzlich, gerade auch wegen seines öffentlichen Auftrags und der umfassende Untersuchungsmöglichkeiten im Rahmen der Verdachtsberichterstattung … von den Beklagten genutzt werden. Dies gilt ohne weiteres für den fertigen Bericht, in dem die Stellungnahme des Klägers eingearbeitet war.“*

In der zweiten Instanz gegen FOCUS kam es am 20. November 2007 zur Hauptverhandlung vor dem Oberlandesgericht Nürnberg. Sie dauerte 90 Minuten und ließ zu keiner Zeit erkennen, dass die Richter wirklich an einer Aufklärung des Sachverhalts interessiert waren. Der Senat definierte die FOCUS-Rufmord-Aktionen als zulässige Verdachtsberichterstattung. Er bezeichnete den „Schäfer-Bericht“ als „privilegierte Quelle“, was sich keineswegs mit der Auffassung anderer Gerichte und Juristen deckte.

Das Argument der Klägerseite, dass sich die besonders umstrittenen FOCUS-Behauptungen nicht im „Schäfer-Bericht“ fänden, wurde vom Gericht ignoriert. Das galt auch für die wichtige Passage im „Schäfer-Bericht", dass kein Journalist seine eigene Redaktion bespitzelt habe. Der Beklagten-Anwalt wies abfällig darauf hin, dass man *„nicht auf alle Schlussfolgerungen des Herrn Schäfer Rücksicht nehmen müsse*". Außerdem weigerte sich der Rechtsvertreter von FOCUS, wie im gesamten Verfahren, die Stellungnahme des früheren BND-Präsidenten Hansjörg Geiger zu den Kontakten BND/Dietl während seiner Amtszeit (*„Ein Auftrag zur Bespitzelung von Journalisten war damit nicht verbunden."*) zur Kenntnis zu nehmen.

Am 8. Dezember 2007 verkündete das OLG Nürnberg die Entscheidung, FOCUS müsse in der nächst erreichbaren Ausgabe eine Richtigstellung veröffentlichen: *„Wir haben behauptet, dass Herr Dietl bis August 1998 BND-Honorare in Höhe von insgesamt DM 642.738,91 erhalten habe. Hierzu stellen wir richtig: Sämtliche Zahlungen an Herrn Dietl betrafen nur seine Auslandstätigkeit."* Im übrigen wurden die Berufung und die Klage abgewiesen. Aus dem Urteil: *„Entgegen der Auffassung des Klägers war die Beklagte auch nicht gehalten, sich .... vom Ergebnis des Schäferberichts als eines erkennbaren Untersuchungsberichts zu distanzieren. Schließlich handelt es sich beim Schäferbericht um eine sog. `Privilegierte Quelle´, die es der Beklagten erlaubte, Ergebnisse dieses Berichts als Grundlage einer als solchen erkennbaren Verdachtsberichterstattung ungeprüft zu übernehmen. Die Seriosität der Quelle ist angesichts der Person des Untersuchungsführers und seines Auftraggebers nicht in Frage zu stellen."*

Die Anwälte des Klägers reichten am 28. April 2008 beim VI. Zivilsenat des Bundesgerichtshofs eine Nichtzulassungsbeschwerde gegen das Nürnberger OLG-Urteil ein. Das Verfahren ist noch nicht anhängig.

‚Ähnlich gelagert war das Parallel-Verfahren gegen die „*Süddeutsche Zeitung*". Die SZ hatte im Mai 2006 vier gravierend falsche Behauptungen aufgestellt:

1. Am Ende seiner Tätigkeit für den Bundesnachrichtendienst sei Wilhelm Dietl „nur noch dafür eingesetzt“ gewesen, „über Journalisten zu berichten“.
2. Wilhelm Dietl habe dem BND berichtet, woher der „Spiegel“ angeblich seine Akten zur Plutonium-Affäre bekommen habe und über welche Kontakte der FOCUS-Kollege Josef Hufelschulte im BND verfügte.
3. Wilhelm Dietl sei von 1982 bis 1998 als Nachrichtendienstliche Verbindung für den BND tätig gewesen.
4. Er sei mit etwa 650 000 Mark entlohnt worden.

Wie immer wurden also Entlohnung und Spesenersatz in einen Topf geworfen. Immerhin betrug die eigentliche Vergütung des BND nur etwa ein Drittel der Gesamtsumme.

Die Hauptverhandlung der ersten Instanz fand am 2. März 2007 beim Landgericht Regensburg statt. Die Klage gegen die *„Süddeutsche Zeitung*“ wurde abgewiesen.

Aus dem Urteil:

„Dabei ist im vorliegenden Fall davon auszugehen, dass ein vollständiger Wahrheitsbeweis aufgrund des Schäfer-Berichtes nicht geführt ist. Dieser Bericht enthält, etwa im Gegensatz zu einem rechtskräftigen Urteil, kein rechtlich verbindliche Feststellung, die einem Wahrheitsbeweis gleichstehen dürfte; er ist vielmehr ein, allerdings durch die umfassende Ermittlung und den Auftrag durch das Parlamentarische Kontrollgremium möglichster Objektivität verpflichtetes Mittel, um die parlamentarische Kontrolle verdeckter staatlicher Tätigkeit zu ermöglichen. Soweit .... die für den Klageantrag wesentlichen Einzelheiten der Berichterstattung in ihrem tatsächlichen Wahrheitsgehalt zwischen den Parteien umstritten sind, kann das Gericht daher nicht davon ausgehen, dass diese Vorgänge so, wie sie dem Schäfer-Bericht zugrunde liegen, objektiv mit Sicherheit feststehen.“[ii]

Besonders bizarr war die Urteilsbegründung zum Thema der 650 000 Mark. Hier handle es sich nicht *„um eine tatsächliche Frage*“, sondern *„lediglich um eine Frage der Wortwahl*“. Darüber hinaus stellten die Richter kategorisch fest, dass es gegenüber dem Kläger keine „rechtswidrigen Persönlichkeitsverletzungen“ gegeben habe.

Am 4. Oktober 2007 reichte mein Anwalt eine umfangreiche Berufungsbegründung sowie verschiedene Berufungsanträge ein. Der 3. Zivilsenat des OLG Nürnberg befasste sich am 20. November 2007 mit der erneuten Klage. Dasselbe Richterkollegium entschied in zwei aufeinander folgenden Verhandlungen zur selben Sache mit unterschiedlichem Tenor. Der Senat vertrat beispielsweise die Auffassung, das bei der SZ ganz überwiegend nicht von einer zulässigen Verdachtsberichterstattung auszugehen sei. Die Behauptung, der Kläger sei mit 650 000 Mark „entlohnt worden“, stelle eine schwere Persönlichkeitsrechtsverletzung dar.

In seinem schriftlichen Urteil wies das OLG Nürnberg darauf hin, *„dass der Schäferbericht als solcher nicht genügt, um einen Wahrheitsbeweis zu führen“.* Die *„Süddeutsche Zeitung*“ habe jedoch dem Kläger „klar verdeutlicht“, *„dass nicht einmal seine eigene, in den Schäferbericht eingearbeitete Stellungnahme ausreicht, um den eigentlichen Kernpunkt des Schäferberichts in Frage zu stellen, nämlich dass der Kläger auch nach 1992 noch dem BND berichtete und dass sich diese Berichte auch auf die Tätigkeit von Journalistenkollegen bezogen.“* Die SZ-Beiträge seien keine zulässige Verdachtsberichterstattung gewesen. Trotz allem habe der Kläger die Unrichtigkeit der SZ-Behauptungen beweisen müssen.

Mein Rechtsvertreter, Professor Dr. Gero Himmelsbach, in einer Analyse des Urteils: *„Diese Auffassung ist krude und widerspricht insbesondere der Darstellung des Senats an dieser Stelle, dass der Schäfer-Bericht keine privilegierte Quelle sei. Wenn jedoch der Schäfer-Bericht keine privilegierte*

Quelle ist – also die Inhalte nicht als richtig unterstellt werden können -, kann es auch nicht genügen, zum Beleg der angeblichen Richtigkeit der eigenen Behauptungen lediglich aus dem Schäfer-Bericht zu zitieren, ohne eigene und darüber hinausreichende Beweise vorzulegen. Folgte man der Auffassung des Senats führte dies zu einer `Privilegierung durch die Hintertür´: Letztlich muss dann doch der Betroffene bei ehrenrührigen Behauptungen – die hier nach Auffassung des Senats sogar vorliegen – den vollen Beweis führen. Bei ehrenrührigen Behauptungen ist es aber gerade so, dass nicht der Betroffene beweisbelastet ist, sondern derjenige, der die Behauptungen aufstellt. Dieser Beweis kann aber eben gerade nicht mit einer Äußerung geführt werden, die nicht privilegiert ist – deren Wahrheit auch nicht unterstellt werden kann.

Das OLG Nürnberg widersprach sich in seinem Urteil immer wieder selbst. Nach Auffassung des Senats genügt es, zu schreiben *„Herr Wilhelm Dietl soll dem BND berichtet haben…“*. Damit seien die formalen Voraussetzungen für eine Verdachtsberichterstattung eingehalten. Dabei gelte bei einer Verdachtsberichterstattung eindeutig, dass *„eine ausreichende Distanzierung zu erfolgen hat – und zwar ganz unabhängig davon, ob es sich um eine Berichterstattung handelt, die auf einer privilegierten Quelle beruht oder nicht“* (Himmelsbach). Im Verlauf des Urteils wurde der „Schäfer-Bericht“ dann wieder zur privilegierten Quelle.

Professor Dr. Himmelsbach in seinen weiteren Ausführungen: *„Entweder stellt der Bericht eine privilegierte Quelle dar, dann sind die Inhalte als richtig zu unterstellen und die Übernahme von Inhalten ist immer zulässig – selbst dann, wenn sich später Inhalte als unrichtig herausstellen sollten. Ist eine Quelle nicht privilegiert, spricht auch keine erste Vermutung für die Richtigkeit der Inhalte. Es verbleibt dann bei den üblichen Beweisregeln: Wer angreift, muss beweisen, dass die Behauptung unrichtig ist. Ausnahme: Es handelt sich um ehrenrührige Behauptungen. Dann muss der Berichtende den Beweis führen.“*

Unverständliche Richtigstellung der *„Süddeutschen Zeitung*“

Immerhin kam der 3. Zivilsenat dem Kläger in einem einzigen Punkt entgegen. Die *„Süddeutsche Zeitung“* musste eine Richtigstellung zur Frage der Entlohnung abdrucken. Das Geld, so hieß es darin, sei ausschließlich für die Auslandstätigkeit des Klägers geflossen. Also keineswegs für Journalistenbespitzelung im Inland. Außerdem wurde die SZ verurteilt, dem Kläger eine immaterielle Entschädigung in Höhe von 5000 Euro zu bezahlen.

Schade, dass der SZ-Leser nichts davon verstand. Die Entscheidung des Gerichts und die Wortwahl der SZ fielen überaus kryptisch aus, und deshalb blieb der Sinn dieser „Richtigstellung“ vom 13. August 2008 im Dunkeln: „Wir haben über den Journalisten Wilhelm Dietl in der *Süddeutschen Zeitung* vom 27./28. Mai 2006 im Zusammenhang mit der Berichterstattung über den sogenannten `Schäfer-Bericht´ behauptet: Wilhelm Dietl sei durch den BND mit etwa 650 000 Mark belohnt worden. Hierzu stellen wir richtig: Sämtliche Zahlungen des BND an Herrn Dietl betreffen ausschließlich seine Auslandstätigkeit.“

Das Urteil ist rechtskräftig, und ungerecht.

In einem weiteren Medienverfahren ging es um die Berichterstattung des Nachrichtenmagazins *„Der Spiegel*“ gegen mich. Die Behauptungen ähnelten den anderen Fällen. Ich hätte den Auftrag übernommen *„Quellen des Spiegel zu jagen*“. Darüber hinaus hätte ich detailreich aus dem Innenleben des Blattes berichtet. Ich sei beauftragt gewesen, den Informanten des „Spiegel“ in Sachen Plutonium-Skandal zu entlarven. Für meine BND-Arbeit hätte ich 652 738,91 Mark erhalten.

Auch der *„Spiegel*“ weigerte sich, die unrichtige Berichterstattung zu berichtigen. Also kam es am 29. März

2007 zu einer ersten Hauptverhandlung am Landgericht Regensburg. Die Klage wurde abgewiesen. In dem späteren Urteil hieß es: *„Generell ist davon auszugehen, dass die zum Schäfer-Bericht führenden Vorwürfe, der BND habe Journalisten ausspioniert, gerade wegen des hohen und vom Grundgesetz geschützten Wertes der Pressefreiheit ein besonderes Interesse an der Aufklärung, auch für die Öffentlichkeit, mit sich bringen."* Der „*Spiegel*" habe in Wahrnehmung berechtigter Interessen gehandelt.

Wieder begann der lange Weg durch die Institutionen. Der Klägeranwalt reichte die Berufung ein. Das OLG Nürnberg erklärte, dass es dieses Rechtsmittel zurückweisen werde. Der „Schäfer-Bericht" sei „objektiv als Verdachtsberichterstattung zu qualifizieren". In diesem speziellen Fall hatte es jedoch keine Verdachtsberichterstattung gegeben, weil der *„Spiegel*" keinen Verdacht äußerte, sondern seine ehrabschneidenden Thesen als Tatsachenbehauptung vortrug.

Am 28. Januar 2008 wies der Senat des OLG Nürnberg die Berufung endgültig zurück. Ein Kernsatz der Entscheidung: *„Der Senat bleibt auch bei seiner Ansicht, dass der Schäferbericht jedenfalls im Rahmen einer Verdachtsberichterstattung von der Presse als privilegierte Quelle benutzt werden darf und sich diese ohne weitere Recherchen auf den Inhalt des Berichts stützen darf."* Erneut unterlegen, reichte ich am 29. Februar 2008 eine Verfassungsbeschwerde gegen den Beschluss des OLG Nürnberg ein. Ein Termin zur Entscheidung des Bundesverfassungsgerichts in Karlsruhe steht noch nicht fest.

Meine Klage gegen den Norddeutschen Rundfunk (NDR) und dessen Medienmagazin ZAPP endete mit einem Vergleich. ZAPP hatte in mehreren Sendungen ähnlich bizarre Behauptungen aufgestellt, wie die Print-Medien. Schließlich trafen wir am 20. Februar 2007 beim Landgericht München I aufeinander. Am Ende verpflichtete sich der NDR, nicht mehr zu behaupten, dass ich für *„diesen oder jenen Geheimdienst gearbeitet*", im Auftrag des BND Journalistenkollegen bespitzelt und dafür 600 000 Mark bekommen hätte. Der NDR darf nicht mehr berichten, ich hätte Journalisten beobachtet, ohne darauf hinzuweisen, dass meine Berichte für den BND im Rahmen der nachrichtendienstlichen Auslandstätigkeit verfasst worden waren. Außerdem habe ausschließlich der Kollege Hufelschulte die Unkenntlichmachung der ihn betreffenden Passagen des „Schäfer-Berichts“ erwirkt.

Auch das Szeneorgan „*Der Fachjournalist*“ blieb von den Auswirkungen des „Schäfer-Berichts“ nicht verschont. In einem umfangreichen Artikel über die Journalistenaffäre des BND berichtete das Branchenblatt, ich sei von FOCUS wegen meiner BND-Kontakte entlassen worden. Ich hätte dem BND Informationen über zwei „*Spiegel*“-Redakteure geliefert. Ich hätte zugegeben, vom BND mit 650 000 Mark entlohnt worden zu sein. Außerdem würde ich parallel für den BND und für FOCUS gearbeitet haben. In der Ausgabe 5/06 musste der „*Fachjournalist*“ eine Gegendarstellung abdrucken, die diese Behauptungen berichtigte. Außerdem führte das Blatt mit mir ein Interview und publizierte es in der Januarausgabe 2007.

Die Auswirkungen des „Schäfer-Berichts“ auf die individuell Betroffenen, auf Medien und Justiz sind noch nicht zu übersehen. Auch der BND hat massiv Schaden genommen, weil geheime Operationen ans Tageslicht gezerrt wurden, und weil er ehemalige – und mittlerweile unliebsame – Mitarbeiter mutwillig enttarnt hat. Damit verstieß er gegen sämtliche Grundregeln des nachrichtendienstlichen Geschäfts. Der Dienst befindet sich deshalb auch in Erklärungsnot. Aktuell hoffen die Verantwortlichen der Behörde, dass der aktuelle BND-Untersuchungsausschuss des Deutschen Bundestages in der restlichen Legislaturperiode keine Zeit mehr finden wird, um sich mit der Journalisten-Affäre zu beschäftigen. Sollte es doch geschehen, dann wird die Aufarbeitung des Journalisten-Skandals in die knappe Phase des Bundestags-Wahlkampfes fallen. Bundesregierung und Dienst dürfen dann sicher sein, dass sie noch lange in den negativen Schlagzeilen bleiben werden.

Über mich

Vom Lokalredakteur im Bayerischen Wald, bis zum Chefreporter eines Wochenmagazins. Für den Bundesnachrichtendienst (BND), in den Nahen und Mittleren Osten. zwölf Jahre Tätigkeit für die Zeitschrift "FOCUS" und insgesamt bis dato 15 Bücher - lesen Sie aus erster Hand, wie es wirklich war und ist.

Die frühen Jahre - Angefangen hat es in Kötzting

Es war einmal, und alles war einmalig. Nichts wiederholte sich, auch wenn wir es erst nachträglich als schön erkannten. Das hatten wir davon, von der Gnade der ziemlich späten Geburt, die uns schnurstracks in die 60er Jahre und damit in die Zeit des Umbruchs hineinbeförderte. Das Land durchlebte seinen Abschied von gestern, von den verkrusteten Strukturen des Wiederaufbaus und den vielen humorlosen Vorkriegscharakteren. Über Nacht stolperte es in eine Phase des Ausgleichs mit dem Osten, in einen mitfühlenden Sozialstaat und in ein voreiliges Übermaß von Optimismus („Willy wählen"). Erst unangenehme Zeiterscheinungen wie Ölkrise und Baader-Meinhof-Terrorismus sollten uns wieder dämpfen.

Ich wurde in einer kleinen Kreisstadt im Bayerischen Wald geboren: Kötzting, heute Bad Kötzting. 1955 lag der Ort weitab vom bayerischen oder gar bundesdeutschen Geschehen. 30 Kilometer des gleichnamigen Landkreises grenzten an die weitgehend abgeriegelte Tschechoslowakei, ein abgeriegelter Hort des Nachkriegs-Stalinismus. Kötzting gilt als Tor zum touristisch interessanten Zellertal und zu weiten Waldlandschaften. In der 1964 erschienen Landkreischronik, eines meiner ersten Bücher, ist die Rede vom „Raunen und Rauschen der Wälder, die die Kindheit jenes Parzival behütet, die der deutsche Minnesänger Wolfram von Eschenbach an den Anfang seines Epos setzte. Jenes Raunen und Rauschen der Wälder, das auch in unserer gehetzten Zeit in die innere Einkehr dringt". Eine alte Kulturlandschaft also, romantisch und unpolitisch.

So lesen sich beide Heimatbücher. Das zweite erschien 1985, um die 900jährige Geschichte von Kötzting zu würdigen. Das herausragende Ereignis der vergangenen 100 Jahre scheint die Erhebung zur Stadt 1953 gewesen zu sein. Im übrigen besteht Kötzting aus ellenlanger Kirchengeschichte, aus

Behörden und Wanderwegen. Ein Teil der lokalen Verwaltungen wurde inzwischen aufgelöst oder zurechtgestutzt – unter ihnen Landratsamt, Bundespost, Bahnhof, Amtsgericht und Bundeswehr. Unsterblich scheint lediglich der Höhepunkt eines jeden Jahres zu sein – der Pfingstritt am Pfingstmontag. Rund 1000 geschmückte Pferde bewegen sich bei dieser Gelegenheit in Form einer Wallfahrt durch die Stadt. Und dies bereits seit 1412.

In meinem Geburtsjahr 1955 gab es übrigens nur ein nennenswertes Ereignis, der Bau einer evangelisch-lutherischen Kirche. Das erregte Aufsehen im beinahe fundamentalistisch katholischen Kötzting. Als ich bereits jeden Morgen in de nahegelegene Holzapfelstraße zur Grundschule spazierte, kam die Bundeswehr in die Stadt. Der Fernmeldesektor F zog eine weitläufige Kaserne hoch, die sich hinter dicken Hecken und dichten Bäumen versteckte. Die Soldaten kümmerten sich bis zum Ende des Kalten Krieges um den Funkverkehr der „anderen Seite“, hörten also vorwiegend Militärs der Warschauer-Pakt-Staaten ab. Kötzting wurde Frontstadt, jedenfalls eine ganze Weile.

Auch das gab es im eigentlich verschlafenen Bayerwald-Städtchen der späten 60er und frühen 70er Jahre: Ein linkes Häuflein, teilweise langhaarig, aufmüpfig, frech. Es passierte alles im April. Die Erneuerung der Jungen Union, das Osterfest – und damit auch der Kötztinger Ostermarsch. Seine Organisatoren nannten ihn sogar Friedensmarsch, und weil sie es nicht ertragen konnten, dass im fernen Vietnam die übermächtigen USA ein erstes Mal dem Irrtum erlagen, dass sie von einem bitter armen Land bedroht wurden. Also sammelten Franz Rainer Sponheimer und Harald Dürschinger ihre wenigen Freunde, malten Schilder („Heute Vietnam. Morgen????? Stopp den Wahnsinn“/ „Macht Kinder, keine Bomben“) und zogen vom Bahnhof zum Oberen Markt.

Angeführt von einem Streifenwagen, legten die acht Demonstranten ihren Spießrutenlauf zurück. Hinter Fenster, Vorhängen, durch halboffene Türen beobachtete Kötzting seine Friedensmarschierer. Am sogenannten „Stachus" standen die, die dort jeden Sonntag standen, und murmelten etwas von Gesindel und Gammlern. Einer meinte, der Fasching sei wohl verspätet noch einmal ausgebrochen. Nach einer Weile löste sich die Demo an der Veitskirche auf, und die 16 Polizeibeamten zogen geordnet ab. Ihr Chef, Amtmann Alfred Gradl, der die Szene aus einem unauffälligen Fiat mit Nürnberger Kennzeichen beobachtet hatte, konnte den „Ernstfall" als Erfolg beenden. Auch das gesunde Volksempfinden eilte zum mittäglichen Schweinebraten mit Semmelknödel und Sauerkraut.

Ich war beide Male dabei, als beinahe 16jähriger, ehrgeiziger, für die Umstände dieses Alters ziemlich aktiver Mitarbeiter der „Kötztinger Zeitung". Schon seit beinahe zwei Jahren belieferte ich als „Freier" die führende Lokalzeitung. Mein ehemaliger Mitschüler – inzwischen hatte er es zum Jung-Redakteur gebracht – Franz Xaver Hackl bestärkte mich darin, aber auch mein eigentlicher Mentor: Redaktionsleiter und Heimatforscher Karl B. Krämer, eine legendäre Figur des Bayerischen Waldes. Wann immer mir die Realschule Freizeit ließ, verbrachte ich sie bei der Zeitung. Ich besuchte alte Menschen, die runde Geburtstage feierten, ließ mir aus ihrem Leben berichten und brachte dies zu Papier. 30 oder 40 Zeilen und ein Foto, das war der Maßstab für die meisten Jubilare.

Gegen 17 Uhr rief ich regelmäßig bei den Polizeien unseres Einzugsbereiches an und fragte nach den Ereignissen des Tages. Daraus entstanden kurze Meldungen, die am nächsten Tag mit großer Neugierde gelesen wurden. Auch das sicherte unsere Quote, würde man heute sagen. Häufig besuchte ich auch die Versammlungen von Vereinen und teilte der geneigten Leserschaft mit, was dort beschlossen worden war.

Aufgrund meiner eigenen Jugend, und auch wegen meiner damals schon ausgeprägten musikalischen Interessen, befasste ich mich immer wieder mit der Rock- und Beatszene. Ich entwickelte mich zu einem inoffiziellen Jugendreferenten der Zeitung. Im Juli und August 1970 schrieb ich über

„Swinging Kötzting“ und porträtierte Bands, die sich „Special Persons“ und „Gents“ nannten. In der Regel begannen ihre Konzerte um 15 Uhr, was schon wegen des Jugendschutzes (Kinderschutzes?) vernünftig war. Auch die Musiker hatten seinerzeit das Durchschnittsalter von 15 Jahren noch nicht überschritten. In der Regel drückten sie mit ihren Fans dieselbe Schulbank.

Nicht selten rückte ich aus, um Kötztinger wie auch Zugereiste auf offener Straße zu „belästigen“.

Wir füllten unsere Lokalzeitung gerne mit aktuellen Umfragen. Im September 1970 bewegte sich ein Oberfeldwebel der Bundeswehr mit einem bunt bemalten VW-Käfer durch Kötzting. Das auffällige Flower-Power-Vehikel trug den Namen „Clementine“. Ein weiterer Volkswagenbesitzer aus einem Nachbarort verzierte die Kühlerhaube seines Gefährts mit dem Konterfei von Che Guevara. Wir fragten Passanten nach ihrer Meinung. Die Schülerin Ingrid Probst, 16, fand das „sehr fesch“. Mein Freund Kurt Kiener, 16, liberal wie eh und je, gab sich verständnisvoll: „Warum nicht bemalen, wenn´s gefällt?“ Der bekannt konservative Oberlehrer Franz Zelzer, 57, winkte ab: „Sehr kitschig und kindisch.“

Im November 1970 sagten Futurologen – damals ein Beruf mit Zukunft – voraus, dass 1980 bereits die 28-Stunden-Woche üblich sein werde. Wir stellten also in unserer Zeitung fest, dass mehr Freizeit und weniger Arbeit auf die nächste Generation zukommen könne. Nun mischte ich mich wieder unter die Betroffenen. Die Realschülerin Elfriede Heigl, 16, erzählte von ihrer Auslastung durch Sport und Spiele, dicken Büchern („Vom Winde verweht“) und Nebenjobs. Roland Drechsel schwärmte von Popmusik und vertraute mir an, dass er gerade dabei sei, eine eigene Band zu formieren. Die Gymnasiastin Nina Schubert, 16, empfand sich durch Schule, Sport und klassische Musik ausgelastet, und auch Maria Liebl beschrieb freimütig ihre musische Ader.

Selbstverständlich nahmen wir auch die „Konkurrenz“ wahr.

Seit 1968 existierte an der Realschule ein dünnes Blättchen namens „Lupe“. Das manchmal recht unbequeme Schülerorgan, bei dem ich auch mitmischte, war vom damaligen Schulsprecher Eugen Mühlbauer („Eule“) gegründet worden. Die „Chefredaktion“ ging jeweils an den nächsten Schulsprecher über, nach der „Eule“ also an Günther Kolbeck und dann an dessen Nachfolger Michael Plötz. Dass die „Lupe“ ein festes Bollwerk der Emanzipation war, das mussten auch wir, bei der „Kötztinger Zeitung“, lobend anerkennen. Auf 19 Redaktionsmitglieder kamen im Schuljahr 1971/72 nicht weniger als 14 Mädchen. Wir sahen es mit Wohlgefallen.

Im Juli 1971 ging mein Berufswunsch in Erfüllung. Ich bekam einen Ausbildungsvertrag beim Verlag der „Kötztinger Zeitung“ und trat als Volontär an, bevor mir die Schule das Abschlusszeugnis ausgehändigt hatte. Das Anfangsgehalt lag unter 400 Mark. Es reichte gerade für ein spartanisches Leben.

Der Sommer 1971 brachte extreme Höhen und Tiefen. Wenige Tage vor meinem Arbeitsbeginn bei der „Kötztinger Zeitung“ verunglückte Karl B. Krämer tödlich. Noch in seinen letzten Stunden waren wir gemeinsam dienstlich unterwegs gewesen. Dieser unersetzliche Verlust traf uns alle und schadete dem Blatt für lange Zeit.

Eine weitere Erinnerung an den August 1971 zeigt, wie anders diese Zeit war. Ich traf die neuen Lehrlinge mehrerer Kötztinger Betriebe und sprach mit Experten über den Arbeitsmarkt. Die Fachleute stellten fest, dass es keineswegs genügend Auszubildende gab.

Der Geschäftsführer der Kreishandwerkerschaft Kötzting, Gewerberat August Hofner, mein Großvater, beklagte, dass die Zahl der Lehrverträge gegenüber dem Vorjahr stark abgenommen hatte. Das habe damit zu tun, dass sich immer mehr Jugendliche für eine höhere Schule entscheiden würden, und dass auch die Realschüler in Verwaltungsberufen und anderen gehobenen Laufbahnen unterkämen. In wenigen Jahren, so prophezeite er, seien diese Berufe voll besetzt. Dann müssten die Jugendlichen wieder ein Handwerk lernen.

Gute Zeiten, schlechte Zeiten. Eine typische Überschrift jener Tage lautete: „Kötzting baut Hallenbad auf jeden Fall“. Bürgermeister Josef Dullinger stellte die Pläne vor und kündigte das Projekt für 1972 an – dem Jahr der kommunalen Gebietsreform. Damals wurde der Landkreis Kötzting aufgelöst und in den Nachbarlandkreis Cham eingegliedert. Das lieferte dem extrem skeptischen Bürger viel Gesprächsstoff und den Medien jede Menge Artikel. Die Obrigkeit spendierte Trostpflaster. Kötzting bekam ein eigenes Gymnasium, ein neues Kreiskrankenhaus, ausgebaute Straßen, das besagte Hallenbad. Und überall begegnete einem der Aufschwung.

Ende Oktober 1971 setzte ich die folgende Zeile über einen vierspaltigen Artikel: „Leonische Drahtwerke leiden unter Arbeitskräftemangel“. Im Text hieß es: „Im Kötztinger Zweigwerk sind derzeit 74 Beschäftigte. Bis zum Jahresende hofft man, diese Zahl vorläufig auf 120 heben zu können. Viele Maschinen des Betriebs stehen noch im Originalzustand an ihrem vorherbestimmten Platz und warten auf geeignetes Bedienungspersonal. Es sind Aufträge vorhanden, aber keine Leute, die sie erfüllen.“ Trotzdem hatte Kötztings Aufstieg in eine andere, bessere Liga bereits begonnen.

Einer meiner letzten Berichte, bevor ich im November 1971 zur „Chamer Zeitung“ in die Nachbarstadt Furth im Wald wechselte, handelte von der Fahndung nach dem dreifachen Mörder Alois Schießl. Der Geistesgestörte hatte zwei Frauen und ein Kind erschossen und war in die Wälder geflüchtet. An Allerheiligen tauchte er in dem Weiler Ritzenried wieder auf und ließ sich von einem Riesenaufgebot an Verfolgern festnehmen. Detailliert erfuhren das die Leser jedoch erst am 3. November, weil unmittelbar nach dem Zugriff wegen des Feiertags keine Zeitung erschien.

Puzzlestücke aus einer fernen Zeit, die in der Erinnerung immer unwirklicher wird.

Ich verbrachte die Jahre 1972 bis 1974 als Volontär und Lokalredakteur in der Grenzstadt Furth im Wald. Für die „Mittelbayerische Zeitung" ging ich für weitere zwei Jahre an die Lokalausgabe „Neumarkter Tagblatt". Nach einem jeweils dreimonatigen Intermezzo in der Lokalredaktion „Amberger Volksblatt" und in der Zentralredaktion der „Mittelbayerischen" akzeptierte die „Süddeutsche Zeitung" meine Bewerbung und für zwei Jahre half ich, die neue Landkreisausgabe in Erding zu etablieren.

Internationaler Journalismus: Mit der QUICK um die Welt

„QUICK schildert und berichtet über die Welt, in der wir leben; sie sieht eine ihrer Hauptaufgaben darin, dem Leser die Dinge zu vermitteln, die hinter der reinen Information stecken. So kommentiert QUICK Vorgänge aus Politik und Wirtschaft; sie interpretiert Forschungsergebnisse aus Wissenschaft (z.B. Medizin) und Technik. Sie öffnet ihren Lesern den Weg zu Kunst und Literatur. Der ausführliche Unterhaltungsteil (mit Rätseln, Humor und Fernsehprogramm) fehlt ebenso wenig wie
das vielseitige Ratgebermagazin mit Informationen und Hinweisen
für die ganze Familie. Als Initiator der QUICK-Trimm-Spiele leistet
sie einen wesentlichen Beitrag zur Popularisierung des Breitensports
und damit der Volksgesundheit."
(Werbetext um 1980)

1979 suchte die heute weitgehend vergessene Illustrierte QUICK einen Reporter, der die Münchner Zentralredaktion bei der Jagd nach weltweiten, aktuellen Themen unterstützen sollte. Ich bewarb mich und bekam den Posten. Mein Leben änderte sich gewaltig. Zwölf Jahre lang arbeitete ich für das Bilderblatt, davon die ersten beiden Jahre in fester Anstellung. Ein ganzes Jahrzehnt stand ich der QUICK als freier Autor zur Verfügung. Ende der 80er Jahre ließ ich mich zweimal für jeweils wenige Monate vertraglich binden – mal als Chefreporter und dann als Chefkorrespondent, was immer der Unterschied gewesen sein mag. Während der „freien" Phasen durfte ich auch für Konkurrenzmagazine arbeiten, so für den „Stern" und für den „Spiegel". Meine Bücher kamen ab 1981 als dauerhafte professionelle Herausforderung dazu.

Welche Bedeutung hatte die QUICK? Als klassische Illustrierte schrieb sie Mediengeschichte. Ihre erste Ausgabe erschien am 25. April 1948 und titelte mit dem US-Präsidenten Truman bei der Unterzeichnung des Marshall-Plans. Es war ein dünnes Blättchen von 24 Seiten aus dem Münchner Verlag Th. Martens, und bestand fast nur aus Fotos. „Stern“ und „Spiegel“ folgten bald darauf. Erst 1966 ging die QUICK an das Hamburger Verlagshaus Heinrich Bauer. Da hatte sie längst ihre politische Phase erreicht. Die QUICK verstand sich zeitweise als rechtes Kampfblatt („Stern von rechts“) gegen das sozial-liberale Bonn. Ihre Macher druckten Geheimprotokolle über innerdeutsche Verhandlungen, riskierten auch mal den ungebetenen Besuch neugieriger Staatsanwälte. QUICK wurde zum Vorreiter der Aufklärungswelle. Der Pionier Oswald Kolle lockte in den 60er und 70er Jahren die Kunden zum Kiosk. Damals segelte Bauers Flaggschiff Bug an Bug mit dem „Stern“, also im Bereich zwischen 1,4 und 1,7 Millionen Auflage. Um 1980 waren es 981 000 Käufer beziehungsweise 3,9 Millionen Leser. Die meisten kamen aus dem traditionellen Mittelstand.

Ich kümmerte mich nie um Konzeptionelles und schon gar nicht darum, wer in der Führungsetage saß. Mir war es wichtig, reisen zu dürfen, mit Vorliebe in den Nahen und Mittleren Osten. Nachdem sich meine journalistischen Erfolge häuften, durfte ich mir bald die Themen aussuchen und genoss weitreichende Freiheiten. Das nutzte ich zu vielen, aufwendigen Recherchen. Leider ist den meisten Lesern nur das üble Erscheinungsbild der QUICK kurz vor ihrem Ableben im Jahr 1992 in Erinnerung geblieben. Ein Nachblättern in den 80er Jahren würde ihnen zeigen, dass es immer wieder bemerkenswerte Leistungen der Redaktion gab.

Ich selbst fing auch bei der QUICK ganz klein an, mit Geschichten über Bergopfer und geschundenen Tieren. Es war eine Umstellung, von der Zeitung zur Zeitschrift. Ich musste lernen, dass nicht die tagesaktuelle Neuigkeit zählte, sondern die sogenannte „Weiterdrehe“, also ein Aspekt des großen Ganzen oder ganz einfach der Hintergrund zu dem, was sich gerade vorne im grellen Rampenlicht befand.

Einige Beispiele meiner Arbeit bei der QUICK, nach Jahren geordnet:

1979: Ich untersuchte, zum Teil under cover, die häufig krummen Geschäfte deutscher und belgischer Tierhändler, die gegen das Artenschutzabkommen verstießen. Der Fotograf Hans Peter Kruse und ich, wir sollten bald zu einem festen Team werden, arbeiteten wochenlang an einem Report, der Ende des Jahres unter dem Titel „Menschenschmuggel nach Deutschland“ erschien. Es ging um organisierten Menschenhandel und die ersten Anfänge des großen Geschäfts mit Asylbewerbern. Auf dem Hauptbahnhof in Mailand waren wir seinerzeit schneller als die Asylmafia. Wir übernahmen eine Fuhre illegaler Pakistaner, die gerade aus Istanbul angekommen waren. Als wir sie am Reschenpass schleusen wollten, um die Route bis Frankfurt/Main nahtlos aufzuzeigen, verirrten sie sich im tiefen Schnee. Sie liefen der österreichischen Polizei in die Arme und wurden festgenommen. Die Grenzschützer durchkämmten das Gelände, fanden Kruse und mich. Unsere Hintergründe ließen sich aber rasch aufklären. Sie konnten wir den Pfad der Schleuser weiter verfolgen, über das Allgäu nach Rhein-Main, wo rund 500 ausländische Arbeitssklaven in zwei Häusern lebten. Die Endstation zerstörter Träume vom gelobten Land.

1980: Im eiskalten Winter bereisten der Fotograf Volker Ranke und ich eine Türkei am Rande des Bürgerkriegs. In Istanbul erlebten wir Straßenkämpfe zwischen Rechten und Linken, trafen in Ankara auf den frisch gewählten Premier Süleyman Demirel, gingen in Betriebe und Universitäten. Danach folgte ein Ausflug in die Welt der militanten Exilkroaten. Fotograf George Delanoff und ich wurden mit verbundenen Augen in einen Wohnblock bei Frankfurt/Main geführt und trafen dort maskierte Bewaffnete vom Balkan. Sie bekannten sich zu Überfällen und Bombenanschlägen in Titos Jugoslawien. Danach luden wir die sechs wichtigsten Führer teilweise verbotener Exilorganisationen nach Frankfurt ein, um sie erstmals gemeinsam zu fotografieren. Misstrauisch observierte uns dabei der Verfassungsschutz. Irgendwie kamen wir damals nicht mehr von „Bankfurt“ oder auch „Krankfurt“ los. Unser Kriminalreport trug die Überschrift „Alptraum Frankfurt“. Untertitel: „Wie aus der Goethestadt die deutsche Metropole des Verbrechens und des Lasters wurde“. Es war das drastische Ergebnis nächtelanger Streifen mit und ohne Polizeibegleitung. Intensiv recherchierten wir in diesem Jahr mit großen Teams an den Umständen der Entführung der Kronzucker-Kinder Susanne und Sabine und versuchten den rechtsradikalen Studenten Gundolf Köhler zu enträtseln. Er war der Hauptakteur beim Oktoberfest-Attentat von München, Opfer und Täter zugleich.

Der eindrucksvollste Moment des Jahres begegnete mir bei der Beerdigung des berühmtesten Flüchtlings der Welt, Schah Reza Pahlevi. Er wurde im glühend heißen Kairo beigesetzt. Da es sich um mein erstes Staatsbegräbnis handelte, und dieses noch dazu im Orient stattfand, war ich ein absolutes Greenhorn. Morgens schlüpfte ich in meinen schwarzen Anzug und passte irgendwie nicht zum internationalen Pressekorps, das ausnahmslos in Khaki erschien. Kurz vor dem Mausoleum schritten die resoluten ägyptischen Sicherheitskräfte ein und drängten die Medien ab. Ich wurde als Sicherheitsmann oder gar Staatsgast angesehen und blieb bei der Führungsgruppe. Ein halbseitiges Foto der Tageszeitung „Al Ahram“ bildete mich am nächsten Morgen hinter Richard Nixon und Anwar Sadat ab. Jedenfalls schoben und drängten die Ehrengäste solange, bis ich auch im Keller der Moschee stand – direkt neben der Schah-Schwester Ashraf. Ein wahrhaft historischer Moment.

1981: Eine mehrteilige Serie war der Frage gewidmet, warum der 18jährige Franz Helm seinen Vater mit einer Schrotflinte erschossen hatte. Eine Reportage, wie ich sie mochte: „Sterben ohne Angst“. Ich hatte – zusammen mit Volker Ranke - eine ganze Woche in einer Londoner Sterbeklinik verbracht und dabei viel Leid kennengelernt. Der achtseitige Bericht begleitete die Diskussion über eine mögliche Einführung von Sterbekliniken in Deutschland. Wesentlich erfreulicher war ein intensiver Aufenthalt in der „lustigsten Baracke des Ostblock“: „Fettes Ungarn – Paradies des Ostes“. Mit vielen farbigen Bildern und beschriebenen Beispielen dokumentierten wir das beginnende Wirtschaftswunder der Magyaren. „Das kleine Glück im Reihenhaus“ spielte ganz real in meiner Lindenstraße, am Rande der Großstadt München. Ich stellte meine 65 Nachbarn vor, und unser gemeinsames Leben („QUICK schildert, wer sie sind, was sie tun, welche Sorgen und welche Freuden sie haben“). Bald darauf sollte eine ewige Fernsehserie namens „Lindenstraße“ geboren werden.

Dann begann eine lange Phase von Nahost-Berichten. Am 6. Oktober 1981, vormittags um elf Uhr, als die ersten vagen Nachrichten über ein Attentat auf Ägyptens Anwar al-Sadat über die Ticker liefen, beschloss die QUICK-Chefredaktion George Delanoff und mich nach Kairo zu schicken. Wir schafften in letzter Sekunde die Maschine nach Athen, und dort einen verspäteten Anschluss mit der „Egypt Air“. So trafen wir mit den ersten internationalen Journalisten am Nil ein. Ich nutzte meine mittlerweile gewachsenen Beziehungen, saß mit Moslembrüdern im Untergrund zusammen, fuhr ins oberägyptische Assiut, wo etwa 60 Polizisten hingemetzelt worden waren, und rekonstruierte das tödliche Attentat auf Sadat, soweit es in wenigen Tagen möglich war. Am Ende der Woche erlebten wir ein Begräbnis der Superlative, an dem die ganze Welt live Anteil nahm. Ägypten sollte uns noch wochenlang beschäftigen. Mehrfach berichteten wir von dort. Ich verbrachte viel Zeit in Kairo.

1982: „Israels tödlicher Schlag“ lautete unsere erste Balkenüberschrift nach dem Beginn des großangelegten Feldzugs gegen die Präsenz der PLO im Libanon. Wir berichteten den ganzen Sommer aus dem Libanon und aus Israel, beschrieben einen Angriffskrieg, der im Massaker an Kindern und Alten in den palästinensischen Lagern mündete. Ägypten war beinahe vergessen, nun beschäftigte uns der Libanon.

1983: Ich hatte seit dem Beginn der Sowjet-Invasion in und um

Afghanistan recherchiert, vieles davon für mein geplantes Buch „Brückenkopf Afghanistan". Nun reiste ich für eine große QUICK-Reportage alleine, illegal und unter Gefahren ins Land. Ich befand mich notwendigerweise unter dem Schutz der „Hisb-i Islami" des Kriegsherrn Golbuddin Hekmatjar. Meine Erlebnisse erschienen danach in Text und Bild auf einer Strecke von zwölf Seiten in Heft 19/1983 („Das russische Vietnam"). Aber das war nur der erste große Artikel über die Situation am Hindukusch. Diese Region sollte mich in den folgenden Jahren sehr intensiv beschäftigen. In derselben Ausgabe wurden übrigens auch die gerade aufgeflogenen Hitler-Tagebücher des „Stern" abgehandelt. Im selben Jahr folgte eine achtseitige Reportage aus dem Libanon, wo gerade die Hauptquartiere der multinationalen Friedenstruppen von Selbstmordattentätern gesprengt und mehr als 250 Amerikaner wie Franzosen getötet worden waren: „Himmelfahrtskommando Beirut". Ein blutiger Krisenherd reihte sich in jenen Tagen an den anderen. Die QUICK druckte in derselben Ausgabe (45/83) ein einschlägiges Interview, das ich mit dem Sonderbotschafter der Regierung Reagan und ehemaligen stellvertretenden CIA-Chef Vernon Walters geführt hatte. Vier Wochen danach folgten nochmals acht Seiten die neuesten Ausläufer des libanesischen Infernos: „Wahnsinn Krieg". Hans-Peter Kruse und ich hatten die letzten Tage von Arafats neuer Präsenz im nordlibanesischen Tripolis miterlebt.

1984: Wieder zog ich alleine los, um auf den Philippinen den Niedergang des Marcos-Regimes zu studieren („Tanz auf dem Vulkan"). Bei dieser Gelegenheit traf ich auch die Oppositionsführerin und spätere Präsidentin Corazon Aquino, deren Ehemann kurz zuvor bei der Ankunft in Manila von Marcos-Leuten ermordet worden war. Ich verlor Arafats PLO nicht aus den Augen, besuchte aus dem Libanon vertriebene Fedajin in ihrem nordjemenitischen Ausbildungslager. Eine eindrucksvolle Frau, mit der mich die gemeinsame Arbeit an dem Roman „Nachtmusik" verband, feierte ihren 70. Geburtstag: Lilli Palmer. Ich besuchte sie in ihrer Traumvilla „La Loma" in den Schweizer Bergen zu einem Gespräch voller Bekenntnisse. Apropos Schweiz: Nicht weit entfernt war der amerikanische Steuerflüchtling und Milliardär Marc Rich in Zug untergekommen. Bei aufwendigen Recherchen in den USA gelang es mir, viel über den scheuen Sonderling in Erfahrung zu bringen. Das Sahnehäubchen des aufregenden Wirtschaftskrimis war ein Interview mit dem Rich-Verfolger und New Yorker Distrikt-Staatsanwalt Rudolph Giuliani.

Nachdem ich 1982 die iranische Front des ersten Golfkrieges besucht hatte, reiste ich im Sommer 1984 hinter die irakischen Linien. Ich erlebte für QUICK die Frontstadt Basra und das perfekt funktionierende System des Saddam Hussein. Mit dem Fotografen Guido Krzikowski begleitete ich im Herbst den US-Präsidenten Ronald Reagan auf einer Wahlkampftour, die durch mehrere Bundesstaaten im Mittelwesten und Süden führte. Das ist mir als ziemlich beeindruckender Trip in Erinnerung geblieben. Wochen später wurde Indiens Symbolfigur Indira Gandhi von ihren Leibwächtern ermordet. George Delanoff und ich schafften es erneut, die nächste Maschine nach Neu Delhi zu bekommen. Wir landeten am Morgen nach der Tat zwischen schwarzen Rauchfahnen und erlebten einen Subkontinent am Abgrund: „Indien in Flammen“. Nach dem Staatsbegräbnis kehrte ich mit Genschers Delegation zurück, um den ohnehin schon hinausgeschobenen Redaktionsschluss noch zu erreichen. Wir druckten zehn Farbseiten. Those Were the Days.

1985: Und noch ein Terrorjahr. Auf dem Frankfurter Flughafen detonierte eine Bombe. Tote und Verletzte in Abflughalle B. Der Kollege Andreas Möller und ich fragten, ob die Deutschen nun Angst vor dem Fliegen hätten. Wir testeten die Sicherheit des Gepäcks und der Kontrollen. Im Magazinteil derselben Ausgabe präsentierte ich ein Interview mit der legendären Luftpiratin Leila Khaled, die 15 Jahre vorher für weltweite Schlagzeilen gesorgt hatte. Ich hatte sie Tage vorher in Damaskus getroffen, in einem Parteibüro der PFLP. Das andere Extrem wurde beschrieben, als ich „den steilen Aufstieg und den langsamen Fall des reichsten Mannes der Welt“ beschrieb – Adnan Kashoggi aus Saudi-Arabien. Zwischendurch war geographischer Kontrast angesagt. Ich flog nach Südafrika und berichtete über die neuesten Krawalle im Schwarzen-Getto Soweto. Und immer wieder Beirut. Eine Autobombe nach der anderen, und dazu diese unfassbaren Kontraste. Die einen lagen am Strand, und die anderen liefen blutend durch die Häuserschluchten. Grund genug, wieder hinzufahren und mit drei „Doppelseiten“ zurückzukommen. So heißt das im Jargon der Blattmacher. Und noch eine spannende Geschichte aus der faszinierenden Metropole in der östlichen Levante. Damals florierte das Entführungsbusiness. Als die Kämpfer der Schiiten auch vier sowjetische Diplomaten verschleppten, begingen sie einen Fehler. Moskau dachte gar nicht daran, nach westlichem Muster monate- und jahrelang zu verhandeln, um am Ende vielleicht gar nichts zu erreichen. Ein KGB-Spezialkommando flog ein und holte sich eigene Geiseln. Als letzte Mahnung schickte es den Kopf eines der Männer im geflochtenen Korb an Hisbollah. Stunden später waren die drei noch lebenden Sowjets frei. Den Kulturattaché hatten die Kidnapper bereits bei einem Fluchtversuch erschossen. Wir berichteten ausführlich über Moskaus Interessen im Nahen Osten. Die Situation wurde immer explosiver, im Oktober 1985 für die Amerikaner. Palästinensische Terroristen kaperten das Kreuzfahrtschiff „Achille Lauro“ und seine 687 Passagiere. In Teheran erreichte mich ein Telex der QUICK, das heute noch an meiner Pinnwand hängt. Mein damaliger Chef Jochen Wolff schrieb: „Kreuzfahrtschiff mit 400 Passagieren an Bord wurde von der PLO entführt. Größte Story des Jahrzehnts. Brauche Dich dringend in München oder Kairo. Versuche Dich zu melden oder komm zurück. Die Iran-Story ist jetzt uninteressant….“ Wegen dieser Geschichte schwärmten alle Reporter aus. Bevor wir richtig exklusive Informationen zusammentragen konnten, war die Sensation wieder vorbei. Ein spannender Aufmacher war es allemal: „Kreuzfahrt des Schreckens“. Das ließ sich so ähnlich über eine entführte Maschine der „Egypt Air“ sagen. Bei der stümperhaften Erstürmung durch ägyptische Anti-Terror-Einheiten starben in Malta 60 Passagiere. Wir berichteten über „24 Stunden in Todesangst“.

1986: Sieben erfolglose Jahre kämpften die Sowjets in Afghanistan. Ihre hohen Verluste waren auch im eigenen Land nicht mehr zu vertuschen. Die Mudschahedin verfügten seit kurzem über Luftabwehrraketen und holten damit die als unbesiegbar geltenden Sowjet-Hubschrauber vom Himmel. Nun kündigten sie einen Teilrückzug an. Ich reiste an den Hindukusch und berichtete darüber in der QUICK. Der Schauplätze wechselten rasch, als Abu Nidals Terror-Boten auf den Flughäfen Wien und Rom blutige Massaker veranstalteten. Wir beschrieben die enge Allianz zwischen dem Palästinenser-Phantom und Libyens Gaddafi. Das nächste Blutbad fand im Jemen statt, ein kurzer aber heftiger Bürgerkrieg zwischen den linken Fraktionen des Südens. 15 000 Menschen starben bei den Straßenkämpfen, und letztlich siegte der Norden. Ich berichtete damals aus Dschibuti. Als etwas später 8000 ägyptische Bereitschaftspolizisten den Aufstand wagten und das Militär gegen sie vorgehen musste, hatten wir den nächsten Konflikt. Wir beantworteten die Frage, „wer hinter den Unruhen steckt und wie deutsche Terroristen den Terror überlebten".

Es lebe die Vielfalt. Mit einer großen Geschichte über die neuen Methoden und Instrumente des Bundeskriminalamtes (BKA) beim Kampf gegen den Rauschgifthandel tastete ich mich auch in dieses globale Thema vor. Während in Deutschland die regionalen Schlachten um Brokdorf und Wackersdorf tobten, befassten sich der Fotograf Hans Peter Kruse und ich im fernen Südafrika erneut mit dem „Leben auf dem Pulverfaß". Wir besuchten Slums und deutsche Auswanderer, die rechtsextremen Blut- und Boden-Fanatiker und die ersten schwarz-weißen Ehen. Rasch rückte das „Spionageziel MBB" in unser Blickfeld. Bei der Münchner Rüstungsschmiede war ein Ingenieur als KGB-Kundschafter enttarnt worden. „Terror in Deutschland" lautete die nächste große Seitenüberschrift. Die „Rote Armee Fraktion" (RAF) schlug wieder zu, ermordete diesmal Siemens-Vorstand Professor Karl Heinz Beckurts und seinen Fahrer. Da waren sie wieder, die späten 70er und frühen 80er Jahre der Bonner

Republik. Wir hatten alle Hände voll zu tun, gingen im BKA ein und aus, sammelten jede noch so kleine Info. Und noch ein Thema, das damals immer bedeutender wurde: Immigration. „Endstation Deutschland“ hieß meine Titelgeschichte. Oder auch „Leben mit Asylanten“. 700 000 von ihnen hatten sich bereits nach Deutschland durchgeschlagen, und täglich kamen 250 neue dazu.
Die Volksseele kochte.

1987/88: In einer stockdunklen Nacht in Damaskus traf ich unter großen Sicherheitsvorkehrungen den Chefideologen der besonders blutrünstigen Palästinenser-Organisation von Abu Nidal: Atef Abu Baker. Er droht den deutschen Sicherheitsdiensten. Sie würden versuchen, in den Flüchtlingslagern Spitzel zu werben. Atef Abu Baker kündigt Vergeltung an. Gegen deutsche Botschaften und Filialen des Goethe-Instituts im Nahen Osten. Unser Interview erregt großes Interesse bei den deutschen Behörden, die sich angesprochen fühlen. In diesen Tagen – Zufall? – wurden im Libanon die ersten Deutschen entführt, Alfred Schmidt und Rudolf Cordes. Das sollte uns von Januar 1987 bis September 1988 immer wieder beschäftigen, und sogar darüber hinaus. Wir schrieben über das alltägliche Leben bei der deutschen Gemeinde in Beirut, und immer wieder über den Fall Hamadi. Bald sollte er in einen großen Hamadi-Prozess münden. Als die Geisel Schmidt im September 1987 freigelassen wurde, traf ich den Siemens-Techniker zum ersten und einzigen Interview. Sein Mitgefangener Rudolf Cordes kam erst ein Jahr später frei. Auch diesmal wartete ich in Damaskus auf ihn.

In dieser Zeit entdeckten wir auch anderswo „Geschichten“, die spannend waren und häufig tragisch endeten. Das Schicksal junger Deutscher, die ihren Thailand-Urlaub mit Drogenhandel finanzieren wollten, und dabei geschnappt wurden, gehörte dazu. Ein Gericht verurteilte die beiden Münchner zu 13 und 15 Jahren Haft. Wir trafen sie in einem berüchtigten Bangkoker Gefängnis. Matthias Rust, der Kreml-

Flieger, brachte mich nach Helsinki, wo er einen Zwischenstopp auf dem Weg in die Sowjetunion eingelegt hatte. Noch einmal berichtete ich über den Bürgerkrieg auf den Philippinen, über den fanatischen Gottesstaat Iran („Beten und töten") und über die geheimen Waffenkäufe des Mullah-Regimes („Das Geschäft mit dem Krieg"). Trotz Multikulti und Ansätzen von Integration zeigte sich der Islam bereits in den späten 80er Jahren als gefährliche Bewegung. Ich beschrieb das System des „Khomeini von Köln", Cemalettin Kaplan. Der Türke hatte sich den Sturz seiner heimischen Regierung auf die Fahnen geschrieben.

1989: Im libyschen Tripolis lernte ich den Schwager von Revolutionsführer Muammar Gaddafi kennen. Sein Name: Saleh Farkash. Er war einer der wichtigsten Drahtzieher bei der Beschaffung von illegalen Rüstungsgütern, handelte selbst mit den Ingredienzien afrikanischer Kriege. Es gelang mir, die getarnten Firmennetze der Libyer aufzudröseln. Die meisten fanden sich im weltoffenen Österreich. Und wieder Afghanistan. Nachdem die Sowjettruppen abgezogen waren, berichtete ich aus dem „sterbenden Kabul". Ein besonderer Coup gelang mir im Frühjahr 1988. Ich recherchierte wochenlang an den Hintergründen des Anschlags auf einen PanAm-Jumbojet über dem schottischen Lockerbie. Dazu reiste ich auch in die USA, um die Eltern des tatverdächtigen Khaled Jafaar und den stellvertretenden FBI-Chef Oliver B. Revell zu treffen. Am Ende blätterte QUICK auf fünf Seiten, signalgelb unterlegt, das „Protokoll einer Katastrophe" hin.

In Beirut wurde der Deutsch-Libanese Markus Quint verschleppt, aber glücklicherweise gleich wieder freigelassen. Ich berichtete immer noch über den Zedernstaat, flog aber selbst nur noch unter großen Sicherheitsvorkehrungen hin. Die Gefahr, entführt zu werden, war über Nacht kräftig gewachsen. Zwischendurch lenkte ich mich vom immer stärker verwüsteten Beirut ab, indem ich in Bali an der Hochzeit einer Deutschen mit einem einheimischen Prinzen teilnahm. Ein farbenprächtiges Spektakel. Erneut beschäftigte uns Libyen, diesmal auf Raten. Nach und nach deckten wir die

Machenschaften der Münchner Rüstungsfirma Telemit auf, die insgeheim dem libyschen Staat gehörte. Dass Telemit auch dem BND hörig war, wussten wir zu diesem Zeitpunkt nicht. Am Ende hatte das Elektronikunternehmen seine Kundschaft bei der Bundeswehr verloren und wartete geduldig auf das Aus. Beirut und immer wieder Beirut. In Stuttgart stöberte ich den libanesischen Terroristen Mohammed Rahal auf. Er hatte mit viel Täuschen und Tarnen den Asylantenstatus bekommen. Nach unserer Reportage „Die Mörder sind unter uns“ wurde Rahal ausgewiesen. Gezielte Anschläge auf Soldaten der britischen Rheinarmee veranlassten mich, die Reiseroute der Soldaten und die Strukturen der IRA zu studieren. Der Artikel hieß „Tod den Engländern!“

Exakt am 9. November 1989 war ich mit PLO-Chef Jassir Arafat in seinem tunesischen Hauptquartier zum Gespräch verabredet. In den Fernsehnachrichten dominierten bereits die Trabis, die kolonnenweise durch die ersten Löcher in der Mauer tuckerten, Hans Peter Kruse und ich informierten den bekennenden DDR-Fan Arafat über den Zeitenwechsel. Er war ordentlich verblüfft. Danach konnte auch ich mich der schier inflationären Wiedervereinigungs-Berichterstattung nicht entziehen.

1990: Es gab noch eine Nische, die mich vor dem Ost-West-Tsunami rettete: Eine Recherche-intensive Serie über die organisierte Kriminalität in Deutschland. Folge eins berichtete über die kriminellen Jugo-Banden, Folge zwei über Kurden und Kolumbianer im grenzüberschreitenden Rauschgiftgeschäft. Im dritten Teil befassten wir uns mit den Italienern – der „Ehrenwerten Gesellschaft“. Auch die chinesischen Triaden blieben nicht unerwähnt. Schließlich runden wir unsere Serie mit der Frage ab, „was gegen die organisierte Kriminalität“ getan werden kann. Untertitel: „Ein Tag im Kampf gegen die Mafia im Hamburger Milieu“. Meine letzte große QUICK-Geschichte handelte vom Atombomben-sicheren Bunker des irakischen Diktators Saddam Hussein. Seine Truppen hatten gerade das benachbarte Emirat Kuwait besetzt. Die Amerikaner organisierten eine vielköpfige

„Koalition der Willigen“ und trieben die irakischen Soldaten Monate später unter hohen Verlusten über die Grenze zurück. Saddam versteckte sich in seinem Bunker „Made in Germany“. Mein Artikel, der sogar eine dreidimensionale Zeichnung lieferte, wurde weltweit zitiert. Sogar das Kult-Magazin „Good Morning America“ reiste mit einem Team nach München, um mich live zu befragen und in die US-Haushalte zu beamen.

Journalistisch gesehen, waren meine Jahre bei der QUICK die erfolgreichsten. Weder vorher noch nachher durfte ich so ausgiebige, interessante, spannende Reisen erleben. Wenn ich ein Thema gegenüber der Chefredaktion oder in der täglichen Konferenz vorschlug, wurde es selten abgelehnt. Ich verfügte über größtmögliche Freiheiten.

Trotzdem trennte ich mich zweimal von der QUICK. Beim ersten Mal hatte es mit weiterreichenden beruflichen Zielen zu tun. Ich wollte meine Erfahrungen im Nahen Osten, und noch viel weiterreichende Recherchen dazu, in Buchform bringen. Dazu musste ich meine bequeme Festanstellung aufgeben. Die Folge waren leere Kassen, aber ein dickes Werk mit dem Titel „Heiliger Krieg für Allah“. Die weitere Beschäftigung als „fester Freier“ war im Endeffekt sehr effizient – und finanziell lukrativ.

Das Ende meiner Tage bei der QUICK zeichnete sich unmittelbar nach dem Dienstbeginn des neuen Chefredakteurs Richard Mahkorn, im August 1990, ab. Es war Abneigung auf den ersten Blick, obwohl wir uns optisch ähnelten. Mahkorn löste den glücklosen Schweizer Peter Balsiger ab, mit dem ich mich stets menschlich und beruflich gut vertragen hatte. Balsigers Pech war, dass die Auflage der QUICK unter seiner Leitung stärker gefallen war, als es das Hamburger Mutterhaus akzeptieren wollte. Mahkorn, ein Poltergeist und Blattmacher der traditionellen Art, setzte auf die primitiven Werte. Er wandelte das ohnehin längst „kastrierte“ Politblatt in eine Arsch- und Titten-Postille um. Wer am Kiosk etwas unkonzentriert guckte, konnte die QUICK leicht mit der „Neuen Revue“ verwechseln, Mahkorns früherem Kommandostand.

Der neue QUICK-Chef wurde von einem Branchendienst gefragt, ob er sich eine Fusion der beiden Bauer-Blätter vorstellen könne. Das wies er natürlich zurück. Die Zeitschriften würden von der Thematik her nicht zusammen passen.

Richard Mahkorn, der sich stets als Mitglied eines imaginären „Vereins für deutliche Aussprache“ präsentierte, und mehrere seiner engsten Vertrauten schikanierten mich drei Monate lang. Die Mobbing-Strategie bescherte mir absurde Aufträge, die ich angemessen absurd – und mit hohem Spesenaufwand – erledigte. Im November 1990 konnte der selbstherrliche Mahkorn die gespannte und absolut kontraproduktive Stimmung nicht mehr ertragen. Er bestellte mich in sein Zimmer und fragte nach dem Preis meines Ausscheidens. Wir einigten uns innerhalb weniger Minuten auf 80 000 Mark. Das fand ich angemessen.

Ich schied wenige Tage vor dem Beginn des heißen Krieges um Kuwait aus. Pech für Mahkorn, da er niemanden mehr hatte, der ihm die Region und die Ereignisse erklären konnte. Aber das spielte für die QUICK augenscheinlich keine Rolle mehr. Ende August 1992 wurde sie nach langem Todeskampf in ihrem 44. Lebensjahr mit einer wöchentlichen Auflage von 700 000 Heften eingestellt. Dem gescheiterten Chefredakteur war es wichtig, der Medienjournaille in den Block diktieren zu können, sein Verleger habe ihm die Absolution erteilt. Er trage keine Schuld und die Redaktion habe stets prima gearbeitet. Das Ende der QUICK, so der Bauer-Verlag, zeige „dramatisch die Folge der Hinwendung der Werbung treibenden Wirtschaft zu den elektronischen Medien“. Also: Das Fernsehen hat die QUICK gekillt.

Vom Bundesnachrichtendienst: 1982 bis 1993

Im Laufe meines Lebens habe ich den Bundesnachrichtendienst zweimal kennen gelernt. Da gab es zunächst eine ziemlich große Behörde, die sehr geheim und nur schemenhaft erkennbar war, für den Großteil der deutschen Bevölkerung sowieso ein unbekanntes Wesen. Das Ausland wusste damals noch weniger vom Bundesnachrichtendienst. Das war gut so, den er arbeitete ja als Auslandsnachrichtendienst. Er sollte jenseits der Grenzen alles in Erfahrung bringen, was für die Sicherheit der alten Bundesrepublik erforderlich war.

Anfangs wurde das vor allem mit den amerikanischen Freunden abgestimmt, später – dem jeweiligen zeitgeschichtlichen Stand angemessen – mit den europäischen Partnern oder in Frage kommenden neuen Vertrauten; den Israelis beispielsweise. Der BND war kein Staatssicherheitsdienst. Wenn er sich damals für Deutsche interessierte, dann hatte das stets einen massiven Auslandsbezug, und einen politischen obendrein.

Diese mysteriöse Einrichtung, sie saß schon seit Jahrzehnten hinter hohen Mauern im Münchner Nobelvorort Pullach, war nach außen nicht existent. Unter normalen Umständen sollte sich auch keiner ihrer Mitarbeiter auf sie berufen. Er musste, wenn er einer neugierigen Frage nach seinem Broterwerb ausgesetzt war, etwas von Bundesvermögensverwaltung oder so murmeln. Weitere Einzelheiten durfte er ohne Not nicht erzählen.

Er hatte das Thema zu wechseln oder – im Extremfall – den Frager einfach stehen zu lassen. Kein Fremder durfte etwas über den BND erfahren. So wurde es auch mir eingeschärft, als ich eines Tages dazugehörte. Das war die Regel. Gegen unsere Regeln verstießen wir nicht, weil es die gesamte Arbeit und damit die eigene Existenz, Kollegen und Informanten hätte gefährden können. Konspiration war alles, die geheime Datensammelei im Namen und Auftrag der Bundesrepublik das Ziel.

In der Summe betrachteten wir das als ehrenhaft – und als wichtig. Wir standen zum „Laden“, wie wir den BND ironisch verniedlichten (und damit für uns selbst anonymisierten), und er stand hinter uns. In dieser Gefühlslandschaft lebten wir, jedenfalls zu einer gewissen Zeit, die heute so unheimlich weit weg erscheint. Wie und warum, das wird noch zu erklären sein, ohne den Korpsgeist des Old Boy Network als selig machend zu preisen.

Zurück in das Jahr 1982. Ich hatte den sicheren Redakteursvertrag bei der QUICK längst aufgegeben und gegen einen Buchvertrag bei Droemer Knaur getauscht. Dafür reiste ich ziemlich intensiv in die Länder des Nahen und Mittleren Ostens, recherchierte bei den „Geheimen Kommandos des Islam“. So lautete der spätere Untertitel des Buches „Heiliger Krieg für Allah“. Das blieb dem BND keineswegs verborgen. Spätestens dann, als ich die Pressestelle in Pullach um journalistische Hintergrundgespräche zu sensiblen Regionen bat, war ich nicht mehr zu übersehen. Nach einigen waghalsigen Aktionen, zum Beispiel in der syrischen Stadt Hama, wo das Regime des Hafiz Assad gerade einen islamistischen Putsch überlebt hatte, kontaktierte mich der Pressesprecher. Ob ich mir vorstellen könnte, mit seinen Kollegen von Nah-/Mittelost ein nicht-journalistisches Hintergrundgespräch zu führen. Ich konnte.

Die erste Begegnung fand im Sheraton Hotels & Towers in München-Bogenhausen statt. Casting pur. Zwei künftige Kollegen versuchten mich kennenzulernen, indem sie mich erzählen ließen. Von Hama, wie ich hinein und heil wieder heraus gekommen war, von meinen Erfahrungen und Beziehungen in anderen Ecken des Pulverfasses Nahost. Wir sprachen über die Speisekarte des italienischen Restaurants im ersten Stock des Cham-Hotels von Damaskus und über einen syrischen Fliegerhorst, den man an irgendeiner Stelle auf dem Weg nach Palmyra für einen kurzen Moment überblicken konnte.

Wir kamen auch zu ganz persönlichen, familiären Dingen: Meine zehn Jahre lange Tätigkeit als Journalist, meine Zukunftsvisionen.

Die beiden „Prüfer“ wollten wissen, warum ich gerade jetzt einer gut bezahlten Festanstellung den Rücken kehrte, wie ich es im Falle einer geheimen Tätigkeit mit der Loyalität halten würde.

„Können Sie sich vorstellen, Informationen zu bekommen und ausschließlich uns mitzuteilen, die Ihnen auch als Journalist von großem Nutzen wären? Glauben Sie, dass Sie diese Wanderung auf dem schmalen Grat zwischen den beiden Berufen und zwischen zwei getrennten Existenzen überhaupt schaffen? Sie müssen sich immer im Klaren sein, dass Sie mit niemandem über Ihre Arbeit für den BND sprechen dürfen. Kein Außenstehender darf etwas wissen oder auch nur ahnen. Das liegt in Ihrem ureigensten Interesse.“

Die Antworten schienen im Sinne der beiden Nachrichtendienstler auszufallen, weil sie dieses ungewöhnliche Vorstellungsmeeting sehr herzlich beendeten und eine rasche, neue Kontaktaufnahme in Aussicht stellten. Für mich selbst war alles klar. Ich sah weiterhin mein Interesse im Nahen und Mittleren Osten. Diese Spezialisierung konnte mir der BND krisensicher anbieten. Da stellte sich nicht de Frage von Ethik und Moral, wie es heute immer wieder verkürzt dargestellt wird. Es war ein reguläres Arbeitsverhältnis und zu alledem – dieser Aspekt wird immer unterschlagen – diente es der Sicherheit Deutschlands.

Es sollte Wochen und mehrere ausführliche Treffen dauern, bis der Rahmen einer künftigen Zusammenarbeit erkennbar wurde. Meine neuen Partner kamen vom Referat 16A, das für die Aufklärung im nahen Orient zuständig war. An seiner

Spitze stand ein alter Haudegen namens Cornelis Hausleiter, der in der Pullacher Zentrale mit dem erfundenen Arbeitsnamen Carl Hagemann – bei manchen Gelegenheiten auch als Bernhard Fischer oder Curt Hausmann – auftrat, ein Mann der ersten Stunde.

Ich hatte vorher noch nie von Cornelis Hausleiter gehört, weil er bis dahin Schlagzeilen gemieden und niemand über ihn geplaudert hatte. Seinerzeit sorgte der BND noch nicht für eine endlose Kette von Skandalen und Schlagzeilen, lebte wirklich eine verschworene Gemeinschaft hinter den hohen Mauern des alten NS-Camps „Nikolaus“ im eleganten Münchner Süden. Damals hatte der Kalte Krieg gerade seinen Höhepunkt erreicht. So zählte die absolute Geheimhaltung zur wichtigsten Pflicht. Das nahmen wir bedingungslos ernst, und hielten uns auch daran.

Aus diesem Grund dauerte es lange, bis ich begriff, dass das Kürzel 16A für eine ziemlich kleine und ungewöhnliche Truppe stand. Da waren eingefleischte Zivilisten dabei, aber auch ehemalige Militärs, Draufgänger im besten Sinne, die nach ihrem Ausscheiden beim BND kein Problem darin sahen, Gaddafis Leibgarde zu trainieren. Andere widmeten sich der Entwicklung und dem Vertrieb aufwendiger Sicherheitstechnik. 16A, auch das erfuhr ich erst nach und nach, ging gerne eigene Wege, die für Höherplatzierte aus der Pullacher Hierarchie nicht immer ausreichend transparent waren.

Deshalb wurden Hausleiters Mannen auch für ungewöhnliche Aufträge eingesetzt, bei denen der Nahe und Mittlere Osten nicht einmal als Tarnung vorkam. 16A diente immer wieder als eine Art Feuerwehr, und seine Mitarbeiter beherrschten die Kunst des Alarmstarts. Wir rückten häufig aus, weil es irgendwo brannte, oder weil wir ahnten, dass die Flammen bald ordentlich züngeln würden.

Das stand im absoluten Gegensatz zu den drögen Ritualen anderer Referate, wo man tagelang tüftelte, um eine simple Dienstreise zu organisieren. 16A, das waren die Praktiker, und gerade das sollte meine zehn Jahre und acht Monate beim BND zum Erfolg werden lassen.

Nun fehlten mir noch die zahlreichen Hinweise aus dem täglichen Leben mit denen jeder Newcomer versorgt, Gebote und Verbote, die mit vielen Abkürzungen durchsetzte BND-Sprache. Konspiration war wichtig, die dauerhafte Abschottung gegen Freunde und Bekannte, gegen die eigene Familie. Jeder sollte glauben, ich würde meine zahlreichen Reisen an immer exotischere Plätze als vielbeschäftigter Journalist unternehmen.

Ich musste mein gewohntes Leben weiterführen, durfte nicht plötzlich mit unerklärlich viel Bargeld um mich werfen oder lockere Reden führen über meine „neuen Möglichkeiten“. Niemand sollte eine plötzliche Veränderung feststellen. Das war nicht ganz einfach, weil sich der Umgang mit dem BND ausschließlich in Cash abspielte.

Ich bekam Reisekostenvorschüsse und nach meiner Rückkehr die kompletten Abrechnungen und Honorare bar ausbezahlt. Mein Lieblingsposten war das sogenannte „Bewegungsgeld“. 180 Mark am Tag, die dafür sorgten, dass ich stets flüssig war, und deren Verwendung nicht mehr extra nachgewiesen werden musste. Ich entlohnte natürlich meine Quellen auch in bar. Nur später, als der Apparat ordentlich eingefahren war und deshalb von selbst lief, durfte ich die Gelder an meine Informanten im Ausland auch überweisen. Die angegebenen Zahlungsgründe waren natürlich völlig harmlos und für Außenstehende irreführend. Da konnte es schon vorkommen, dass ich bei Swarowski in Österreich die Lieferschulden eines arabischen Importeurs beglich, und dieser meine Quelle ausbezahlte.

Die Arbeit an sich bot nichts Überraschendes. Ich recherchierte, wie ich es als Journalist auch getan hätte. Damals, als im Journalismus noch die Meßlatte des Investigativen angelegt wurde, war er im Beschaffungsalltag von den Geheimdiensten gar nicht so weit entfernt. Nur, beim

BND ging es ausnahmslos um Details, die sehr spezifisch und in den Ländern unseres Interesses streng geheim waren. Welcher Journalist versuchte schon, das Handbuch für die neue MiG-29 zu bekommen, um es dann als Artikelserie im Original abzudrucken? Wer würde die konspirativ beschafften Reisedaten eines möglicherweise ziemlich gefährlichen Libanesen in der Zeitung veröffentlichen? Die geheimdienstliche Arbeit war ähnlich und doch in Vielem ganz anders.

Wenn ich einen Treff in einer fremden Stadt wahrzunehmen hatte, sei es die erste Begegnung mit einer neuen Quelle oder auch mit einem nicht so vertrauten Informanten, dann musste ich entsprechende Sicherheitsvorkehrungen treffen. Ich reiste einen oder zwei Tage vorher an und ließ mich erst einmal treiben. Ich umkreiste den Ort des späteren Treffens, sah mir alle Ein- und Ausgänge an, die Tiefgarage, mögliche Fluchtwege, die Zufahrtsstraßen. Meistens handelte es sich um ein Hotel oder ein Restaurant. In der Regel wohnte ich aus Sicherheitsgründen in einem anderen Hotel. Ich durfte nichts dem Zufall – oder den anderen – überlassen, musste in jedem Fall die Regie in der Hand behalten. Nur in Ausnahmefällen ließ ich mich telefonisch im letzten Moment zu einem anderen Treffort locken, ein beliebtes Stilmittel der Nachrichtendienste, um selbst den Ablauf bestimmen zu können.

Ich achtete bei Dienstreisen sehr darauf, keine eingefahrenen Rituale zu praktizieren. Das heißt, ich kündigte an, wie üblich mit der 18-Uhr-Maschine zu kommen, traf aber dann bereits mittags ein. Ich fuhr nicht den direkten Weg zum Treffort, sondern nahm einen weiten Umweg. Ich benutzte kein Taxi, sondern die U-Bahn. Mögliche Verfolger „schüttelte" ich ab, indem ich ein Kaufhaus durchquerte, die Tiefgarage eines Hotels, wo man auf der einen Seite rein fahren kann und auf der anderen wieder raus, nutzte die vielen Möglichkeiten eines Bahnhofs, das Labyrinth einer großen Firma, wo man mich kannte. Erst wenn ich sicher war, dass mir niemand folgte, steuerte ich mein eigentliches Ziel an. Auf dem Rückweg war es ähnlich.

Beim BND gab es keinen „Q“, wie man ihn aus den Bond-Filmen kennt. Da trat vor Beginn einer Dienstreise kein Leiter einer Forschungs- und Entwicklungsabteilung auf und präsentierte neue technische Spielereien. Nur bei zwei Gelegenheiten bekam ich Hilfsmittel. Nach einer Tagung der Arabischen Liga (1989 in Amman) zog ich mich nach Zypern zurück und schrieb einen langen Bericht für die Zentrale. Dabei benutzte ich die frühe Version eines relativ kleinen Laptops mit einem angeblich vom BND selbst entwickelten separaten Modem. Das Modem verschlüsselte meine Texte. Es soll alles gut geklappt haben. An mehr technische Details kann ich mich heute nicht mehr erinnern.

Für den Notfall erhielt ich ein Ringbuch mit Papier, das sich bei Berührung mit Wasser selbst auflöste. In Sekunden wurde aus dem schneeweißen Blatt eine milchige Pampe, die man durch den Ausguss spülte. Das konnte niemand mehr rekonstruieren. Der Vorgang an sich sah aus wie ein Zaubertrick.

Und noch etwas unterschied uns von James Bond und Co.: Beim BND gab und gibt es keine Pistolen, Revolver oder gar größeres Gerät. Wir sammelten Informationen, und das geschah mit Bleistift und Kugelschreiber; in eher seltenen Fällen mit Ton-Aufnahmegeräten und Kameras.

Die Ware Nachricht erhielt für mich im Sommer 1982 eine neue Qualität. Auch dieser Umstand verhinderte, dass ich beide Berufe vermengte. Ich sah ganz deutlich die Grenzen zwischen Medien und Nachrichtendienst und orientierte mich daran. Ein Problem bekam ich nicht, weil ich beide Tätigkeiten ausschließlich professionell betrieb. Der BND wurde zu meinem wichtigsten Auftraggeber. Als ich die Institution genug kennengelernt hatte, entzauberte sie sich von selbst. Ich kam deshalb nie in Versuchung, 007 nachzuspielen. Auf meinem regionalen Arbeitsfeld mangelte es ohnehin nachhaltig an Bond-Girls.

Der BND war und ist eine wenig flexible Bürokratie, wo der Dienstschluss und die Auslandszuschläge eine tragende Rolle spielen, Bleistifte eine Verlängerung bekommen, damit sie bis zum letzten Rest benutzt werden können. Und außerdem: Von der Wiege bis zur Bahre – Formulare, Formulare. Nicht umsonst gilt dieser Spruch als Leitfaden durch die Dienstwege von Pullach – und heute von Berlin. Glücklicherweise hatte ich damit wenig zu tun. Der Papierkrieg wurde mir von meinen Führungsleuten abgenommen. Ich musste mich ausschließlich auf die Beschaffung von Informationen und das Abschöpfen von Quellen konzentrieren. Das war aufreibend genug.

Von Anfang der 80er bis Anfang der 90er Jahre arbeitete ich für den BND unter dem Decknamen „Dali" in beinahe allen Ländern des sehr weit gefassten Krisenbogens von Ostindien bis Tunesien. Ich pflegte umfassende Kontakte zu Führungskräften dieser Länder, zu Mitarbeitern von Geheimdiensten und Befreiungsbewegungen. Das bedingte natürlich, dass ich bei allen Kämpfen jener Zeit irgendwann in der ersten Reihe auftauchte. Der BND interessierte sich immer für den Stand des jeweiligen Krieges, die Situation der Kontrahenten und für ihre Ausrüstung sowie deren Lieferanten. Das war eine immer gleiche Vorgabe, von Afghanistan bis Iran/Irak, vom Libanon bis zum Jemen.

Darüber hinaus kümmerte ich mich in all diesen Ländern um Daten zur politischen und wirtschaftlichen Entwicklung, um militärische und polizeiliche Geheimnisse, um Waffen- und Rauschgifthandel – und den immer bedeutsamer werdenden internationalen Terrorismus. In Bezug auf die Organisation des palästinensischen Separatisten Abu Nidal gelang es mir, die Reisebewegungen gefährlicher Terroristen im Vorfeld abzuklären. Ich beschaffte ihre Klarnamen und die Daten ihres persönlichen Umfelds, im besten Fall sogar Angaben über ihre Terrorziele. 856 meiner Meldungen wurden vom BND bewertet. Das ist ziemlich viel.

Genaue Einzelheiten zu allen Operationen für den BND finden sich in meinem Erinnerungsbuch „Deckname Dali/ Ein BND-

Agent packt aus“, erschienen im Frühjahr 2007 im Eichborn-Verlag.

Für 130 Monate Zusammenarbeit mit dem BND bekam ich 224 956,00 Mark Entlohnung, dazu 9 522,20 Mark an Prämien für außerordentliche Leistungen beziehungsweise als Motivation, und 418 260,71 Mark Auslagenerstattung. Das waren 1803 Mark im Monat. Ein Betrag, von dem in meinem gesellschaftlichen Umfeld niemand leben kann. Wer 1803 Mark im Monat verdient, muss noch einer zweiten Tätigkeit nachgehen, die ordentlich honoriert wird. Deutsche Presseberichte, die mir 2006 ein BND-Salär von 650 000 Mark und mehr vorwarfen, waren pure Hetze und Desinformation.

Meine Arbeit für den Bundesnachrichtendienst endete mit dem Jahr 1992. Den Anstoß lieferte 008. So lautete der von ihm – dem Staatsminister im Bundeskanzleramt Bernd Schmidbauer - stets schmunzelnd zur Kenntnis genommene Spitzname. Ich hatte zusammen mit zahlreichen Kollegen aus dem Bundesnachrichtendienst von 1987 bis 1992 an den Fällen der deutschen Geiseln im Libanon gearbeitet. Bekanntlich hatte der schiitische Hamadi-Clan Deutsche entführt, um sie gegen Verwandte, die in deutschen Gefängnissen wegen Terrortaten einsaßen, auszutauschen. Im Juni 1992 kamen die letzten Geiseln auf Vermittlung der Vereinten Nationen nach 1128 Tagen frei: Heinrich Strübig und Thomas Kemptner. Schmidbauer, der sich erst seit Ende 1991 damit beschäftigte, flog nach Beirut, um die beiden abzuholen.

Der umtriebige Staatsminister nutzte die Gunst der Stunde, sich gezielt in den Vordergrund zu drängen, obwohl er die Geiseln nicht befreit hatte. Er führte Tagesregie und war für die Optik der TV-Kameras bei der Landung in Köln-Wahn zuständig. Die Medien fielen darauf herein. Sogar die sonst zu kluge „Süddeutsche Zeitung“ – sie hatte vorher frech geschrieben, die Geiseln kämen „nicht wegen, sondern trotz der Bemühungen des Staatsministers Bernd Schmidbauer“ frei – strickte mit am Mythos. Schmidbauer habe „die Freilassung deutscher Geiseln im Libanon“ erreicht.

Schon im Sommer 1992 ging ein Murren durch die Reihen des BND. Einige der Altgedienten, die jahrelang an Problemlösungen für die entführten Deutschen gearbeitet hatten, reagierten erstaunt bis ablehnend auf Schmidbauers Strategie, den Erfolg ins politische Lager, und damit in das von der CDU bestimmte Kanzleramt, zu entführen. Kein Zweifel, als Geheimdienst-Koordinator hatte er dazu die Macht. Ob es moralisch korrekt war, stand auf einem anderen Blatt.

Kurze Zeit danach fand in Budapest eine internationale Konferenz von Terrorexperten statt. Ich war dazu eingeladen, weil ich bereits seit Jahren dem Bonner Institut für Terrorismusforschung angehörte und auf diesem Feld einiges geschrieben hatte. Während der offiziellen Diskussionen kam die Rede auf den Umgang der Deutschen mit ihrem Geiselproblem im Libanon. Dabei wurde Schmidbauer in seiner vermeintlich heldenhaften „008"-Funktion gefeiert.

In mir stieg die spontane Befürchtung hoch, diese falsche Version würde sich auch bei den Fachleuten der Tagung festigen. Also meldete ich mich zu Wort und erklärte in einem kurzen Statement, wie es zu dem Missverständnis kommen konnte, Schmidbauer habe die entführten Entwicklungshelfer „befreit".

Die hausinternen Mühlen fingen an, jeden Satz zu zermahlen. Der Anfang vom Ende meiner BND-Jahre war erreicht. Es traf mich nicht unvorbereitet und keineswegs als Schicksalsschlag. Längst lagen meine Nerven blank. Zu oft hatte ich bei meiner lebensgefährlichen Tätigkeit gemerkt, wie wichtig die Sicherheit des Hauses war, wie gering meine eigene bewertet wurde. Im Nahen Osten spürte ich damals bereits wachsendes Misstrauen bei offiziellen Gesprächspartnern. Ermittelten die von chronischer Spionitis befallenen Dienste schon mit dem konkreten Verdacht der Geheimdiensttätigkeit gegen mich?

In Pullach ging es häufig nur noch um die mechanische Abwicklung von Beschaffungsaufträgen. Das Herzliche, das

Familiäre der Anfangszeit, vor allem die Vertrauensbasis, war mit Verbindungsführern und Kollegen aller Art in deren Ruhestand verschwunden. Wenn eine Operation erfolgreich war, dann würde sie früher oder später von anderen übernommen, die selbst damit punkten wollten. Der Ober stach den Unter. Die Karawane zog weiter.

Die Weihnachtszeit des Jahres 1992 war wie üblich sehr geschäftig und deshalb bekamen wir den „Scheidungstermin" im alten Jahr nicht mehr hin. Er wurde gleich 1993 als erste Amtshandlung abgewickelt, ironischerweise am selben Ort wie das Vorstellungsgespräch, im Münchner Sheraton-Hotel. Der Unterabteilungsleiter 16, damals Oberst Tebs, verlas die Sicherheitsbelehrung. Es ging dabei um absolute Verschwiegenheit zu allen Vorgängen, die mich mit dem BND verbanden. Der zweite Teil benannte Länder, in die ich in naher Zukunft aus Sicherheitsgründen nicht mehr reisen sollte.

Ein Lebensabschnitt war beendet.

Alptraum FOCUS: 1993 bis 2004

Mein Einsatz bei und für FOCUS begann mit einem Irrtum und endete mit einer kriminellen Fälschung. Der Irrtum findet sich auf der ersten Seite des Arbeitsvertrages, der unter meiner Adresse an einen gewissen Helmut Dietl gerichtet war. Es war bezeichnend für die vermeintliche Exaktheit der Tagesarbeit, wie ich sie bei FOCUS immer wieder erleben sollte. Irren ist menschlich. Und gerade bei FOCUS menschelte es auf Schritt und Tritt.

Wie kam es zu FOCUS? Helmut Markwort, vor 15 Jahren noch mehr Journalist als Geschäftsmann, wechselte vom Nürnberger Sebaldus-Verlag zum Weltkonzern Burda. Für die Franken hatte er Zeitschriften simplen Zuschnitts geformt: „Gong“, „Ein Herz für Tiere“, „die aktuelle“, „die 2“. Diese berufsspezifische Ausrichtung konnte er dann nie mehr verleugnen. „King Gong“, lautete einer seiner Branchen-Spitznamen, „Medien-Genscher“ der andere. Es war wohl der Coup seines gesamten professionellen Lebens, dass er dem Verleger-Freund Hubert Burda die Idee zu einem Nachrichtenmagazin schmackhaft machte und ihn zu Investitionen in Höhe von 150 Millionen Mark verleitete.

Markwort skizzierte sein Projekt: Kurz schreiben, viele bunte Fotos, attraktiv für junge Leser, die mit langen und analytischen „Spiegel“-Texten überfordert sind. Ein Produkt der Fun Generation und pure Konkurrenz für die Glotze. Man beschloss eine sogenannte Entwicklungsredaktion und nannte sie der Tarnung halber „Zugmieze“. Das muss man sich so vorstellen: Eine erste, kleine Redaktion produzierte ein halbes Jahr lang Nullnummern für die Schublade, for His eyes only bei Hubert Burda – und einfach zu Übungszwecken. Dann standen sie alle in den Startlöchern. Wenn FOCUS 2000 Seiten im Jahr und eine verkaufte Auflage von 240 000 wöchentlichen Exemplaren halten konnte, so lautete die hausintern verbreitete Parole, dann ist der Erfolg gesichert und das neue Flaggschiff des Verlages überlebensfähig.

Es klappte auf Anhieb und Helmut Markwort klopfte öffentlich Sprüche, die ganz schnell zu Kalauern wurden: „In Deutschland ist Platz für ein zweites Nachrichtenmagazin!" (Eigentlich hatte er gesagt: „In Deutschland ist Platz für vier Nachrichtenmagazine. Wir machen das zweite." Dann ging ihm der Ruf nach zwei weiteren Konkurrenten wohl doch zu weit). Oder auch: „Fakten Fakten Fakten!" Der Slogan von der „Info-Elite" wurde geschaffen. Ein Hohn angesichts der Tatsache, dass die Redaktion ihrer Kundschaft nur eingeschränkte Aufmerksamkeit zutraute. Ganz ehrlich: Der „Spiegel" hatte niemals einen Grund, FOCUS zu fürchten. Trotzdem passte er sich rasch dem neuen Trend an. Seine Auflage blieb stabil. FOCUS fing Leser der 1992 verblichenen QUICK auf und bescherte dem „Stern" Auflagenschwund. Bei FOCUS und „Spiegel" soll es lediglich vier Prozent Doppelleser gegeben haben.

Das erste FOCUS-Heft stand am 18. Januar 1993 an den Kiosken. Ich gehörte bereits der Redaktion an und hatte für die ersten beiden Ausgaben an tragenden Geschichten mitgeschrieben. Zum einen handelte es sich um einen Hintergrundbericht mit vielen Dokumenten zum Anschlag des iranischen Geheimdienstes auf eine Kurden-Delegation im Berliner Restaurant „Mykonos", zum anderen um den Auslands-Aufmacher über die verschwiegenen Wege der iranischen Rüstungsbeschaffung. Mit dem Iran kannte ich mich damals bestens aus. Das gehörte zu meinen Standard-Themen. Ich sollte mich im Laufe der FOCUS-Jahre immer wieder damit beschäftigen. Die Titelgeschichte forderte, Genscher zum Bundespräsidenten zu küren. Da ging es FOCUS nur um den Effekt, und darum, sich vom Rest der Branche zu unterscheiden. An die weltfremde Aussage glaubte keiner.

FOCUS stieg mit ganzseitigen Werbeanzeigen ein: „Bitte nur die Fakten. Meinungen habe ich selber." Gerade daran hielt sich das Blatt in den nächsten anderthalb Jahrzehnten am wenigsten. FOCUS-Meinung war in Stein gehauen, vor allem auf den „Tagebuch"-Seiten des Chefs zu finden. Abweichende Meinungen und Weltbilder mochte er nur ausnahmsweise gelten lassen.

Das machte die Zusammenarbeit mit ihm und den „kleinen Markworts", die ihn umgaben, so schwierig.

Bleiben wir erst einmal bei den Fakten, die mich selbst betreffen: Warum war ich so lange bei FOCUS, was habe ich dort getan? Ich gehörte zur Redaktion „Deutschland aktuell", die dem einstigen Markwort-Stellvertreter und heutigen Chefredakteur Uli Baur unterstand. Vom ersten bis zum letzten Tag war ich freier Mitarbeiter, ohne eigenes Büro oder Schreibtisch, aber mit den Insignien eines „Reporters". Das heißt, ich führte mehr oder weniger selbständig Recherchen durch, schrieb meine eigenen Artikel, ziemlich häufig im Tandem mit dem Kollegen Josef Hufelschulte. Der umtriebige Westfale kam von der „Bunten" und – ebenfalls – von der QUICK. Dort hatten wir uns auch kennen gelernt. Er hatte bereits während der „Zugmieze"-Phase angedockt, also ein halbes Jahr vor mir.

Mit dem FOCUS-Dasein entdeckte Hufelschulte seine Lust auf Sicherheitsthemen. Von 1993 bis etwa 2004 waren wir ein eingespieltes Team, das sich um Geheimdienste und Polizeibehörden, um Terroristen und Waffenschieber, um Spione und ihre Jäger kümmerte. Daraus entstanden viele gemeinsame Artikel, aber auch so manche größere „Geschichte", die er mit Hilfe meiner Unterlagen und Informationen zu Papier brachte. Die Arbeitsteilung ging so weit, dass Hufelschulte sich stärker um das Bundesamt für Verfassungsschutz kümmerte, ich dagegen um das Bundeskriminalamt. Ich verfügte lange Zeit über bessere Quellen im Bundesnachrichtendienst oder beim Landesamt für Verfassungsschutz in Bayern, er dagegen im heimischen Nordrhein-Westfalen oder im neuen Berlin.

Ich beschaffte in meinem Bereich viele Original-Unterlagen,

und er kam von seinen Touren mit spannenden Papieren und Informationen zurück, die ihm Freunde und Gönner überlassen hatten. Hufelschulte traf all diese Jahre regelmäßig mit einem Informanten zusammen, den er „Handlungsreisender“ nannte. Er beschrieb ihn als Jugendfreund aus seinem westfälischen Umfeld und siedelte ihn gesprächsweise beim Verfassungsschutz in Köln an. Dass all diese Hinweise eher auf das Bundeskanzleramt hindeuteten, das sollte sich erst später zeigen. Der „Handlungsreisende“ bediente Hufelschulte erstklassig, und das ließ den Ruhm des Kollegen als investigativer Reporter immer mehr anschwellen. Jeder von uns hatte exklusive Zugänge. Wir schützten sie mit allen Mitteln und ließen den Partner nur begrenzt Einblick nehmen. Das war gut so und hätte noch ewig weitergehen können. Wenn nicht..... Aber davon später.

Über die Jahre hinweg gab es immer wieder unprofessionelle Zwischenfälle und bizarre wie fundamentale Meinungsverschiedenheiten, die meine persönliche Blattbindung nachhaltig verhinderten.

Beispiel 1995/96: FOCUS ist jede Woche stolz auf eines seiner Markenzeichen, die Reportage. Auf sechs, sieben oder gar acht Seiten wird ein Thema präsentiert, das häufig gar nicht ins Heftschema passt. Die Reportage beweist, dass es noch mehr gibt, als diesen hastigen Häppchenjournalismus, dessen Produkte enden, bevor sie richtig begonnen haben. Die Reportage verwaltete in den ersten Jahren ein Redakteur der alten Schule, ein Vollprofi: Peter O. Ebel. Wir verstanden uns auf Anhieb, und deshalb kam ich mehrfach in den Vorzug, eine FOCUS-Reportage recherchieren und schreiben zu dürfen. 1995 ging es um ein Thema, an dem mein Herzblut hing. Ich wollte meine Heimatstadt Kötzting porträtieren. Der Artikel sollte einen kleinen Ort am südöstlichen Rand der Bundesrepublik zeigen, der von zwei Familien und einer Volkspartei beherrscht wird. Er sollte aus intimstem Blickwinkel verdeutlichen, wer mit wem verbandelt ist, wie Politik und Wirtschaft ticken.

Der Fotograf Rolf Hayo und ich lebten drei Wochen lang in Kötzting. Wir trafen viele meiner alten Freunde, die meisten Entscheidungsträger und Kenner der 7000-Seelen-Gemeinde. Kötzting wurde bei allen wichtigen Gelegenheiten, aus allen Perspektiven fotografiert. Schließlich entstand eine kritische Bestandsaufnahme. Peter Ebel und ich nahmen diese Reportage nicht auf die leichte Schulter. Monatelang besserten wir gemeinsam nach, änderten Absätze, feilten an Nebensätzen, brüteteten über dem Einstieg. Schließlich lag uns eine Fassung vor, die Ebels hohen Ansprüchen genügte. Wir wählten ein ganz besonderes Stilelement. Der Artikel sollte die Stadt Kötzting einem fiktiven Freund John irgendwo in den USA näherbringen. Da erschien uns die Briefform besonders geeignet zu sein. „Lieber John, ich schreibe Dir heute unter dem Eindruck einiger sonniger Wintertage aus der Oberpfalz.....“

Auf den folgenden Seiten ging es um die Amigos der mächtigen Regierungspartei, um erfolgreiche Kötztinger Firmendynastien und um skrupellose Krankenhausspekulanten, neuen Aufschwung und uraltes Brauchtum, Lizenzen zum Glücksspiel und zum Kneipp-Kurort. Mit einem Wort: Bayern at it´s best. In das Layout der sechs Reportageseiten wurden 22 Fotos eingebettet. Die Überschrift lautete unschlagbar: „Beispiel Kötzting“.

Diese Reportage sollte Ende Januar 1996 erscheinen. Dafür überstand sie sämtliche Arbeitsvorgänge und prangte am „Schlusstag“ im Heft. An diesem Freitag war Helmut Markwort innerhalb der Chefredaktion zum „Straflesen“ eingeteilt. Das heißt, er musste die Texte der bevorstehenden Ausgabe gegenlesen. Als er zur Reportage kam, stockte ihm der Atem. Das Kötzting-Stück verstieß gegen alle Werte und Grundlagen, nach denen Markwort lebt. Nur über seine Leiche, so ließ er mir ausrichten, werde dieser von Neid und Häme bestimmte Text erscheinen. Die Reportage sei destruktiv und negativ. So etwas könne er nicht erlauben. Gesagt, getan. Der arme Ebel musste ganz flink eine

Ersatzreportage trimmen und ins Heft heben. Ein mühsames Geschäft.

Peter Ebel kontaktierte mich in Tel Aviv, wo ich mich gerade im Auftrag von FOCUS aufhielt. Er sandte mir ein Fax: „Nun ist es amtlich., Auch Herr Markwort hat die Kötzting-Geschichte gelesen, sie kommt definitiv nicht. Sorry, vielen Dank für Ihre Bemühungen." Uli Baur bemühte sich nach meiner Rückkehr um Schadensbegrenzung. Er bot mir – zusätzlich zum Ausfallhonorar – ein Schmerzensgeld in Höhe von 5000 Mark an. Ich wies die Summe ab. Diese Schmach konnte man mir nicht so einfach bezahlen.

Beispiel 2000: Der von mir ob seines journalistischen Könnens bewunderte Erich Follath schrieb einen provokativen Roman: „Wer erschoss Jesus Christus?" Das ungewöhnliche Buch war ein Krimi und spielte am Rande der Oberammergauer Passionsspiele. Bei der Premiere des Stückes wurde der Darsteller des Jesus Christus mit einem gezielten Schuss aus dem Publikum ins Jenseits befördert. Wer war zu einer solchen spektakulären Tat fähig, und vor allem warum? Die Neonazis, der Mossad, ganz persönliche Feinde? Das Buch war spannend und ließ den Leser nicht mehr los. Also bot ich dem Kulturressort des FOCUS eine Rezension an. Stefan Sattler, der Verantwortliche, ein Kosmopolit, bestellte die Besprechung. Er war damit zufrieden und plante den Artikel für die nächste Ausgabe ein. Plötzlich bekam Markwort den Artikel in die Hand und warf ihn aus dem Blatt. Die Begründung war weder mein schlechter Stil noch Folllaths Unvermögen, den Stoff umzusetzen. Die Buchbesprechung durfte nur deshalb nicht erscheinen, weil Erich Follath für den „Spiegel" arbeitet. Markwort wies vor Kollegen darauf hin, dass FOCUS keine Werbung für einen „Spiegel"-Mann bringen werde. Basta. Als die „Süddeutsche Zeitung" diese kleinkarierte Haltung auf der Medienseite würdigte, war er zutiefst beleidigt.

Beispiel 2003: Vom 25. Januar bis 3. Februar hielt ich mich für die FOCUS-Auslandsredaktion in Bagdad auf und beobachtete die Aktivitäten der internationalen Friedensaktivisten und den Fatalismus von Saddam Husseins Regime wenige Wochen vor dem Einfall einer westlichen Allianz unter dem Befehl des US-Militärs. Nach meiner Rückkehr erschien ein Artikel über die friedensbewegten Westler. Eine Art Tagebuch zur Vorkriegszeit wollte FOCUS nicht haben. Zur selben Zeit befand sich ein Team der Reportage-Redaktion in Bagdad. Wir hatten im selben Hotel gewohnt und uns deshalb immer wieder gesehen. Ansonsten hatten wir uns auf getrennten Pfaden bewegt.

Am 4. Februar 2003 reiste ich nach Hause und befand mich an den beiden folgenden Tagen in der Redaktion. In diesem Zeitraum kam es zu einer denkwürdigen Besprechung. Ich wurde überraschend in der Auslandsredaktion angerufen und sollte unverzüglich zur Chefredaktion kommen. In Markworts Zimmer befanden sich der Chefredakteur, sein damaliger Stellvertreter Uli Baur und die beiden Reportage-Verantwortlichen Carin Pawlak und Bernhard Borgeest. Markwort schien aufgeregt zu sein. Er fuchtelte mit einigen beschriebenen Seiten durch die Luft.

Borgeest wirkte betreten und Pawlak aggressiv. Dann stellte mir Markwort eine einzige Frage: „Sind in Bagdad alle arm und verelendet? Oder gibt es auch so etwas wie Luxus oder Wohlstand?“ Meine Antwort in Kurzform: „Den Irakern geht es ziemlich bescheiden. Die meisten haben gerade das Nötigste. Wie überall in vergleichbaren Ländern gibt es aber auch in Bagdad Leute mit sehr viel Geld. Hinter hohen Mauern leben sie ihr Luxusdasein. Wir haben eine Straße gesehen, wo es exklusive Möbelgeschäfte, Läden mit High Tech und teurer Kleidung sowie entsprechende Restaurants gab.“ Der Name dieser Straße fiel mir gerade nicht ein. Also nannte ich sie einfach „Bagdads Maximilianstraße“.

Markwort fühlte sich in seiner ablehnenden Position (fälschlich) bestärkt. Baur ergriff das Wort und erklärte im Namen der Chefredaktion, der Text dieser Reportage sei extrem positiv für das irakische Unrechtsregime. So könne er keinesfalls in FOCUS erscheinen. Markwort nickte lebhaft. Er war dafür bekannt, dass er den Autor und seine liberale Haltung nicht leiden konnte. Wochen vorher hatte es erst einen anderen Eklat zwischen den beiden gegeben. Markwort fragte mich, ob ich innerhalb von zweieinhalb Stunden eine neue Reportage schreiben könnte. Das lehnte ich ab, auch aus Solidarität mit den Kollegen. Eine derart kurze Zeit sei absolut unrealistisch für eine sechsseitige Geschichte. Also entschieden Markwort und Baur, die aktuelle Reportage erstmals in der zehnjährigen FOCUS-Geschichte nur in Gestalt von Fotos erscheinen zu lassen.

Die Fotostrecke wurde Tage später (10. Februar 2003) unter dem plakativen Motto „Aktuelle Bilder aus Bagdad" präsentiert. In Wahrheit handelte es sich um teilweise Jahre alte Motive, die von einer verärgerten Bildredaktion in Windeseile zusammengestellt werden mussten. Die Besprechung bei Markwort endete mit heftigen Worten einer tief verärgerten Carin Pawlak, die in der Tendenz nur noch mit ihrer sofortigen Kündigung zu toppen gewesen wäre.

Gegen 17 Uhr wurde ich gebeten, die Bildunterschriften gegenzulesen.

Das war die irrwitzige Stimmung bei FOCUS in den Wochen vor dem völkerrechtswidrigen Angriffskrieg der Amerikaner. Die FOCUS-Chefredaktion sehnte den Waffengang herbei und vermittelte stets den Eindruck, als sei sie persönlich daran beteiligt. In den ersten Wochen von 2003 war die FOCUS-Sprache besonders militant und unversöhnlich.

Helmut Markwort überschlug sich schier, als Kanzler Schröder im Januar 2003 die klügstmögliche Entscheidung traf und Deutschland aus dem heraufziehenden Krieg mit dem Irak heraushielt. Der Chefredakteur titelte in seinem „Tagebuch": „Schröders Weg – eine Sackgasse". Ein Zitat aus dem Text: „So unglücklich und so isoliert stand noch kein deutscher Bundeskanzler neben den Ereignissen.... Der Kanzler, nur auf Stimmungen fixiert, hat Europas größte Nation in eine

Sackgasse manövriert." Auf dem Cover anklagend: „Schröders Fehler und die Folgen".

Am 17. Februar 2003, vier Wochen vor Kriegsbeginn, intensivierte FOCUS seine Schelte. „Des Kanzlers Trümmer" lautete der Titel von Heft 8. Und weiter: „Von Amerika fallen gelassen. Isoliert in Nato und Europa". Markwort polemisierte wieder in seinem „Tagebuch": „Deutsche, die in den USA unterwegs sind, entschuldigen sich für ihren Kanzler Schröder." Der außenpolitisch unerfahrene Markwort bezeichnete Saddam wiederholt als „Nahost-Hitler" und merkte gar nicht, dass er ihm damit – aus regionaler Sicht - die größtmögliche Ehre zuteil werden ließ. Im Inneren des Heftes ging es im selben Tonfall weiter. „Die Außenpolitik in Trümmern....Bruch der deutsch-amerikanischen Freundschaft..... Droht der deutschen Wirtschaft ein US-Boykott?"

Christian Liebig, der Wochen später, eingebettet in US-Invasionstruppen, zum journalistischen Kriegsopfer wurde, steigerte sich vier Farbseiten lang in die Schönheit amerikanischer Waffensysteme und ihre „tödliche und humane" Überlegenheit hinein. Er schwärmte von „Präzisionsschlägen", vom sauberen Krieg durch „High-Tech-Bomben", von „Smart-Bomben" – vielleicht sogar Atombomben. Schon der erste Absatz schilderte einen Krieg, wie ihn sich nicht einmal die optimistischsten US-Militärs träumen ließen: Ein Luftangriff aus dem Lehrbuch, Saddam isoliert von seinen Truppen, die Soldaten kapitulieren. Eliteeinheiten richten ihre Waffen gegen Saddam, töten ihn. US-Truppen marschieren kampflos in Bagdad ein, werden gefeiert. Verluste auf amerikanischer Seite: null. Vorsichtshalber beschrieb Liebig auch das Negativszenario. Das war aber von der FOCUS-Optik nicht abgedeckt. Denn: „Der überwiegende Teil der Militärexperten.... glaubt an die erste Variante." Und nochmals: „Die US-Soldaten werden einen relativ leichten Sieg erringen." Das sagt wer? Ein amerikanischer Verteidigungsexperte. Spaltenweise folgten wieder Jubelgesänge auf das Kriegsgerät des Pentagon.

Spätestens damit hatte sich Liebig sein Ticket für den Einsatz an der „humanen" Front der Alliierten verdient.

In den folgenden Wochen setzte sich FOCUS nach Leibeskräften dafür ein, den Krieg am Golf herbeizureden. Für einen „Waffengang gegen Saddam", so die Unterzeile eines FOCUS-Titels, bleibe „nicht mehr viel Zeit". Dann schickten die Münchner Strategietheoretiker Großbritanniens Außenminister Jack Straw vor. Dieser stellte in einem Kommentar fest, dass Saddam „noch gefährlicher werden" könnte. Falls dieser Krieg aufgeschoben würde.....

In der Woche vor dem Einmarsch ins Zweistromland bescheinigte FOCUS den Amerikanern, sie würden „weit über die Entwaffnung Saddams hinaus" planen. Washingtoner „Beobachter" diktierten FOCUS die Vision einer „globalen Verbreitung der Freiheit" und zum „Umbau des gesamten Nahen Ostens". Ein Professor Bacevich interpretierte seinen Präsidenten: „Er betrachtet den Einsatz militärischer Gewalt nicht als letzte Möglichkeit, sondern als effektives Instrument der Staatskunst." Staatskunst! Und endlich bescherten die Gutmenschen von jenseits des Teiches ihren Medienfreunden in München den lang erwarteten D-Day. DieTitelmacher von Heft 13/03 atmeten durch: „Amerika verwirrt den Gegner – Saddam schon am Ende?"

Die Quintessenz mehrerer Dutzend Seiten an voreiliger Kriegsberichterstattung lässt sich mit dem von FOCUS gedruckten Zitat des US-Generals Louis Weber von der 3. Infanteriedivision zusammenfassen: „Wir werden den Irakern eins auf die Mütze geben.... Ich stell mir schon vor, wie ich in eine von Saddams goldenen Badewannen steige und Soldaten der irakischen Republikanischen Garde mir Luft zufächeln." Erneut bekamen Washington-Korrespondent Peter Gruber und Kriegsreporter Christian Liebig zwei Seiten Platz, um Amerikas „neu entwickelte Kriegswaffen" über alles zu loben. Da heißt es beispielsweise zur „Blackout-Bomb": „Bei ihrer Explosion lösen sich Grafitfasern ab, die sich wie Spinnennetze über Kraftwerke, Transformatoren und

Stromleitungen legen. Die Karbonfäden lösen Kurzschlüsse aus und lassen die Energieversorgung zusammenbrechen." Was das für die Zivilbevölkerung zwischen Euphrat und Tigris während der schier unerträglichen Sommerhitze bedeutet, das fragte keiner.

Das FOCUS-Verhältnis zu Krieg und Frieden ließe sich noch lange beschreiben. Es bliebe immer gleich übel. Da drängt sich einem die Frage auf, was eigentlich ein Ehrenmann wie Jürgen Todenhöfer im Burda-Verlag zu sagen hat. An dieser Stelle und aus gutem Anlass eine Todenhöfer-Fußnote: Schon als CDU-Abgeordneter war er ein Rebell, reiste beispielsweise im August 1980 mit afghanischen Mudschahedin an die Front gegen das östliche „Reich des Bösen". Todenhöfer, ein Alt-Rechter ist über die Jahre zum altklugen Linken geworden („Nichts fördert den Terrorismus mehr als die Antiterrorkriege des Westens.").

Seit 1990 gehört er dem Vorstand des Burda-Verlages als stellvertretender Vorsitzender an. Im Olymp von Hubert Burda hat er denselben Rang wie Helmut Markwort. Todenhöfer schreibt ein Gutmenschenbuch nach dem anderen, setzt sich vehement für die Opfer in Ländern wie Irak oder Afghanistan ein. Er ist der Schutzengel von ewigen Verlierern, denen Todenhöfers Kollege Helmut Markwort nur mit Verachtung begegnet. Gerüchteweise heißt es, die beiden könnten sich nicht ausstehen, und doch läßt sich Todenhöfer von den FOCUS-Aktivisten alles gefallen. Er reagiert weder auf Gerüchte noch auf massive Vorwürfe. Todenhöfer tut einfach so, als würde er in seiner unmittelbaren Umgebung nichts wahrnehmen. Seltsam.

Der lebende Unrechts-Seismograph („Der Westen ist viel gewalttätiger als die islamische Welt.") kennt beispielsweise seit Jahren die schweren Vorwürfe, die gegen FOCUS erhoben wurden. Die Staatsanwaltschaft München I sitzt auf einem Stapel Akten, die belegen sollen, dass FOCUS-Mitarbeiter im Auftrag der Chefredaktion mindestens einen Politiker abgehört, eingebrochen und beispielsweise

Adressbücher entwendet haben. Die Akten der Staatsanwaltschaft München I sollen nachweisen, dass FOCUS-Mitarbeiter deutsche Beamte bestochen haben. Nicht nur ein- oder zweimal, sondern über viele Jahre hinweg. Von vielem habe ich Kenntnis aus erster Hand, weil es zu meiner Zeit passierte. Und weil ich es bezeugen kann.

Wenn man dies alles erlebt hat, und noch viel mehr – beispielsweise, wie bei FOCUS Reportagefotos gefälscht werden – wie wenig der populistische Markwort wirklich weiß (er fragte mich am 12. September 2001: "Die Taliban, das sind doch die alten Kommunisten?") und wie sehr er die Berichterstattung manipuliert – der irakische Gefängnisskandal von Abu Ghraib wurde zugunsten eines FOCUS-Interviews mit einem Windsor-Prinzen zurückgestellt (Markwort: „Das ist doch schon wieder eine Kampagne gegen die Amerikaner. Außerdem sind das olle Kamellen.") -, dann kann man dort nicht mehr bleiben.

Im Sommer 2003 lagen meine Nerven längst blank. Ich hatte mich immer wieder dagegen gewehrt, in den amerikanisch besetzten Irak reisen zu müssen. Das war für jeden zu gefährlich. Nach dem Tod von Christian Liebig musste ohnehin niemand gegen seinen Willen an die Front. FOCUS war auch aufgrund seiner kriegstreiberischen Nahost-Berichterstattung nicht bereit, den Gefühlen und Ansichten der Einheimischen mehr Platz einzuräumen. Iraker befanden sich auf der Werteskala weit unten, desgleichen die Palästinenser. Ich wollte den Nahen und Mittleren Osten nicht nur aus amerikanischer und israelischer Sicht interpretieren müssen. Also lebten wir uns Monat für Monat mehr auseinander. Ich besuchte die Redaktion nur noch in größeren Abständen, übermittelte meine Themenvorschläge per Telefon oder eMail. Im Juni 2003 vereinbarten wir, dass mein Vertrag von 6000 auf 2000 Euro gesenkt wurde. Die bisherige Entlohnung wurde kurzerhand zur Kostenpauschale umgetauft.

Ich wusste, dass meine FOCUS-Phase zu Ende ging. Zu weit hatte sich das Blatt von den Idealen der Anfangszeit entfernt.

Es hatte längst jegliche Ähnlichkeit mit einem Nachrichtenmagazin verloren, konzentrierte sich massiv auf die Vermittlung von Lifestyle, sah aus wie ein Zentralorgan des deutschen Verbrauchers, betrieb Kampagnen. FOCUS-Redakteur Markus Krischer, eine Art Chef vom Dienst, begegnete mir immer mehr als Großmeister des Mobbings. Wo immer und wann immer konnte, schikanierte er mich. Da ließen sich viele Beispiele schildern.

Auch die kollegiale Partnerschaft zu Josef Hufelschulte war spätestens 2003 zerbrochen. Das kam so: Hufelschulte hatte mir Anfang 2003 den BND-Dissidenten Norbert Juretzko vorgestellt. Juretzko wollte seine Lebens- und Leidensgeschichte in ein Buch packen und suchte Unterstützung. Ich besorgte ihm einen Literaturagenten, dieser den Verlag. Wir beschlossen, das Werk gemeinsam zu schreiben. Das war dem Kuppler Hufelschulte zuviel der Harmonie. Bereits im Sommer 2003, Wochen vor dem Vertragsabschluß in Sachen Juretzko, forderte er von beiden Autoren seine „Provision". Der Literaturagent unterbreitete ihm ein Angebot. Hufelschulte lachte nur. Es war ihm nicht genug. Er sprach von Urlaub mit seiner Familie und einem neuen Auto.

Der gierige FOCUS-Redakteur setzte uns immer mehr unter Druck. In meinem Fall zog sich die – vorwiegend telefonische – Auseinandersetzung bis Herbst 2004 hin. Hufelschulte legte sich nie auf eine Summe fest, wollte von mir immer ein „Angebot" haben. Manchmal sprach er mich mehrmals täglich auf seinen vermeintlichen „Anteil" an. Seine Bettelei wurde immer penetranter und aufdringlicher. Er stellte kategorisch fest, ihm stehe eine größere Summe als Vermittlungsprovision zu. Ich lehnte ausnahmslos ab und wies ihn darauf hin, dass wir nie eine entsprechende Vereinbarung getroffen hätten. Und dass es bei unserer Vorgeschichte absolut ungebräuchlich sei. Das kümmerte ihn nicht. Ich fing an, ihm aus dem Weg zu gehen.

Ab Sommer 2004 wurden Hufelschultes zahlreiche Anrufe

immer aggressiver und beleidigender. Es drehte sich nur noch um Geld. Alles gipfelte in eindeutigen Erpressungs- und Nötigungsversuchen. Wenn ich nicht augenblicklich „abdrücken" würde, dann müsse ich ernsthafte Konsequenzen in Kauf nehmen. Meine Handlungsweise werde mir noch leid tun. Ich würde diese Haltung bitter bereuen. Ich müsste mich auf Probleme ohne Ende einstellen.

Nach dem Erscheinen des Buches „Bedingt dienstbereit" ging ich Hufelschulte noch stärker aus dem Weg. Ich vermied bei FOCUS nach Möglichkeit die Deutschland-Redaktion und verkehrte fast nur in der Auslandsredaktion. Irgendwann endeten Hufelschultes Anrufe. Unsere Freundschaft war endgültig gestorben. Zeitgleich begann seine Schmutzkampagne gegen das Buch „Bedingt dienstbereit". Bei mehreren Gelegenheiten missbrauchte er FOCUS, um unser Buch (es hatte inzwischen den zweiten Platz der Bestsellerliste erklommen) und den Autor Juretzko in ein schiefes Licht zu stellen. Mich blendete er sofort aus. Ich wurde bei der Berichterstattung erst gar nicht erwähnt. Damit wollte er mich bestrafen, weil ich ihn nicht bezahlt hatte. Nach und nach wurde Juretzko durch FOCUS systematisch kriminalisiert. Bei Hufelschulte schienen ganz persönliche Veränderungen vorzugehen. Mancher Kollege bemerkte es und fragte sorgenvoll nach seinem Befinden.

Fußnote: Derselbe Hufelschulte rückte 2007 in den Mittelpunkt des Medieninteresses, weil er von ihm beschaffte BKA-Vernehmungsunterlagen des Privatagenten Werner Mauss an eben Werner Mauss für 4000 Euro verkaufte. Angeblich soll der selbständige Ermittler – unter den wachsamen Augen des BKA – an Hufelschulte weitere 18 000 Euro übergeben und noch mehr Behörden-Dokumente erhalten haben. Das führte zu einer sensationellen BKA-Pressekonferenz, in der Präsident Ziercke den Fall Hufelschulte einer atemlosen Öffentlichkeit vorstellte. In Bedrängnis geraten, schob Hufelschulte alles auf einen anonymen Nachrichtenhändler.

Bei mir war vorher schon alles so gekommen, wie es

irgendwann kommen musste. Der 27. November 2004 war ein Tag wie viele andere, und doch sollte er für mich schicksalhaft sein. Ich arbeitete in der Münchner FOCUS-Zentrale. Am Abend kehrte ich nach Hause zurück und fand dort ein Fax, das man mir ohne weiteres auch in der Redaktion hätte geben können. Es brachte mich zum Staunen.

Das FOCUS-Fax:

Kündigung

Sehr geehrter Herr Dietl,

wir kündigen hiermit das mit Ihnen bestehende Vertragsverhältnis fristlos. Die Zusammenarbeit mit Ihnen ist für uns nicht mehr zumutbar.

Obwohl Sie die Kündigungsgründe kennen müssen, bin ich bereit, sie in einem Gespräch darzulegen.

Die Kündigung wirkt sofort.

Wie in der Praxis allgemein üblich, kündigen wir hiermit vorsorglich auch ordentlich. Wir behalten uns vor, Schadensersatz- und eventuelle sonst noch bestehende Ansprüche geltend zu machen.

Mit freundlichen Grüßen
Helmut Markwort

München, den 29.11.2004

Meine Antwort am 2. Dezember 2004:

Sehr geehrter Herr Markwort,

ich habe Ihr Schreiben vom 29. November 2004 erhalten. Herzlichen Dank für ihr Angebot, gemeinsam über die Kündigungsgründe zu sprechen. Ohne Zweifel wäre es mir lieber gewesen, wenn wir dieses Gespräch zuerst geführt hätten. Ungeachtet dessen bitte ich Sie höflichst, mir die Ursachen der Kündigung vorab schriftlich darzulegen. Vielen Dank für Ihre Bemühungen.

Mit freundlichen Grüßen

Wilhelm Dietl

Keine Antwort von FOCUS. Daraufhin war ich gezwungen, eine Anwaltskanzlei für Arbeitsrecht zu konsultieren. Ich fand die passende Adresse in der FOCUS-Ausgabe 45/04. Die Titelgeschichte befasste sich – mit Arbeitsrecht. In jenem Heft begann wieder eine jener unsäglichen Anwaltsserien (alternativ: Ärzteserien). Immerhin brachte es soviel Nutzwert, dass auf Seite 186 die Regensburger Kanzlei Schild, Weinmann & Kollegen erwähnt wurde. Ein Treppenwitz der Geschichte. Regensburg kam geographisch in Frage, weil es für mich leicht zu erreichen ist.

Meine Anwälte teilten FOCUS mit, dass die Kündigung unwirksam sei. Eine ordentliche Kündigung könne erst zum 15. Dezember 2005 rechtswirksam erfolgen. So lange sei der aktuelle Arbeitsvertrag gültig. Das Arbeitsverhältnis müsse also weiter bestehen – oder mit 2000 Euro pro Monat ausbezahlt werden. Insgesamt also 25 000 Euro bis zum Ende der Laufzeit. FOCUS bekam eine Frist zum 31. Dezember 2004.

Am 30. Dezember meldeten sich die FOCUS-Anwälte: *„Die Kündigungsgründe werden Ihnen mitgeteilt werden. ..... Die Vorwürfe, die gegen Ihren Mandanten erhoben werden müssen, sind derart schwerwiegend, dass sich Verhandlungen über einen Vergleich verbieten."*

Ein weiteres Schreiben meiner Anwälte brachte keine Reaktion von FOCUS. Unsere Neugier war kaum mehr zu bezähmen.

Also reichten wir am 11. Februar beim Amtsgericht München eine sogenannte Auskunftsklage ein, um wenigstens zu erfahren, warum mir Markwort eine Kündigung geschickt hatte. Außerdem hatte FOCUS sämtliche rechtlichen Vorschriften fahrlässig (oder absichtlich?) missachtet. Die Kündigung war ausschließlich per Fax gekommen, also nicht im Original. FOCUS hatte keine Gründe angegeben und auch den Wunsch nach einem persönlichen Gespräch ignoriert.

FOCUS reagierte, indem es den Streitwert von 2600 auf 5200 Euro verdoppeln ließ. Dadurch wurde das Verfahren an das Landgericht München I überwiesen. Termin: 23. Mai 2005.

Schließlich, unter Druck geraten, trat die Gegenseite den Rückzug an. In einem Schriftsatz vom 2. Mai 2005 verkündete die FOCUS vertretende Kanzlei Schweizer ganz erstaunliche Gründe:

1. FOCUS zitierte aus unserem abgeänderten Arbeitsvertrag, der ab 15. Dezember 2003 galt. Darin hieß es: „Wir erhalten die erste Option auf sämtliche Ihrer Themen. Üben wir diese aus, vergüten wir die Leistung zu üblichen Honorarsätzen mit der Maßgabe, dass Vergütungsansprüche bis zur Höhe der monatlichen Kostenpauschale von 2000 Euro als abgegolten gelten." Nun habe FOCUS feststellen müssen, dass der „Stern" in seiner Ausgabe 48/04 in der Autorenzeile des Artikels „Vor dem Sturm?" (Islamisten in Deutschland) den Namen Wilhelm Dietl unter „Mitarbeit" aufgeführt habe. Dietl habe vorher weder Recherchen noch Ergebnisse zu diesem Thema der Redaktion FOCUS angeboten gehabt.

2. Den Rest muss man im Wortlaut lesen, um das Ungeheuerliche wenigstens in Ansätzen zu ahnen: *„Der Kläger, in der FOCUS-Redaktion auf den Mittleren Osten spezialisiert, hatte ganz offensichtlich eine Kollegin beim irakischen Geheimdienst denunziert. Ungefähr eineinhalb Jahre vor dem dritten Golfkrieg gelang es der FOCUS-Reporterin Sachse erstmals, in den Irak einzureisen. Dazu*

bedurfte es besonderer Kontakte, da das damalige Baath-Regime sonst keinen westlichen Journalisten die Einreise gestattete. Frau Sachse war es gelungen, einen derartigen Kontakt herzustellen, der ihr journalistische Kontakte zu hohen Repräsentanten, wie beispielsweise dem langjährigen Außenminister und stellvertretenden Ministerpräsidenten Tariq Aziz verschaffte. Ihr ist aus der damaligen Zeit noch erinnerlich, wie eifrig der Kläger versuchte, mit ihr engeren Umgang zu finden.

Monate nach dem Ende der militärischen Auseinandersetzungen rief der irakische Kontaktmann Frau Sachse völlig aufgeregt an: In der Hinterlassenschaft des Baath-Regimes seien Unterlagen des irakischen Geheimdienstes aufgetaucht, die dessen Zusammenarbeit mit dem Kläger dokumentierten. Nach diesen Berichten habe der Kläger Sie, Frau Sachse, nicht nur als BND-Agentin denunziert, sondern auch behauptet, mit ihm, dem irakischen Gewährsmann, ein sexuelles Verhältnis zu unterhalten. Unter den damaligen Umständen hätte dies für ihn, den irakischen Gewährsmann, sein Todesurteil bedeuten können, da das Baath-Regime derartige Kontakte zu westlichen Ausländern, insbesondere zu Journalisten, strikt unterbunden hätte. Die Konsequenzen für sie, Frau Sachse, wären bei einer eventuellen Wiedereinreise in den damaligen Irak ebenso gravierend-unübersehbar gewesen. Entgolten worden sei der Kläger nach diesen Unterlagen in amerikanischer Währung.“

3. FOCUS bot dem Gericht die in arabischer Sprache abgefasste Dokumente und die Einvernahme der Redakteurin Katrin Sachse an.

Ein Zitat aus einem weitgehend unbekannten Pressekode

rundete das Schreiben ab:

„Nachrichtendienstliche Tätigkeiten von Journalisten und Verlegern sind mit den Pflichten aus dem Berufsgeheimnis und dem Ansehen der Presse nicht vereinbar." (Richtlinie 6.2.).

Nun war die Katze endlich aus dem Sack.

Wir standen am Beginn einer gewaltigen Rufmordkampagne, die später nur durch den sogenannten „Schäfer-Bericht" übertroffen werden konnte.

Zwei Wochen später erfuhr ich von diesem Vorgang durch Andreas Förster von der „Berliner Zeitung". Förster, einschlägig erfahren in der Berichterstattung über Geheimdienste, wusste, dass sich bereits die Bundesanwaltschaft mit dem Sachverhalt auseinandergesetzt hatte. In einer eMail stellte er mir einige Fragen, deren Antworten er für einen Artikel benötigte. In der Mail hieß es; *„Die Unterlagen wurden sowohl vom BND als auch von der Bundesanwaltschaft geprüft. Der GBA führte über mehrere Monate hinweg ein ARP-Verfahren gegen Sie wegen des Verdachts der geheimdienstlichen Tätigkeit, dass aber in diesem Frühjahr eingestellt wurde. Grund war, dass die Authentizität der irakischen Unterlagen nicht eindeutig geklärt werden konnte.*

Ich hatte mich seit dem vergangenen Herbst wiederholt in Karlsruhe nach dem Fortgang des Verfahrens erkundigt."

Mein nächster Schritt war klar: Ich wandte mich noch am selben Tag an den Generalbundesanwalt beim Bundesgerichtshof und begehrte Erklärungen wie auch Akteneinsicht. Die Bundesanwaltschaft reagierte rasch und unbürokratisch. In dem Antwortschreiben hieß es: *„Die entscheidende Frage der Authentizität der Schriftstücke konnte nicht geklärt werden. In seinem Behördenzeugnis, um dessen Erstellung ich ersucht hatte, kam der*

Bundesnachrichtendienst letztlich zu dem Ergebnis, dass ohne Kenntnis der Aufkommensart eine abschließende Klärung dieser Frage nicht möglich sei…. Da bei dieser Sach- und Beweislage keine zureichenden tatsächlichen Anhaltspunkte dafür bestanden, Sie könnten Mitarbeiter des ehemaligen irakischen Nachrichtendienstes gewesen sein, habe ich den Vorgang mit Verfügung vom 25. Oktober 2004 geschlossen.“

Zwei Erkenntnisse: Das war also nur ein Freispruch zweiter Klasse, ein wichtiger Grund, Ursachenforschung zu betreiben. – FOCUS hatte seine Kündigung auf einen Vorgang gestützt, den sogar die höchsten Ankläger der Republik vier Wochen vorher ad acta gelegt hatten. Ein seltsames Rechtsverständnis im Hause Markwort.

Was muss zu dieser abstrusen Kündigung noch gesagt werden?

Am 12. November 2004 war ich bei der Hanns-Seidel-Stiftung in München zu einem Expertengespräch „Neue Strategien in der Terrorismus-Bekämpfung“ eingeladen. Den gleichnamigen Eröffnungsvortrag hielt Günther Beckstein, damals Innenminister von Bayern. Ich fuhr aus eigener Initiative zu der Veranstaltung, nicht im Auftrag von FOCUS. Außerdem wollte ich den „Stern“-Redakteur Georg Wedemeyer treffen. Mit ihm arbeitete ich damals an einem Artikel, der später im „Stern“ erscheinen sollte (was ich vorher mit FOCUS abgeklärt hatte). Wedemeyer war letztlich verhindert, weil er besagten Artikel „Vor dem Sturm?“ schreiben musste. Da er nicht kam, telefonierten wir kurz über Handy.

Er fragte mich: „Was sagt denn der Beckstein?“ Meine knappe Antwort: „In Köln ist nächsten Sonntag eine islamische Großdemo gegen Terror und für Solidarität mit dem Rechtsstaat geplant. Das ist ein gutes Zeichen.“ Diese beiden Beckstein-Sätze fanden sich nachher in dem „Stern“-Artikel. Wedemeyer reihte meinen Namen ohne mein Zutun unter 14 Zuarbeitern ein. Er wollte mir damit einen Gefallen tun. Redaktionen schmücken sich bei solchen Sammelberichten gerne mit vielen Namen, um zu zeigen, wie eifrig und breit gefächert man an einem Thema gearbeitet hat. Ich hatte also nicht gegen die Vertragsklausel mit FOCUS verstoßen, weil das von Anfang an nicht „mein Thema“ war und weil ich dem „Stern“ kein Thema „Islamisten in Deutschland“ vorgeschlagen und auch nicht daran „gearbeitet“ hatte. Es gab weder Recherchen noch „Ergebnisse“.

Spontan war ich überrascht, den Namen Katrin Sachse im Zusammenhang mit der Irak-Intrige zu finden. Ich hatte, als ich von Andreas Förster den Grundvorwurf gehört hatte, zuerst an eine andere Kollegin gedacht, die regelmäßig für FOCUS über den Krisenherd berichtete. Katrin Sachse hatte das Land bis dahin nur einmal besucht, und im Prinzip keinerlei Bezug zur Region. Mich verband mit ihr eine Art kollegiale Freundschaft. Ich schätzte sie und plauderte mit ihr etwas länger, als mit anderen. Zusammen mit ihrem Lebensgefährten hatten wir sogar schon ein Konzert besucht, uns bei gemeinsamen Freunden zum Essen getroffen.

Undenkbar, dass ich Katrin Sachse in ein schiefes Licht bringen würde. Undenkbar, dass ich sie mit dem BND in Verbindung bringen würde. Schließlich konnte ich sehr wohl beurteilen, wie Nachrichtendienstliche Verbindungen mit dem BND aussehen, worauf es dabei ankommt und wie solche Quellenverhältnisse abgewickelt werden. Ich hatte lange genug Quellen geführt. Katrin Sachse kümmerte sich im Alltagsbetrieb um bunte Lifestyle-Themen. Uninteressant für den BND. Für den BND sind auch Quellen unbedeutend, die nur einmal in ein Zielland reisen, und dann auch noch hermetisch eingehüllt in die dortige staatliche Fürsorge. Hätte ich über BND-Kontakte bei FOCUS nachdenken müssen, auf Katrin Sachse wäre ich nie gekommen.

Warum ich das so ausführlich schreibe? Weil es nie eine Chance gab, es ihr selbst zu erklären. Gesprächsversuche mit Katrin Sachse sind seither fehlgeschlagen. Sie ist verhelzt und leider nicht selbständig genug, einen klärenden Kontakt zu suchen.

Nach und nach konnte ich den Weg der „irakischen Geheimpapiere“ klären, die übrigens von FOCUS dem Landgericht nicht zur Verfügung gestellt wurden – genauso wenig wie die angebotene Zeugin Katrin Sachse. Die fünf arabischsprachigen Blätter tauchten 2003 exklusiv bei FOCUS auf. Eine Quelle könnte der im Text erwähnte Rafik Aras Mohammed Said Afrasiyab sein. Das Magazin verweigerte der Bundesanwaltschaft die Auskunft, wie es in den Besitz der Dokumente gekommen ist. FOCUS übergab die Blätter an den Bundesnachrichtendienst, nach amtlicher Auskunft direkt an den Präsidenten August Hanning. Am 20. Dezember 2003 reichte der BND sie an das Landeskriminalamt Bayern weiter. Das LKA war besonders schnell. Noch am selben Nachmittag ging eine Kopie an das Innenministerium Bayern und an die Bundesanwaltschaft in Karlsruhe. Damit war das Thema in München beendet.

Siehe Links zu den Originalen, zu den Übersetzungen und zur Stellungnahme des BND.

Im Jahr 2005 begann eine beispiellose FOCUS-Schmutzkampagne gegen Norbert Juretzko, mich und das geplante Fortsetzungsbuch zu „Bedingt dienstbereit“. Immer wieder stellten wir fest, dass Josef Hufelschulte im Hintergrund die Fäden zog. Als Hufelschulte in der „Berliner Zeitung“ seine Anti-BND-Kampagne startete und sich dabei selbst in die Opferrolle des Bespitzelten einbettete, fand er wieder einen Dreh, uns zu bedenken. Hufelschulte („Ich wollte ja nur ein bisschen Dankbarkeit, vielleicht in Form eines Kaffees oder einer Bockwurst...“) publizierte in der Ausgabe 47 vom 21. November 2005 einen Artikel mit der Überschrift „Versteckte Kamera“. Unterzeile: „BND-Aussteiger Norbert Juretzko schreibt anhand unterschlagener Geheimakten neues Enthüllungsbuch“. Diese völlig frei erfundene Behauptung wurde in mehreren Variationen wiederholt („sitzt offenbar auf Zentnern kompromittierenden Materials“). Auch andere Unterstellungen brachten den Autor an den Rand einer Hausdurchsuchung: „Delikate Filme aus dem Agentenmilieu, so munkelte er drohend im Bekanntenkreis, könnten jederzeit im Privat-TV ausgestrahlt werden." Der einstige FOCUS-Schreiber für ganz besondere Themen war zum Meister des Rufmords geworden, und das auf niedrigstem journalistischen Niveau. Dafür stand er übrigens im Sommer 2006 wegen übler Nachrede vor Gericht, kam aber dann mit einer Geldbuße viel zu milde davon.

Was ist sonst noch passiert 2005?

Am 7. Juli 2005 habe ich bei der Staatsanwaltschaft München I Strafanzeige gegen Unbekannt erstattet, insbesondere wegen falscher Anschuldigung, übler Nachrede und Verleumdung. Das Verfahren wurde eingestellt, als kein Täter ermittelt werden konnte.

Am 8. Juli 2005 schrieb ich erneut an Helmut Markwort und informierte ihn über diese Strafanzeige. Gleichzeitig bat ich wieder um ein persönliches, klärendes Gespräch. Darauf kam auch diesmal keine Antwort.

Am 13. Juli 2005 reichten meine Anwälte beim Landgericht München I Klage gegen die FOCUS-Kündigung ein.

Ein Blogger namens Jochen Hoff schrieb 2006: *„Auf jeden Fall ist jetzt Schluss mit den Fakten, Fakten und nochmals Fakten. Man muss doch mal an die Inserenten denken. Die haben dem FOCUS schließlich einen Auftrag zur Verbreitung der neoliberalen Religion erteilt. Außerdem muss man doch mal an die Leser denken. Wenn die jetzt anfangen darüber nachzudenken, was der FOCUS über seine Leser denkt und welche Kost er ihnen serviert, dann denken die vielleicht darüber nach, das Blättchen gar nicht mehr zu kaufen. Dann müssten Helmut Markwort und seine Mitarbeiter ihren Posten als neoliberale Hassprediger aufgeben und eventuell sogar arbeiten. Das gilt es mit aller Macht zu verhindern. Vielleicht* *sollte sich Markwort um die Rechte an den Hitlertagebüchern kümmern. Ach nein. Das hat ja schon der Stern erledigt. Aber wo sind eigentlich Gehlens Tagebücher. Mit den Beziehungen des FOCUS zum BND müssten die doch leicht aufzutreiben sein.“*

P.S.: Es ist höchste Zeit, die ersten 15 Jahre FOCUS-Existenz kritisch und in Buchform zu würdigen. Dieses Projekt bereite ich gerade vor und bin für alle weiterführenden Informationen dankbar - auch aus der Redaktion FOCUS.

Intrige Schäfer-Bericht: Mai 2006

Von Anfang 1993 bis Ende 2004 war ich für das Magazin FOCUS tätig. In dieser Zeit hatte ich immer wieder mit dem Bundesnachrichtendienst zu tun, allerdings nie mehr in der Art der „Dali-Periode“. Es gab Berührungspunkte verschiedenster Art. Beginnen wir bei den Harmlosen. Selbstverständlich hielt ich den Kontakt mit meinen früheren Kollegen. Wenn man beinahe elf Jahre im selben Boot schippert, dann bleibt in der Regel mehr als nur eine romantische Erinnerung. Es gab auch ehemalige – und noch aktive - Kollegen, die mich gelegentlich konsultierten und um einen praktischen Tipp baten.

Bei einigen wenigen Gelegenheiten, vor allem in den Jahren 1995/97, half ich aus Notlagen. Der meistgesuchte deutsche Terrorist Johannes Weinrich, zuletzt wohnhaft in Damaskus, war abgetaucht. Nach der Festnahme seines ehemaligen Chefs Carlos bestand die Gefahr, dass er wieder aktiv werden und versuchen könnte, den Venezolaner durch eine Terroraktion freizupressen. Ich hatte mich stets intensiv um Carlos und Weinrich gekümmert. Also wurde ich dringlich gebeten, eine Spur zu überprüfen. Dann kam es auch vor, dass ehemalige Quellen nach meinem Ausscheiden die Lust am Spionieren verloren. Ich musste ihnen im Falle eines Falles gut zureden.

Zur selben Zeit arbeitete ich an einem Buch, in dem der Auslandsnachrichtendienst die Haupt-Rolle spielte: „Staatsaffäre“. Es sollte 1997 erscheinen, die Affäre der deutschen Geiseln im Libanon schildern, und dabei die Rolle des BND kritisch hinterfragen. In der Recherche-Phase benötigte ich noch zahlreiche Dokumente, die es nur beim BND in Pullach gab. Damit wollte ich das andere Ende der Bemühungen um die Verschleppten dokumentieren, sozusagen die Heimatfront. Auch dafür musste ich enge Beziehungen zum BND unterhalten.

Nun kommt der heikle Bereich. Mitte der 90er Jahre bat der neue Sicherheitschef des BND, Volker Foertsch, er hatte ab 1989 die Beschaffung geleitet, ehemalige Kollegen um die Vermittlung eines Kontakts zu mir. Nun trafen wir uns immer wieder zum Mittagessen, fast ausnahmslos im Restaurant „Seehaus“ im Englischen Garten. Zwischen Foertsch, der beim BND als „Graue Eminenz“ galt, und mir entwickelte sich eine positive, gemeinsame Wellenlänge. Wir plauderten über Aktuelles und Vergangenes, Hausinternes und Fremdländisches.

Zunehmend interessierte er sich für Medien im weitesten Sinne. Da war ich nicht sehr firm, weil ich mich stets vom „Flurfunk“ ferngehalten und die meisten Entwicklungen in meinem Job immer als einer der Letzten erfahren hatte. Trotzdem antwortete ich ihm, so gut ich konnte. Wenn er eines der Branchenorgane, den „Journalisten“ beispielsweise, gelesen hätte, dann wäre er besser beraten gewesen. Dass der Abteilungsleiter des BND anschließend unsere Gespräche auswertete, Meldungen schrieb und in hausinternen Umlauf brachte, das teilte er mir seinerzeit nicht mit. Dass er mir in diesem Zusammenhang den Decknamen „Schweiger“ verpasste, auch das blieb sein Geheimnis. Um dies alles zu erfahren, bedurfte es im Mai 2006 des „Schäfer-Berichts“.

Noch ein wichtiger Aspekt der Foertsch-Gespräche: Ich sah keinen Anlass, diese Treffen während der Mittagsstunden in der Redaktion FOCUS zu verheimlichen. In jenen Jahren arbeitete ich eng mit dem Kollegen Josef Hufelschulte zusammern. Auch er traf sich häufig und beinahe regelmäßig mit Volker Foertsch. Wir witzelten gerne, wer den berühmten „Schlapphut“ (im Hufelschulte-Jargon: „Schlappi“) wohl als Nächster sehen würde. Um den Namen Foertsch zu vermeiden, nannten wir ihn einfach „Seehaus“. Es war Branchenwissen, dass der Oldtimer Foertsch zeitweise den Arbeitsnamen „Fleming“ benutzt hatte. Nun war er auch noch „Seehaus“. Das wusste er wiederum nicht. Eine dunkle, kuriose Welt.

Stichwort FOCUS: Ich war Ende 1992 vom stellvertretenden Chefredakteur des damals gerade konzipierten Blattes zum Vorstellungsgespräch gebeten worden. Uli Baur befragte mich nach meinen Kontakten zu den deutschen Sicherheitsbehörden, auch zum BND. Er wollte natürlich nicht wissen, ob ich jemals für den BND gearbeitet hatte. Er wollte wissen, wie gut meine journalistischen Kontakte zu den Diensten und Polizeien waren. Ich sagte, ziemlich gut. Darauf erwiderte er: „Sie sind unser Mann!“ Ich war als fester Freier eingestellt. Das bedeutete, dass ich mich hauptberuflich um den BND zu kümmern hatte.

Der Kontakt zu Foertsch, und damit weitestgehend zum BND, endete 1998. In seiner 1999 selbstgeschriebenen Vita schrieb er über jene Zeit: „Im April 1998 wurde versucht, mich mit gefälschten Unterlagen zu diskreditieren. Der Versuch misslang und wurde zu einer politischen Affäre. Die Auflösung der von mir geleiteten Abteilung, die meine Versetzung erzwingen sollte, veranlasste mich zu gehen. Dezember 1998 Eintritt in den Ruhestand.“ Kurz zuvor hatte mich Volker Foertsch ein letztes Mal gefragt, ob ich zum BND zurückkehren wollte. Ich hatte ein letztes Mal verneint.

Die Pensionierung von Volker Foertsch steht im direkten Zusammenhang mit Norbert Juretzko. Der ehemalige Bundeswehroffizier aus Wietze bei Celle hatte dem BND ab 1984 angehört. Nacheinander arbeitete er beim deutschen Ableger des Nato-Geheimdienstes Gladio, beobachtete für den BND den Abzug der Sowjet-Truppen aus der Ex-DDR und gewann schließlich wichtige Quellen bei den Fremden Heeren Ost im ehemaligen Moskauer Herrschaftsbereich. Er beschaffte große Mengen an geheimen Unterlagen; schließlich auch ein Dokument in russischer Sprache, aus dem hervorging, dass ganz oben im BND ein Doppelagent saß. Die Details ließen nur eine Schlussfolgerung zu – es musste sich um Volker Foertsch handeln. Sofort wurde der mächtige Abteilungsleiter hausintern überwacht. Amtsleitung und Bundeskanzleramt begegneten ihm mit Misstrauen. Die Bundesanwaltschaft ermittelte, wenn auch nur kurz. Foertsch bezeichnete es als „Diskreditierung".

In der Folge musste Foertsch gehen. Auch Juretzko überlebte die von ihm losgetretene Lawine nicht im Amt. Am 1. Januar 2000 wechselte er aus gesundheitlichen Gründen in den vorläufigen Ruhestand. Seine Gegner ließen nicht locker. Sie schafften es, ihn vor Gericht zu stellen. Die Anklage präsentierte ihn als geldgierigen Betrüger. In dem nichtöffentlichen Verfahren wurde Juretzko im Januar 2003 zu einer Bewährungsstrafe von elf Monaten verurteilt. Am selben Tag trafen Josef Hufelschulte und ich mit Juretzko im Münchner Hotel „Bayerischer Hof" zusammen. Der ehemalige BND-Verbindungsführer hatte inzwischen beschlossen, seine Lebensgeschichte aufzuschreiben. Er bat mich um Unterstützung.

Wir kamen uns näher. Wochen später, bei einer erneuten Besprechung mit meinem Literaturagenten und einem Lektor des Ullstein-Verlags, fiel die Entscheidung, das Buch gemeinsam zu verfassen. Das Projekt bekam den Arbeitstitel „Haus 109". Im August 2003 war der Vertrag unterschriftsreif. Bereits im Mai 2004 überreichten wir das gemeinsame Manuskript. Da Hausdurchsuchung und Beschlagnahme drohten, erschien das Werk vorzeitig. „Bedingt dienstbereit" kletterte rasch auf Platz zwei der Bestsellerliste. Zur Abrundung legten wir 2006 einen zweiten Band vor: „Im Visier".

Dass ich mich mittlerweile im Visier des BND befand, war mir damals noch nicht so klar. Das Ermittlungsreferat 80B setzte den Leipziger Journalisten und Herausgeber eines Newsletters, der sich vorwiegend mit Osteuropa und Sicherheitsfragen beschäftigt auf mich an. Uwe Müller arbeitete damals unter dem Decknamen „Sommer" für die Sicherheitsabteilung 8 des BND. Er besuchte mich mehrmals unter professionellem Vorwand und rief häufig an, um mich im Auftrag des BND auszufragen. Müller interessierte sich ganz auffällig für das Juretzko-Buch, bot mir schließlich sogar 5000 Euro an, um „einmal reinschauen" zu dürfen. Ich war längst durch Eingeweihte vor ihm gewarnt worden und spielte amüsiert mit.

Müller berichtete später von abenteuerlichen Aktionen des BND-Observationskommandos QB 30. Bei einem seiner Besuche in meinem Haus begleiteten ihn drei Hauptamtliche, die sich dann im Garten versteckten und uns durch das Fenster beobachteten. So war es anschaulich im Magazin „Stern" zu lesen. Müller erzählte mir, QB 30 habe mich in Berlin, auf dem Weg vom Verlag zum Hotel, tätlich angreifen und mir das in meinen Händen vermutete Buchmanuskript entreißen wollen. Er selbst habe mich zuvor anrufen müssen, um meine Zeitplanung in Erfahrung zu bringen. Allem Anschein nach wurde die gewagte Operation in letzter Sekunde aus der BND-Zentrale gestoppt.

Der Zorn des BND kannte keine Grenzen, und deshalb verstießen seine Oberen gegen das in Stein gehauene Grundgesetz aller Nachrichtendienste. Im Herbst 2005 informierten sie ausgewählte Journalisten-Kollegen über meine frühere Tätigkeit für den Dienst. Nicht genug, sie plauderten auch meine Personalnummer (068533) und die Höhe meiner Bezüge aus. Erstmals tauchten diese Informationen bei der FOCUS-Redaktionskonferenz auf, unmittelbar nach dem Berliner FOCUS-Fest, an dem der damalige BND-Präsident August Hanning teilgenommen hatte. Öffentlich thematisiert wurden sie von der Mediensendung „Zapp" des Norddeutschen Rundfunks: „Wilhelm Dietl…soll… - so die übereinstimmende Aussage von mehreren Informanten gegenüber Zapp – über viele Jahre dem BND sein Wissen offenbart haben." Die Sendung lief am 16. November 2005. Am Montag darauf griffen FOCUS und der „Spiegel" das Thema auf, der eine mit Hetze und Häme, der andere relativ objektiv. Siehe dazu die entsprechenden Abschnitte der Webseite.

Nach viel Geraune und noch mehr giftigen Gerüchten beschloss das Parlamentarische Kontrollgremium (PKG) des Deutschen Bundestages Ende 2005 den früheren

Vorsitzenden Richter am Bundesgerichtshof Gerhard Schäfer als Sonderermittler einzusetzen. Der mit dieser Aufgabe völlig überforderte Schäfer ließ sich Anfang 2006 vom BND Akten zusammenstellen und bastelte daraus – zusammen mit zwei Mitarbeitern des Bundestages - einen Bericht, der am Ende 175 Seiten umfassen sollte. In dieser Zeit bat ich mehrfach um ein Gespräch mit dem BND-Präsidenten Ernst Uhrlau. Ich wollte ihn auf die Gefahren hinweisen, die mit meiner Enttarnung verbunden waren. Uhrlau sah keine Notwendigkeit für ein Treffen. Das war absolut fahrlässig.

Anfang Mai 2006 sickerten erste Mosaikstücke aus dem „Schäfer-Bericht“, der noch wochenlang umgeschrieben werden sollte, an die Medien-Öffentlichkeit. Die bis dahin als seriös bekannte „Süddeutsche Zeitung“ („BND duldete Spitzeleinsatz eines Journalisten“) stellte einen Wilhelm D. an den Pranger. Mit Hinweis auf die SZ berichtete die „Tagesschau“: „Ein ehemaliger FOCUS-Journalist, heute Buchautor, erhielt.... von 1982 bis 1998 mehr als 600 000 Mark.“ Die Treibjagd hatte begonnen.

Die SZ kürzte meinen Namen noch einmal ab, um dann – zehn Tage vor Erscheinen des „Schäfer-Berichts“ – richtig hinzulangen.

Zitat: *„Exemplarisch ist das bei Wilhelm Dietl, einem Nahost-Experten, der jahrelang für den BND arbeitete und am Ende vom BND bespitzelt wurde. Zuerst berichtete der Zwei-Zentner-Mann aus der Oberpfalz nur, was er von seinen Recherchen im Nahen Osten erfuhr, dann erzählte er auch über Kollegen. Und am Ende wurde er nur noch dafür eingesetzt, über Journalisten zu berichten.“*

Die bei anderen Themen gut informierte Redakteurin vom *„Kölner Stadt-Anzeiger“* setzte noch eins drauf und forderte gegen mich *„Schuldsprüche, gegen die es weder Berufung noch Revision gibt“: „die Verachtung der Kollegen und Kolleginnen, die ihm vertraut und mit ihm Informationen ausgetauscht haben“.*

Nun war dem mutwilligen Rufmord Tür und Tor geöffnet. Die sonst penibel auf ihre Sensibilität und Objektivität achtende Tagespresse prügelte blindwütig auf den vermeintlichen Täter ein. Dabei merkte sie nicht, wie sehr sie das Rachebedürfnis des BND beförderte. Ein Beispiel für die Suche nach immer neuen, frei erfundenen Extremen lieferte der „Stern", mit dem mich eigentlich ein freundschaftliches Verhältnis verband. Zitat: *„Insgesamt soll Wilhelm D. 652 738,91 Mark Spitzelhonorar kassiert haben. Dafür habe er mehrere hundert Berichte über Journalisten abgeliefert."* Was für ein Unsinn. Die Schlussredaktion des Heftes muss sich auf Betriebsausflug befunden haben. Die Sorglosigkeit der Hamburger Illustrierten-Macher erstaunte mich, während ich von FOCUS und „Spiegel" nichts anderes erwartet hatte. Dazu mehr Details im Abschnitt „Recht und Unrecht".

Schon nach wenigen Tagen war klar, dass der Bundesnachrichtendienst und mit ihm verbündete Medien meine berufliche Existenz vernichten wollten. Das war keine Verschwörungstheorie, sondern eine klar erkennbare Strategie.

Am 26. Mai 2006 wurde endlich der „Schäfer-Bericht" in seiner kindlich anonymisierten Fassung für die Öffentlichkeit freigegeben. Ich bekam die Rolle des „Journalisten V", ausgewiesen als Ko-Autor des Buches „Bedingt dienstbereit" und alleiniger Autor von „Staatsaffäre". Eine ziemlich komplizierte Denksportaufgabe, dieses Pseudonym zu lüften……

In der Folge bewiesen die zahlreichen Edelfedern bei der Auseinandersetzung mit dem „Schäfer-Bericht", dass sie entweder des Lesens nicht mächtig waren, oder die Zusammenhänge einfach nicht begriffen. Das sind die einzigen Schlüsse, die aus ihren Artikeln gezogen werden können.

Dazu einige Beispiele in knapper Form:

- Der „Schäfer-Bericht“ zitiert den früheren BND-Präsidenten Hansjörg Geiger in folgender Weise: „Wegen der Kenntnis des Journalist Vs um den BND wäre ein sofortiges Abschalten des Journalist Vs für den BND gefährlich geworden. Deshalb habe ich gestattet, dass Abt. 5 den Kontakt zu Journalist V weiter hält. Ein Auftrag zur Bespitzelung von Journalisten war damit nicht verbunden und lässt sich aus der oben erwähnten Verfügung nicht entnehmen.“ Das wurde von den Medien mit Vorliebe ignoriert.

- Im „Schäfer-Bericht“ heißt es: „Dass ein Journalist veranlasst worden wäre, in das Geheimnis der eigenen Redaktion einzudringen und darüber zu berichten, ist nicht ersichtlich. Die Informationen bezogen sich stets auf andere Journalisten und andere Medienorgane.“ Wie kommt also der FOCUS-Chefredakteur zu der abstrusen Behauptung, ich sei auf seine Redaktion angesetzt gewesen?

- Der „Schäfer-Bericht“ stellt fest, dass ich vom BND für meine beinahe elf Jahre dauernde Auslandstätigkeit ein Honorar von 224 956,00 Mark und eine Sonderprämie von 9 522 Mark erhalten habe. Wider besseres Wissen berichteten die Medien andauernd und hartnäckig von 652 738,91 Mark an „Entlohnung“. Noch einmal zum Mitdenken. Im Schäfer-Bericht heißt es wörtlich: „Diese Zahlungen erfolgten nach dem Bericht des BND vom 8. 3. 2006 für die Auslandstätigkeit des Journalist V.“

- Eine besonders infame Behauptung fand sich in den FOCUS-Ausgaben Nr. 42 und 43/06. Angeblich hätte ich „im Auftrag des BND mehrere Journalisten bespitzelt“. Eine absolut freie Erfindung der FOCUS-Autoren. An keiner Stelle des Schäfer-Berichts steht, dass ich im Auftrag des BND Journalisten bespitzet habe. Eine Falschmeldung, gegen die es kein Rechtsmittel gibt. Siehe Abschnitt „Recht und Unrecht“.

Unter normalen Umständen und im Umgang mit

Sprachbegabten wäre damit hinreichend bewiesen, dass ich mit der Bespitzelung von Journalisten nichts zu tun hatte. Bei den deutschen Medien (im Gegensatz zu den ausländischen) kam alles anders an.

In der Regel sträubten sich die Autoren auch, folgende Sätze aus dem Schäfer-Bericht zu übernehmen:

- *„In einem Aktenvermerk .... Vom 5. Juli 1999 wird festgestellt, dass Journalist V diejenige NDV („Nachrichtendienstliche Verbindung“, A. d. A.) sei, die wohl die umfassendste Kenntnis über den BND und dessen Mitarbeiter erlangt habe.“*

- *„Die Auslandstätigkeit Journalist Vs muss für den BND sehr erfolgreich gewesen sein. Zahl und Bewertung seiner Nachrichten sind ebenso bemerkenswert wie die Höhe seiner Vergütung.“*

- *„Zahlreiche Einsatzreisen führten Journalist V vor allem in den Nahen Osten. Diese Reisen dienten der Kontaktierung geeignet erscheinender Gesprächspartner und der Beschaffung von Informationen aus dem Bereich des internationalen Terrorismus.“*

- Der Schäfer-Bericht zitiert aus einem Memo des BND vom 17. März 2006. Darin wird mir ein „beachtlicher Bestand an hochrangigen Gesprächspartnern“ im Bereich des internationalen Terrorismus bescheinigt. In der Summe sei ich stets „ein Juwel im Quellenbestand der jeweils zuständigen Führungsstelle“ gewesen.

- Der „Schäfer-Bericht“ versäumt es, darauf hinzuweisen, dass ein wesentlicher Teil der Aktenvermerke des Volker Foertsch im Jahr 2006 nachträglich entstanden sind. Wie Schäfer mir im persönlichen Gespräch unter sechs Augen – vier Tage vor dem Erscheinen seines Berichts – erklärte, habe Foertsch sie aus Notizen rekonstruiert. Was ist aus dem fantasievollen Gebräu eines verbitterten Mannes zu halten, der dem

Generalbundesanwalt über seinen früheren Arbeitgeber BND schriftlich mitteilen ließ, er könne meine „weitere berufliche Zukunft … gegebenenfalls stark beeinträchtigen bzw. vernichten"? Soviel zum Umgang mit Nachrichtendienstlichen Verbindungen, wenn sie nicht mehr gebraucht werden.

Ich habe mich gegen die Rufmord-Kampagne des Jahres 2006 mit gezielten Interviews, Strafanzeigen und Klagen gegen unwahre Medienberichte gewandt. Die Ergebnisse waren in der Regel ernüchternd, weil auch der deutschen Justiz nicht zu vermitteln war, dass eine reguläre Tätigkeit für eine deutsche Bundesbehörde in der Regel nichts mit der illegalen Bespitzelung von Journalisten zu tun hat. Das erkannten letztlich nur die ausländischen Medien.

Gescheitert sind auch meine beiden Strafanzeigen gegen den Bundesnachrichtendienst.

Am 18. August 2006 richtete ich folgende(n) Strafanzeige/Strafantrag an den Generalbundesanwalt beim Bundesgerichtshof:

„….gegen die Verantwortlichen des Bundesnachrichtendienstes, namentlich seinen derzeitigen Präsidenten Ernst Uhrlau und dessen Vorgänger August Hanning, heute Staatssekretär im Bundesinnenministerium, und alle weiteren Beteiligten an strafbaren Handlungen."

„Ich war im Zeitraum 1982 bis 1993 hauptamtlich für den Bundesnachrichtendienst tätig. In diesen Jahren habe – unter dem Decknamen `Dali´ - nachrichtendienstliche Verbindungen (NDV) im Nahen und Mittleren Osten sowie Süd- und Zentralasien angeworben und geführt. Mehrere dieser Quellen befinden sich noch heute in Schlüsselpositionen ihrer Länder, unter anderem als Minister. Andere arbeiten für Geheimdienste oder für islamistische/terroristische Organisationen.

In diesem Zusammenhang ging es um die traditionellen

Arbeitsbereiche des Referats 16A – Politik, Wirtschaft, Rüstung -, aber auch um Aufklärung von Terrorismus, Proliferation, Nachrichtendienste und Drogenhandel. Ich habe sehr unabhängig gearbeitet, war aber bei Bedarf immer wieder in einem Team eingebettet. Dafür können Zeugen benannt werden. Nach dem Ende unserer Bemühungen um die deutschen Geiseln im Libanon habe ich den BND verlassen. In den ersten Wochen des Jahres 1993 nahm der damalige UAL 16 die Sicherheitsbelehrung vor, was ich durch Unterschrift bestätigte. Ich habe seither über die seinerzeitige Tätigkeit ausnahmslos geschwiegen.

Im November 2005 wurde die aktuelle BND-Affäre um die Bespitzelung von investigativen Journalisten durch gezielte Berichterstattung in der `Berliner Zeitung´ und in FOCUS losgetreten. Vorausgegangen waren Indiskretionen durch einen oder mehrere ehemalige Mitarbeiter des BND-Observationskommandos QB30. Von Seiten des Deutschen Bundestages wurde der Sonderermittler Dr. Gerhard Schäfer eingesetzt, den Gesamtzusammenhang zu untersuchen. Er bekam vom Bundesnachrichtendienst eine sehr begrenzte Auswahl von Akten über nachrichtendienstliche Kontakte zu Journalisten. Als Reaktion auf meine Ko-Autorenschaft an den beiden Juretzko-Büchern wurde ich mit anderen Journalisten, die in der Tat im Auftrag des Dienstes Kollegen ausgeforscht hatten, unzulässigerweise in Zusammenhang gebracht. Pikant: Ich geriet dabei auf dieselbe Handlungsebene wie Uwe Müller, den das Referat 80B des BND jahrelang auf mich angesetzt hatte.

Gleichzeitig kam es zu gezielten Informationen aus dem BND über meine Tätigkeit und die dafür erfolgten finanziellen Abrechnungen. Sogar meine dienstinterne, geheime V-Nummer wurde dabei verraten. FOCUS-Chefredakteur Uli Baur berichtete in einer Redaktionskonferenz von entsprechenden Erkenntnissen. Er sagte, der damalige Präsident August Hanning habe ihn persönlich über mich aufgeklärt. Das fand schließlich auch Niederschlag in der Berichterstattung der Zeitschrift und wurde von ihr in einen laufenden, zivilen Rechtsstreit eingeführt, durch Herausgeber Helmut Markwort emsig in zahlreichen anderen Medien verbreitet. Dabei verfolgten FOCUS und andere die eindeutige Absicht, meinen journalistischen Ruf irreparabel zu schädigen. Vordergründig und absolut unrichtig wurde dargestellt, ich hätte ab 1993 im Auftrag des BND andere Journalisten ausgeforscht. Um dies zu berichtigen und auf die erheblichen Sicherheitsrisiken dieser Abläufe hinzuweisen, bat ich mehrfach schriftlich um ein Gespräch mit dem aktuellen BND-Präsidenten Ernst Uhrlau, was dieser ablehnte, Auch eine Berichtigung von Seiten des BND, dass ich seinerzeit nicht auf Journalisten angesetzt war, sondern in den genannten anderen Bereichen gearbeitet habe, wurde vom BND verweigert.

Der Bundesnachrichtendienst hat durch seine Indiskretion gegenüber dem Sonderermittler Schäfer als auch gegenüber der Medienöffentlichkeit meine Existenz als aktuell (und in den Krisengebieten der islamischen Welt) arbeitender Journalist mutwillig zerstört. Er setzt mich zudem einer erheblichen Gefährdung aus und bewirkt, dass ich künftig nicht mehr an meine traditionellen Wirkungsstätten reisen kann, ohne an Leib und Leben bedroht zu sein. Der Bundesnachrichtendienst gefährdet darüber hinaus in unerträglicher Weise sämtliche früheren Quellen, die mit mir in Zusammenhang gebracht werden können. Nach meinen Informationen haben Nachrichtendienste des Nahen Ostens bereits damit begonnen, Daten meiner Reisen und Kontakte abzugleichen, um die Informanten in ihren Ländern herauszufinden. Ich war gezwungen, mehrere von ihnen nachdrücklich zu warnen.

Gerade hier ist ein nachhaltiger Schaden für die Interessen der Bundesrepublik Deutschland entstanden. Ich bitte die Bundesanwaltschaft, diesen Sachverhalt besonders eingehend zu prüfen.

Der BND hat die existierende Gefahrengemeinschaft willkürlich und ohne Not zerstört und dabei in eklatanter Weise gegen seine Garantenpflicht verstoßen. Gerade Menschen, die sich im Auftrag des Auslandsnachrichtendienstes und zum Wohle der Bundesrepublik Deutschland in deutlich erhöhte Gefahr begeben, müssen verlässlich geschützt werden. So war es bisher und so ist es eine eherne Grundregel aller Geheimdienste. In einigen Staaten wurde dies per Gesetz festgelegt. Ein Verstoß gilt als schweres Verbrechen, zum Beispiel in den Vereinigten Staaten. Der Fall der – aus politischen Motiven – von Mitarbeitern des Weißen Hauses vorsätzlich enttarnten CIA-Mitarbeiterin Valerie Plame hat dies in den vergangenen Monaten besonders klar gezeigt.

Ich verweise in diesem Zusammenhang auf ein Präzedenzurteil des 3. Strafsenats des BGH vom 8. November 1965. Es richtete sich gegen einen hauptamtlichen Mitarbeiter des Bundesamtes für Verfassungsschutz, der gegenüber einem Rechtsanwalt aus Hannover und mehreren Journalisten eine Anzahl seiner Kollegen enttarnt hatte. Das hatte zu einschlägigen Veröffentlichungen in mehreren Zeitschriften geführt. Der Angeklagte P. hatte seinerzeit Namen, Dienststellung (nach Abteilung, Gruppe und Referat mit Buchstaben und Nummer) sowie NS-Belastung von sechs BfV-Beamten offen gelegt. Nach Einschätzung des Senats hat der Angeklagte in der irrigen Annahme des Rechts auf `freie Meinungsäußerung´ Staatsgeheimnisse preisgegeben und damit gegnerischen Nachrichtendiensten Vorteile verschafft.

Staatsgeheimnisse, so stellte der BGH fest, müssen nicht zwingend aus Akten bestehen. Es kann sich auch um konkrete Personen aus dem Sicherheitsbereich handeln. Der Angeklagte P. offenbarte Amtsgeheimnisse im Sinne des § 353b StGB gegenüber Unbefugten und handelte dabei als Beamter im Sinne desselben Paragraphen (BGH St. 2 396, 398). Er verstieß damit in besonders ernster Weise gegen öffentliche Interessen, unter anderem bei der alltäglichen Zusammenarbeit mit den Abwehrdiensten der westlichen Alliierten. Der Senat verurteilte ihn deshalb wegen eines Vergehens des vorsätzlichen Geheimnisbruchs mit vorsätzlicher Gefährdung öffentlicher Interessen (§ 353b Abs. 1 Halbs. StGB).

Auch im vorliegenden Fall, bezüglich der Herren Hanning und Uhrlau sowie möglicher anderer Mittäter an dieser kriminellen Handlung, ist der Tatbestand des Geheimnisverrats erfüllt. Mit dem Anwerben von hauptamtlichen Mitarbeitern wie nachrichtendienstlichen Verbindungen oder auch einfachen Quellen übernimmt der Bundesnachrichtendienst ihnen gegenüber eine Garantenpflicht. Die Garantenpflicht schützt den Agenten besonders nachdrücklich auch vor der Aufdeckung durch seinen eigenen Auftraggeber. Die Aufdeckung des Agenten durch seinen Auftraggeber, hier also durch den Bundesnachrichtendienst, stellt eine eklatante Verletzung dieser Garantenpflicht und damit einen Geheimnisbruch dar, da der Enttarnte mutwillig einer Gefahr für Leib und Leben ausgesetzt und darüber hinaus sein berufliches und soziales Umfeld in extremer Weise beeinträchtigt wird. Für diese konkrete Gefährdung gibt es auch keine Rechtfertigung."

Eine zweite Strafanzeige richtete sich gegen das Duo Hanning/Uhrlau und ihre Mitarbeiter aus dem Referat 80B: Rengsdorf, Ober und Lensen. Ich sah die „Verabredung zu einem Verbrechen, versuchte Körperverletzung und sonstige in Frage kommende Delikte" als gegeben an. Basis der Anzeige waren die Aussagen des BND-Mitarbeiters Uwe Müller zum Vorhaben des Observationskommandos QB 30, mir das Buchmanuskript von „Bedingt dienstbereit" am 23. Juni 2004 in der Berliner Friedrichstraße gewaltsam abzunehmen.

Die Staatsanwaltschaft Berlin antwortete bereits am 6. September 2006 auf die zweite Anzeige. Mangels „zureichender tatsächlicher Anhaltspunkte" sehe man keine Möglichkeit, in strafrechtliche Ermittlungen einzutreten. Eine Gewalttat möglicherweise zu diskutieren, sei noch keine Verabredung zu einem Verbrechen. Auch eine Beschwerde bei der Generalstaatsanwaltschaft Berlin wurde am 16. Oktober 2006 abschlägig beschieden.

Am 25. August 2006 stellte der Generalbundesanwalt fest, dass die Anzeige gegen Hanning und Uhrlau wegen Geheimnisverrats nicht in die Zuständigkeit der Karlsruher Behörde fallen würde. Das sei keine einschlägige Staatsschutzsache. Deshalb habe man die Anzeige an das Landgericht München II weitergeleitet.

Am 6. Oktober 2006 stellte die Staatsanwaltschaft München I das Verfahren ein. Begründung: „Ein Anfangsverdacht im Hinblick auf eine verfolgbare Straftat liegt nicht vor.“

Meine Beschwerde gegen diese Entscheidung führte dazu, dass die Ermittlungen gegen Hanning und Uhrlau am 15. November 2006 wieder aufgenommen wurden (Az. 115 AR 4157/06). Die Münchner Kriminalpolizei bat FOCUS-Chefredakteur Uli Baur zur Vernehmung ins Präsidium. Das kam ihm ungelegen, und deshalb sagte er den Termin mit Hinweis auf sein Zeugnisverweigerungsrecht ab. Am 27. Februar 2007 stellte die Staatsanwaltschaft München I erneut ein: „Ein Anfangsverdacht im Hinblick auf eine Straftat, begangen durch Ernst Uhrlau und August Hanning, liegt nicht vor.“ Eine weitere Beschwerde, vorgetragen durch eine Münchner Anwaltskanzlei, wurde am 25. Juni 2007 von der Generalstaatsanwaltschaft abgewiesen.

Die Grenzen des Rechtsstaats sind deutlich geworden.

IFTUS

Bereits in den 80er Jahren gab es in Bonn ein „Institut Terrorismusforschung“. Es war vom ehemaligen Präsidenten des Landesamtes für Verfassungsschutz Hamburg, Hans Josef Horchem, gegründet worden. Sein Stellvertreter hieß Rolf Tophoven. Ich war bei der Gründung dabei und habe jahrelang Beiträge für den monatlich erscheinenden Newsletter des Bonner Instituts geschrieben, sehr häufig den Aufmacher. Anfang der 90er Jahre zog sich Horchem aus Gesundheitsgründen zurück. Das Institut verlor seine lebenswichtigen Sponsoren aus der Privatwirtschaft. Die einen sagten, nun gebe es ja keinen Terrorismus mehr, und die anderen versicherten uns, sie müssten jetzt jede D-Mark in den Aufbau Ost stecken. Beide kalkulierten verkehrt.

Nach zehn Jahren Zwangspause wurde das Projekt mit schönen Reden und wichtigen Vorsätzen neu gegründet, im September 2003 in Essen. Nun hieß es „Institut für Terrorismusforschung und Sicherheitspolitik“. Mit dabei: der Pädagoge Rolf Tophoven als Direktor, Kai Hirschmann (damals Bundesakademie für Sicherheitspolitik, heute Informations- und Medienzentrale der Bundeswehr) und ich als Stellvertreter. Rolf Tophoven eröffnete eine neue Phase: „Wir wollen eine Plattform für Experten aus dem Bereich der Terrorismusforschung bieten.“ Außerdem würden wir Angebote machen, „die über tagespolitische Meldungen hinausgehen und dort ansetzen, wo viele aufhören“.

Wir waren wieder da, konnten uns einen vierteljährlich erscheinenden Newsletter namens „Terrorismus“ leisten, wurden von den Medien zu aktuellen Fragen des internationalen Terrorismus interviewt, hielten Vorträge und schrieben aufklärende Texte. Unser wichtigstes Werk war das 2006 im Verlag Eichborn erschienene, 500seitige „Terrorismus-Lexikon“.

Dann kam der „Schäfer-Bericht“. Kollege Tophoven glaubte den daraus resultierenden Medien-Lügen mehr als meinen

Erläuterungen bei einem gemeinsamen Treffen des Führungs-Trios am 16. Juni 2006 in Frankfurt. Er meinte, ich hätte ihm schon vor vielen Jahren über meine Arbeit für den Bundesnachrichtendienst Bescheid geben müssen. Das zeigt, wie wenig der ehemalige Beamte Tophoven von Geheimhaltung und von Nachrichtendiensten weiß. Er legte eine bereits fertig formulierte Presseerklärung auf den Tisch, angeblich um das Institut zu schützen. Seine Maximalforderung, meinen Namen vom Cover des Terrorismus-Lexikon zu streichen, war für ihn nicht durchsetzbar.

Der Inhalt der Tophoven-Erklärung fand sich auch im Editorial der Juli-Ausgabe des IFTUS-Newsletters: *„Gegen unseren Autor und Redakteur Wilhelm Dietl wurden in der Presse im Kontext der sogenannten `BND-Spitzel-Affäre´ schwere Vorwürfe erhoben. Er sei nicht nur Mitarbeiter des BND gewesen (was er zugibt), sondern habe in dessen Auftrag als Journalist auch Kollegen in mehreren Redaktionen bespitzelt und dafür Geld erhalten, was Dietl vehement bestreitet und wogegen er rechtliche Schritte ankündigte.*

IFTUS stellt dazu fest: Herr Dietl hat für das Institut und seinen Informationsbrief in der Vergangenheit fachliche und sachgerechte Beiträge geliefert. Bis zur endgültigen Klärung aller gegen Wilhelm Dietl erhobenen Vorwürfe hat sich die Leitung des IFTUS entschlossen, ihn von seinen Aufgaben im Institut zu entbinden.“

Kollege Hirschmann, mit dem mich nach wie vor ein gutes berufliches und persönliches Verhältnis verbindet, wollte noch folgenden Satz anfügen: „Wir hoffen allerdings, dass ihm die Klärung gelingt und er sobald wie möglich wieder bei uns mitarbeiten kann.“ Das verhinderte Tophoven.

Von Rolf Tophoven habe ich seit Sommer 2006 nichts mehr gehört. Dass der Fall nur geklärt werden kann, indem der BND die Wahrheit sagt, ist ihm entgangen, dass die inzwischen bekannt gewordenen Hintergründe mich entlasten ebenso. Schade.

RECHT UND UNRECHT

Kündigungsverfahren FOCUS

Die juristischen Auseinandersetzungen um meine Kündigung bei FOCUS begannen mit einer dreisten Lüge der Gegenseite. Die Anwaltskanzlei Schweizer teilte dem Landgericht München I mit, ich hätte mich geweigert, bei Helmut Markwort zu erscheinen. Wörtlich: „Der Kläger war insbesondere verpflichtet, als Erstes zu den schwerwiegenden Problemen Stellung zu beziehen." Wie sollte das geschehen, wenn FOCUS die Kündigungsgründe rechtswidrig verschwieg? Wozu sollte ich mich äußern? Keine Rede davon, dass ich Markwort bereits zweimal ein klärendes Gespräch angeboten hatte. So verdreht man Recht.

Immerhin wurden FOCUS in einem Beschluss des Landgerichts vom 10. August 2005 die Leviten gelesen: *„Dem Kläger stand gemäß § 626 Abs. 2S.3 BGB ein Anspruch auf schriftliche Mitteilung der Kündigungsgründe zu. Dem steht nicht entgegen, dass sich der Kläger weigerte, beim Geschäftsführer des Beklagten zu erscheinen, zumal die Beklagte nicht angekündigt hatte, in einem solchen Gespräch die Kündigungsgründe in schriftlicher Form zu übergeben, sondern lediglich in Aussicht gestellt hatte, die Kündigungsgründe in einem solchen Gespräch mündlich darzulegen. Hierauf musste sich der Kläger jedoch nicht einlassen. Eine Pflicht „sich zu stellen" besteht nicht."* Es sei unverzichtbar, dass der Gekündigte die Gründe erfahren müsse. Soweit so gut. FOCUS musste die Kosten des Verfahrens tragen. Das wiederholte sich, da das Oberlandesgericht eine FOCUS-Beschwerde gegen den Beschluss zurückwies.

Das absurde Theater ging weiter, als FOCUS versuchte, das

Zivilverfahren an eine Kammer für Handelssachen abgeben zu lassen. Meine Tätigkeit für FOCUS sei nämlich ein Handelsgeschäft gewesen. Kenner des Gewerbes lachten sich kringelig. Dabei ist die Definition gar nicht so abwegig, Markwort eher als Kaufmann einzustufen denn als Journalist.

Nun quälten sich die FOCUS-Anwälte, einen achtseitigen Schriftsatz zu zimmern, in dem mir die Verletzung des Wettbewerbsverbots vorgeworfen wurde. Kurz gesagt: Ich hätte mit dem „Stern"-Redakteur Wedemeyer nicht sprechen dürfen, ohne FOCUS davon zu informieren und eine entsprechende Erlaubnis einzuholen. Wir antworteten: *„Da es sich bei dem Artikel (des „Stern") nicht um das Thema des Klägers handelte, war er auch nicht in der Lage, der Beklagten die Option an diesem Thema einzuräumen… Auch ist in dem Verhalten des Klägers keine Konkurrenztätigkeit zu erkennen. Der Kläger hat zu keiner Zeit mit einem Konkurrenten zusammengearbeitet. Er war weder von dem Magazin „Stern" beauftragt, an der Fachtagung teilzunehmen und/oder Ergebnisse dieser Tagung weiterzugeben, noch hat der Kläger dem Magazin „Stern" ein Thema angeboten. Der Kläger hat mit Herrn Georg Wedemeyer als Privatperson telefoniert und bei diesem privaten Telefonat auf die Anfrage des Herrn Wedemeyer lediglich Dr. Beckstein zitiert."*

Das Landgericht München I setzte den 23. November 2005 als Termin der Hauptverhandlung in Sachen FOCUS-Kündigung fest.

Vorab kam es zu wundersamen Störmanövern. Exakt eine Woche vor dem Gerichtstermin beschuldigte mich das Medienmagazin „Zapp" des NDR, viele Jahre für den BND gearbeitet zu haben. Erstmals wurde ich in den Zusammenhang der Journalisten-Bespitzelung gebracht. Ähnliche „Enthüllungen" folgten zwei Tage vor der Hauptverhandlung im „Spiegel" und bei FOCUS. Näheres in den entsprechenden Abschnitten der Rubrik „Recht und Unrecht".

24 Stunden vor der Verhandlung präsentierten die FOCUS-Anwälte mit bemerkenswerter Chuzpe die Vorwürfe in Sachen irakischer Geheimdienst.

Es las sich spannend: *„Im Frühjahr 2003 tauchten in Verbindung mit dem Kläger Unterlagen auf, die den Verdacht begründeten, der Kläger habe mit dem irakischen Geheimdienst zusammengearbeitet. Die Beklagte veranlasste eine Prüfung, die in ein Ermittlungsverfahren der Bundesanwaltschaft mündete. Verfahren dieser Art dürfen abgewartet werden, ohne dass die Frist des $ 626 Abs. 2 zu laufen beginnt. Die Bundesanwaltschaft stand in Verbindung mit FOCUS. Problematisch war schließlich, dass FOCUS wegen der berufsethischen Pflichten keine Informanten preisgeben durfte. Die Bundesanwaltschaft hat deshalb FOCUS, Frau Sachse, am 16. 11. 2004 mitgeteilt, sie unternehme wegen dieses Problems um den Informantenschutz vorerst nichts mehr. Daraufhin kündigte die Beklagte, die ja die der Bundesanwaltschaft fehlenden Zwischenstücke besser kannte, das Vertragsverhältnis. Als der Beklagten dies bekannt wurde, sprach sie die streitgegenständliche Kündigung aus, da der Verdacht gegen den Kläger nicht ausgeräumt war, sondern fortbestand."*

Nun sei die „Presse voll mit Artikeln über den dringenden Verdacht, dass der Kläger jahrelang `Zuträger des Geheimdienstes gewesen´ sei." FOCUS benannte Artikel, die aus der Vorabmeldung zum eigenen Machwerk entstanden waren. Also zitierte FOCUS sich eigentlich selbst. Eine beliebte Strategie. Und dann schrieben die FOCUS-Anwälte, ich hätte eingeräumt, bei meiner BND-Arbeit sei es „ausschließlich um journalistische Tätigkeiten gegangen". Eine neue knüppeldicke Zwecklüge, um ein längst verlorenes Verfahren noch einmal umzudrehen.

Minuten vor Beginn der Verhandlung stellte sich mir ein Kamerateam von Zapp" auf dem Gerichtsflur in den Weg und fragte inquisitorisch, ob ich vom BND 600 000 Mark bekommen hätte. Damals fühlte ich mich noch an meine

Schweigeverpflichtung gebunden und verweigerte die Antwort.

Im Verlauf der Hauptverhandlung bestätigte „Stern"-Redakteur Georg Wedemeyer meine Darstellung. Im Protokoll wurde ein wichtiger Satz von ihm festgehalten: „Ich habe nicht gesagt, geh wegen mir da hin."

Ich wurde natürlich auch wegen meines Verhältnisses zum BND befragt. Das sollte später noch eine verhängnisvolle Bedeutung bekommen. Wichtig ist der letzte, etwas holprig formulierte Absatz im Protokoll. Er gibt die Stellungnahme meiner Anwältin Maike Winkler gegenüber der Richterin wieder: *„Tatsächlich gab es früher Kontakte des Klägers zum BND in den 80er Jahren. Diese seien jedoch beendet worden mit Beginn der Tätigkeit bei FOCUS. Das war im Frühjahr 1993, dass der Kläger für den BND bespitzelt worden sei im Zusammenhang mit einem von ihm geschriebenen Buch in den Jahren 2004 und 2005. Der Kläger habe nie irgendjemand bespitzelt noch Informationen weitergegeben."*

Anfang Dezember sahen wir uns veranlasst, die falsche Darstellung der FOCUS-Anwälte erneut zu berichtigen. Es habe gegen mich kein Ermittlungsverfahren der Bundesanwaltschaft gegeben. Die vorliegenden Unterlagen seien geprüft worden. Es habe „keine zureichenden tatsächlichen Anhaltspunkte" für eine Mitarbeit beim irakischen Geheimdienst gegeben und deshalb habe der GBA den Vorgang mit Verfügung vom 25. Oktober 2004 geschlossen. Das sei auch Frau Sachse mitgeteilt worden, FOCUS also unstreitig bekannt gewesen.

In unserem Schriftsatz vom 9. Dezember 2005 hieß es, FOCUS müsse beweisen, dass ich für den irakischen Geheimdienst gearbeitet hätte. Eine fristlose Kündigung sei verjährt, da die angeblich belastenden Unterlagen bereits im Frühjahr 2003 aufgetaucht seien. FOCUS habe also bereits damals Kenntnis von den *„Verdacht begründenden Umständen" gehabt, und arbeitsrechtlich nicht reagiert. Nach dem Abschluss der Ermittlungen sei eine Verdachtskündigung* *nicht mehr zulässig, sondern nur eine Tatkündigung. Wo sei die Tat, wenn „der bestehende Verdacht durch die Schließung der Akten ausgeräumt“* wurde? Im übrigen sei der Arbeitgeber verpflichtet gewesen, mich bei einem derart schwerwiegenden Vorwurf vor der Kündigung anzuhören.

Auch diesmal nahmen wir zum BND-Vorwurf Stellung: *„Der Kläger hatte in den 80er Jahren ein enges Verhältnis zum Bundesnachrichtendienst. Dies ist nicht strafbar. Während dieser Zeit war der Kläger bei FOCUS weder angestellt noch für FOCUS in sonstiger Weise tätig.“* Die Gegenseite blieb ihrer unseriösen Methode treu, Stunden vor der Urteilsverkündigung einen neuen Schriftsatz vorzulegen. Darin betonte sie, ich hätte in der mündlichen Verhandlung „ausdrücklich einräumen müssen, frühere Kontakte zum Bundesnachrichtendienst gehabt zu haben“. Genau wegen meiner journalistisch nutzbaren Kontakte zu deutschen Sicherheitsbehörden war ich von FOCUS eingestellt worden. Der Rest des Anwaltspapiers war ein Plädoyer gegen die „nachrichtendienstliche Tätigkeit des Bundes“. Eine seltsame Volte bei einem Magazin, das sich nach außen hin so staatstragend gibt.

Am 12. Januar 2006 verkündete die 34. Zivilkammer des Landgerichts München I das Urteil. FOCUS müsse meine ausstehenden Honorare bezahlen und die Kosten des Verfahrens übernehmen. Gegenüber der „taz“ kündigte Markwort an, FOCUS werde in Berufung gehen. Und erneut fantasierte der Chefredakteur: „Dass Herr Dietl für einen Geheimdienst gearbeitet hatz, ist Fakt, und wurde von ihm selbst bereits vor Gericht zugegeben.“ Eine absolut freie Auslegung meiner Worte. Nun ging FOCUS sogar noch weiter und beschuldigte mich des „Einstellungsbetrugs“. Das war absurd, weil ich nie nach einer früheren nachrichtendienstlichen Tätigkeit gefragt worden war, ich also niemanden in diesem Zusammenhang „betrügen“ konnte.

Zehn Tage später wurden die Entscheidungsgründe des Gerichts nachgereicht, und dabei festgehalten, dass die

Kündigung ungültig war. Der Vertrag laufe bis zum 15. Dezember 2005. Zitat: *„Die Beklagte konnte die eine fristlose Kündigung rechtfertigenden wichtigen Gründe sowie die Zumutbarkeit der Fortsetzung des Vertragsverhältnisses bis zum ordentlichen Ende nicht zur Überzeugung des Gerichts nachweisen. Da die Beklagte hierfür die Beweislast trägt, muss dies zu ihrem Nachteil gehen."*

Dass ich im „Stern" als Mitarbeiter genannt wurde, stelle „kein vertrags- bzw. pflichtwidriges schuldhaftes Verhalten" meinerseits dar. Auch die vertragliche Pflicht auf die Einräumung der ersten Option sei nicht verletzt worden. Es sei ein Thema von Georg Wedemeyer gewesen, und nicht von mir. Der FOCUS-Vertrag verlange eine erste Option, dürfe aber kein totales Wettbewerbsverbot verhängen. Das eine sei mit dem anderen nicht vereinbar.

Auch der Komplex irakischer Geheimdienst rechtfertige keine fristlose Kündigung. Unter solchen Umständen käme allenfalls eine Verdachtskündigung in Betracht. Es seien aber weder Fristen eingehalten worden, noch habe man den Betroffenen befragt. Die Zeitverzögerung sei ein Indiz, dass der Verdachtsverstoß keineswegs so gewichtig sein könne, dass eine Fortsetzung des Vertragsverhältnisses bis zum ordentlichen Ende unzumutbar sei. FOCUS habe seine Vorwürfe nicht belegen können. Das gelte auch für die neuerlichen Behauptungen im Zusammenhang mit dem BND.

Damit endete die erste Instanz zu meinen Gunsten.

Die Gegenseite legte Rechtsmittel ein und traktierte das Gericht wieder einmal mit nachweislich falschen Behauptungen: „Der Kläger hat mit dem Geheimdienst in der Weise zusammengearbeitet, dass er im Auftrag des Geheimdienstes einen Verlag ausforschte, für den er tätig war." Rechtsfindung und Wahrheit sind wie Feuer und Wasser. Eine Verdachtskündigung, schrieben die Anwälte, sei zulässig, wenn ein Verdacht bestünde. „Nicht rechtserheblich ist, ob der Verdacht zutrifft."

Nachdem Markwort auf mein Gesprächsangebot zweimal nicht reagiert hatte, wandte ich mich am 8. Juni 2006 an den Verleger Hubert Burda. Irrtümlicherweise dachte ich, er würde auch so leben, wie er sich in seinen Reden gibt. Als Gerechtigkeitsfanatiker und Gutmensch. Aber auch der Schöngeist Burda weigerte sich, die Zeichen an der Wand zu erkennen.

In meinem Schreiben hieß es: *„Ich gehörte zu jener Stamm-Mannschaft, die FOCUS aufgebaut hat. In den ersten Jahren ging es uns vor allem darum, Auflage zu gewinnen und den traditionellen Erfolg der Hamburger Mitbewerber zu schmälern. Deshalb sind wir zur Erfüllung dieser Aufgabe manchmal recht unkonventionelle Wege gegangen, besonders im Umgang mit gut informierten Beamten der Sicherheitsbehörden. Herr Markwort und Herr Baur genehmigten diese dennoch per Unterschrift und delegierten die Umsetzung an mich. Darüber hinaus bedauere ich es heute, dass im Laufe der Jahre Einzelfälle passiert sind, bei denen Kollegen wissentlich Berichte ´getürkt´ haben, und dieses von mir stillschweigend toleriert wurde. Das passierte sogar im Fotobereich, wo der Spielraum des Fälschers eigentlich viel geringer ist.“*

Dieses und anderes interessierte den Verleger nicht.

Wieder schwollen die Schriftsätze an. Nun spielte der mittlerweile erschienene „Schäfer-Bericht“ eine immer größere Rolle. Die Juristen mischten Äpfel und Birnen. Der Irak-Komplex wurde heruntergefahren, da er zu wirr und unwahrscheinlich war. Die Gegenseite warf mir meine einstige, absolut legale BND-Mitarbeit vor und konstruierte einen künstlichen Zusammenhang zur aktuellen BND-Affäre um die Journalistenbespitzelung. Um die Wahrheit zu verdrehen, ist jedes Mittel recht.

Am 21. September 2006 unternahm ich den letzten Versuch, mit dem Burda-Verlag ins Gespräch zu kommen. Ich schrieb an die „Nummer zwei“ des Hauses: Jürgen Todenhöfer.

„In der Vergangenheit habe ich Menschen, an denen Rufmord verübt wurde, immer für ein bisschen hysterisch gehalten, und diese möglicherweise noch belächelt. Das Lächeln ist mir vergangen, seit Herr Markwort nichts unversucht lässt, meinen bislang guten Ruf – lange genug hat er ihm genützt – als Journalist, Nahost- und Terrorismus-Kenner sowie Buchautor, in den Schmutz zu ziehen.“ Auch Todenhöfer wies ich auf möglicherweise kriminelle Machenschaften des Verlages und der FOCUS-Chefredaktion hin. Keine Antwort. Erstaunliches Desinteresse,

Am 4. Oktober 2006 stellte der 18. Zivilsenat des Oberlandesgerichts München fest: „Der Senat beabsichtigt, die Berufung der Beklagten gegen das Endurteil des Landgerichts München I vom 12.1.2006 zurückzuweisen.“ Die Berufung sei ohne Aussicht auf Erfolg, die vorausgegangene fristlose Kündigung unwirksam. Eine Verdachtskündigung sei nur zulässig, „wenn der Dienstherr alle zumutbaren Anstrengungen zur Aufklärung des Sachverhalts unternommen hat, insbesondere dem Dienstverpflichteten Gelegenheit zur Stellungnahme gegeben hat.“

Auch zu den nachgeschobenen Kündigungsgründen äußerte sich das OLG München eindeutig: *„Schließlich lässt sich die Kündigung auch nicht auf den Verdacht stützen, der Kläger habe mit dem BND zusammen gearbeitet. Entgegen den Ausführungen in der Berufungsbegründung reicht für eine Verdachtskündigung nicht der Nachweis aus, dass ein Verdacht gehegt wird, sondern der Verdacht muss sich auf objektive Tatsachen gründen. Objektive Tatsachen wurden von der Beklagten nicht genannt.“* Das OLG vermerkte auch *„die vom Kläger nicht in Abrede gestellte Tätigkeit für den BND vor seiner journalistischen Mitarbeit bei der Beklagten“*. Das Gericht riet FOCUS dringend, „die Berufung zurückzunehmen“.

In einem elfseitigen Schriftsatz, der sich nur noch mit

dreieinhalb Zeilen auf den Irak-Komplex bezog, lieferten die FOCUS-Anwälte eine einseitig negative Auswertung des „Schäfer-Berichts“. Sie verdrehten die Fakten und präsentierten Zusammenhänge, die keine waren.

Am 23. November 2006 antworteten meine Anwälte auf zwölf Seiten. Sie fanden es zu Recht kurios, dass plötzlich der „Schäfer-Bericht“ vom 26. Mai 2006 eine fristlose Kündigung vom 29. November 2004 rechtfertigen sollte. Fazit: „Für die Beurteilung der fristlosen Kündigung kommt es auf die im Zeitpunkt des Zugangs der Kündigung bestehenden und bekannten Kündigungsgründe an.“

Schon damals wurde der „Schäfer-Bericht“ völlig willkürlich zitiert, wurden Sachverhalte in den Medien aus dem Zusammenhang gerissen. In dem Schriftsatz der Regensburger Kanzlei Schild Weinmann Zeller & Kollegen heißt es völlig zutreffend, „dass die Prozessbevollmächtigten der Beklagten (also von FOCUS, d.A.) Sätze aus dem \`Schäfer-Bericht´ willkürlich aneinander fügen, ganze Absätze verschweigen, die entsprechende Zusammenhänge relativieren würden. Der Schriftsatz der Beklagtenseite sagt: \`Der Kläger sollte insbesondere helfen, für den BND herauszufinden, wer FOCUS informiert. Die Informationen flossen reichlich.´ Der zweite Satz findet sich auf Seite 158 des \`Schäfer-Berichts´, der erste dagegen nicht.“

Weiteres Zitat: „Dem ´Schäfer-Bericht´ ist nicht zu entnehmen, dass der Kläger im Auftrag des Bundesnachrichtendienstes Journalisten bespitzelt hat, und hierfür Geld erhalten hat. Dies wurde auch von Herrn Schäfer entsprechend bestätigt. Im übrigen wird der Wahrheitsgehalt des \`Schäfer-Berichtes´ diesseits angezweifelt und bestritten. Der \`Schäfer-Bericht´ besteht nur aus Angaben des Bundesnachrichtendienstes, die offensichtlich einigen – in Ungnade befallenen – Personen Schaden bereiten sollen. Der Berichterstatter Schäfer selbst hatte keine Möglichkeit, den Wahrheitsgehalt der einzelnen Punkte unabhängig zu überprüfen.“

Der „Schäfer-Bericht“ als nachgeschobener Kündigungsgrund kann sicherlich als Rechtsbeugung angesehen werden, und darauf sollte es im Endeffekt auch hinauslaufen.

Der endgültige „Showdown“ erfolgte bei der mündlichen Verhandlung vor dem OLG München am 6. März 2007.

Es war eine bizarre Veranstaltung, die das geringe Niveau der deutschen Justiz erschreckend deutlich werden ließ. Der Vorsitzende Richter eröffnete mit dem Hinweis, dass der Senat an sich am Inhalt seines Beschlusses (in dem er FOCUS noch empfohlen hatte, die Berufung zurückzunehmen) festhalte, mir aber dennoch empfehle, die Klage zurückzunehmen. Ein völlig unlogischer Gedanke, den niemand auf Anhieb verstand.

Der FOCUS-Vertreter hatte, wie zu erwarten war, die bisherigen Kündigungsgründe zur Seite geschoben und spielte den `Schäfer-Bericht´ aus. FOCUS wusste aus der ersten Instanz, dass es mit den gefälschten „irakischen Papieren“ und mit den lächerlichen Vorwürfen einer Konkurrenztätigkeit nichts gewinnen konnte, und deshalb änderte es seine Taktik. Im „Schäfer-Bericht“ war zu lesen, dass ich 1995 dem BND aus einer Notlage geholfen hatte. Damals war der weltweit gesuchte deutsche Terrorist Johannes Weinrich aus Damaskus, wo er sich versteckt hatte, verschwunden. Niemand wusste, wo er untergetaucht war. Ich hatte mich in meinen aktiven Jahren sehr intensiv um die Terroristen Carlos und Weinrich gekümmert und kannte deshalb das Umfeld der beiden. Also wurde ich 1995 vom BND kontaktiert und gefragt, ob ich in diesem Ausnahmefall zur Unterstützerszene von Weinrich reisen würde.

Es war eine ziemlich ernste Situation. Wenige Monate zuvor hatte der französische Auslandsdienst DGSE Carlos aus dem Sudan verschleppt. Das Terror-Phantom saß in einem französischen Hochsicherheitsgefängnis und wartete auf seinen ersten Prozess. Aufgrund der bisherigen Strategie der Carlos-Bande bestand die dringende Gefahr, dass Weinrich irgendwo die Strippen ziehen und neue, schwere Anschläge organisieren könnte, um seinen Chef freizupressen. Unter diesen Umständen sagte ich zu und begab mich in die Welt der Sympathisanten, genauer gesagt nach Pakistan. Wenige Wochen später wurde Weinrich im Jemen festgenommen und an Deutschland ausgeliefert.

Nun warf mir das OLG München vor, ich hätte diese persönliche Hilfsaktion für eine westdeutsche Bundesbehörde mit meinem damaligen Arbeitgeber FOCUS absprechen müssen. Ein völlig irrationales Ansinnen, angesichts der Tatsache, dass es sich bei FOCUS um ein Presseorgan und beim BND um einen geheimen Nachrichtendienst handelt. Der anscheinend weltfremde Richter stellte fest, ich hätte gegen den (in diesem Verfahren von FOCUS aufgebauschten und kaum bekannten) Pressekodex verstoßen und unerlaubt mit dem BND zusammengearbeitet. Außerdem hätte ich das in der ersten Instanz bewusst verschwiegen. Ich versuchte dem Vorsitzenden zu erklären, was die Geheimhaltungspflicht im Bereich der nationalen Sicherheit bedeutet. Ein Aspekt, den man einem Richter am Oberlandesgericht – nach den Gesetzen der Logik – eigentlich nicht erklären müsste. Der Jurist wollte nichts verstehen. Die Interessen von Herrn Markwort, sagte er, seien in diesem Fall höher einzustufen als die des BND.

Der Richter drohte mir. Wenn ich die Klage gegen FOCUS nicht zurücknähme, dann würde er den Vorgang der Staatsanwaltschaft übergeben und damit Ermittlungen wegen falscher Aussagen in der ersten Instanz bewirken. Er drohte massiv. Die Klage gegen FOCUS habe keine Aussicht auf Erfolg und ein Urteil verursache nur unnötige Kosten. Meine beiden Regensburger Anwälte reagierten absolut hilflos und rieten mir, die Klage gegen die Unrechts-Kündigung zurückzunehmen. Sie hatten, wie Wochen vorher eingehend besprochen, keine Replik gegen den letzten Schriftsatz der Gegenseite eingereicht. Auch in der Hauptverhandlung hatten sie kein aktuelles Papier überreicht.

Nun baten sie auch nicht um einen Hinweis im Protokoll und insbesondere um keine neue Schriftsatzfrist, die der überraschenden Wende Rechnung getragen hätte. Dass uns ein geschriebenes Urteil trotzdem ein Stückchen weiterbringen könnte, und dabei materielle Ansprüche nicht verfallen würden, kam ihnen nicht in den Sinn. Die Gegenseite polemisierte und ließ infantile Assoziationen aufkommen. Unter dem Druck des Richters und meiner eigenen Anwälte, die mir plötzlich in den Rücken fielen, gab ich nach und nahm die Klage zurück.

Im Protokoll dieser traurigen Veranstaltung hieß es später nur lapidar: „Die Sach- und Rechtslage wird mit den Parteien erörtert. – Die Sitzung wird kurz unterbrochen. – Die Sitzung wird fortgesetzt. – Klägervertreter erklärt: ich nehme die Klage zurück." Anscheinend schämte sich sogar das Gericht, den Ablauf genauer zu dokumentieren, und dabei den Druck auf den Kläger offensichtlich werden zu lassen..

„Associated Press" meldete: *„Ein Jahr nach der BND-Affäre um die Bespitzelung von Journalisten hat sich das Nachrichtenmagazin FOCUS mit der Kündigung eines früheren Mitarbeiters durchgesetzt. Wie das Nachrichtenmagazin am Freitag mitteilte, nahm der betroffene Journalist in der Berufungsverhandlung vor dem Oberlandesgericht München auf Anraten der Kammer seine Klage gegen die Kündigung zurück. Zuvor habe er einräumen müssen, auch während seiner Zeit als FOCUS-Mitarbeiter für den BND im Einsatz gewesen zu sein."*

Zweifel am Rechtsstaat und seiner Funktionsfähigkeit sind zwingend notwendig.

Medienverfahren FOCUS

Zwei Jahre nachdem FOCUS durch seinen Informanten Andreas Friesinger, einem ehemaligen BND-Mitarbeiter, von bereits zehn Jahre zurückliegenden BND-Observationen erfahren hatte, wurde der Reporter Josef Hufelschulte zum Opfer aufgebaut. In weinerlichem Stil vermittelte Hufelschultes Flurnachbar Markus Krischer dem geneigten Leser, wie übel die „Spione des BND“ dem Helden der „unabhängigen journalistischen Arbeit“ mitgespielt hatten. Josef Hufelschulte, so hieß es realitätsfremd, „gehört zu den wenigen Reportern, denen es durch ihre Berichterstattung gelungen ist, eigene Kontakte in die deutschen Sicherheitsbehörden aufzubauen“. Das war, wie so oft bei FOCUS, nur die halbe Wahrheit.

Gleichzeitig belieferte derselbe BND das angeblich ausgespähte Bilderblatt mit einer Geschichte, die voll in das Konzept „alter Rechnungen“ und zur Strategie im längst verlorenen Kündigungsverfahren passte. Da hieß es dann in der Ausgabe vom 21. November 2005, zwei Tage vor dem wichtigen Termin „Dietl ./. FOCUS Magazin Verlag“ beim Landgericht München, der freie FOCUS-Mitarbeiter D. habe „über viele Jahre dem BND sein Wissen offenbart“. Mitte der 90er Jahre sei seine Aufgabe „die Ausspähung von Journalisten-Kollegen“ gewesen. Mittlerweile werde D. selbst vom BND überwacht. Er gelte als „möglicher Zuträger für einen ausländischen Geheimdienst“. Ein gewaltiger Rundumschlag, und wieder zitierte FOCUS sich selbst, da diese Falschinformation vorher von FOCUS in Umlauf gebracht wurde.

Wochen vor dem freigegebenen „Schäfer-Bericht“, beschaffte sich FOCUS die als geheim eingestufte Rohfassung und zitierte ungestraft daraus. Das Ergebnis war purer Rufmord. FOCUS Online am 14. Mai 2006: *„Bei dem von der BND-Spitze eingesetzten Agenten, der die Medienszene ausspähen sollte, handelte es sich um den freiberuflichen Journalisten und Buchautoren Willy D., der von August 1982 bis September 1998 für den BND unter den Decknamen `Dali´ und*

`Schweiger´ im Einsatz war. D. erhielt vom BND einen Agentenlohn von knapp 653 000 DM. Er lieferte dem Dienst dafür 856 Berichte und Meldungen. D. informierte den Geheimdienst unter anderem über Journalisten der Nachrichtenmagazine FOCUS und Spiegel sowie über Redakteure der Süddeutschen Zeitung und des Hamburger Abendblatts." Mehr falsche Behauptungen konnte der Anonymus kaum in diese wenigen Sätze packen.

Am 15. und am 22. Mai langte FOCUS richtig hin, obwohl es auch da noch keinen „Schäfer-Bericht" gab. FOCUS, in diesem Fall von Hetze und Häme getrieben, bezeichnete mich einen „notorischen Denunzianten". Seit 1996 sei ich vom BND „gezielt auf Journalisten angesetzt" gewesen. Der Dienst habe mich „mit über 650 000 Mark entlohnt". Meine BND-interne V-Nummer wurde mit 068 533 angegeben, mein Deckname korrekt mit „Dali". Ich sei ein „reisender Geschäftsaufklärer" gewesen. Spielt keine Rolle, dass das im richtigen Leben „reisender Gesprächsaufklärer" heißt. Bei FOCUS kommt es häufig sowieso nur auf den Effekt an. Diverse andere Details waren aus dem unveröffentlichten „Schäfer-Bericht" abgeschrieben und mit heißer Nadel zusammengestrickt worden. Nach zwölf Jahren bei FOCUS, versuchte FOCUS meine berufliche Existenz zu vernichten. Dass man sich dabei purer Unwahrheiten bediente, interessierte niemanden.
Der BND spielte über Bande, und FOCUS verrichtete für ihn deutlich sichtbar die Drecksarbeit.

Nach mehreren vergeblichen Versuchen, die Fakten gerade zu rücken – unter anderem mit einer von mir in Berlin veranstalteten Pressekonferenz -, reichte ich am 13. August 2006 bei der Staatsanwaltschaft München I eine Strafanzeige gegen den FOCUS-Redakteur Markus Krischer ein. Ich bin der Überzeugung, dass der für seine üblen Kampagnen bekannte Krischer mich nicht als „notorischen Denunzianten" bezeichnen dürfte. Außerdem verwahrte ich mich gegen den falschen Vorwurf, im Namen des BND Journalistenkollegen bespitzelt zu haben. Das sah ich als Beleidigung und üble Nachrede an. Die Staatsanwaltschaft stellte die Anzeige am 6.

September 2006 „mangels öffentlichen Interesses“ ein. Der Rechtsfrieden sei „über den Lebenskreis des Verletzten hinaus nicht gestört worden“. Möglicherweise sei die Meinungsfreiheit durch den Begriff „notorischer Denunziant“ nicht überschritten. Deutschland im Herbst.

Zu den unwahren Tatsachenbehauptungen forderte ich über meinen Anwalt zivilrechtlich Gegendarstellung, Unterlassung und Widerruf. FOCUS ging darauf nicht ein und deshalb verklagten wir die Zeitschrift am 20. September 2006.

Im Oktober 2006 folgte die sogenannte „Nordwalde-Affäre“.

Es ging darum nachzuweisen, wie eng und wie beständig die Beziehungen zwischen dem ehemaligen BND-Präsidenten August Hanning (der mich laut FOCUS-Redaktionskonferenz an den Pranger gestellt hatte) und dem FOCUS-Reporter Josef Hufelschulte waren. Die Elternhäuser der beiden trennten nur wenige Kilometer, eben die Entfernung zwischen den westfälischen Dörfern Nordwalde und Greven. Ich begab mich zu Hannings Mutter Meta, 88, und führte mit der rüstigen Dame ein launiges Gespräch über ihren Sohn und seine Jugendjahre. Natürlich, sagte sie, kenne er den Josef Hufelschulte, und das schon lange. Er habe doch immer auf dem Bauernhof der Hufelschultes Landprodukte eingekauft. Um Zeichen zu setzen, reiste ich in Begleitung eines ganz besonderen Zeugen. Uwe Müller aus Leipzig, den der BND des August Hanning jahrelang auf mich angesetzt hatte, war dabei.

FOCUS reagierte am Montag danach mit einer Kanonade von üblen Beschimpfungen und frei erfundenen Behauptungen:

Zitat FOCUS: *„Kurz vor Sonnenuntergang rollte ein schwarzer Audi A 4 Kombi mit Euskirchener Kennzeichen vor das abgelegene Haus einer 90jährien. Drei Männer stiegen aus. Einer fotografierte das Gebäude. Die anderen bedrängten die Hausherrin. Sie fragten nach ihrem Sohn, wollten alles wissen aus seiner Jugend, auf welche Schule er gegangen sei, wer* *seine Freunde und Feinde seien. Die alte Dame bat die Unbekannten, sie mögen gehen. Doch die Männer …. wollten zunächst nicht nachgeben. Die Greisin schloss die Tür. Die geheimnisvollen Besucher rückten ab und ließen eine verängstigte Frau Hanning zurück."*

Die Wahrheit: Zwei Männer stiegen aus. Keiner fotografierte das Gebäude. Keiner bedrängte die alte Dame. Sie war bei bester Stimmung und plauderte voller Stolz über ihren Sohn, der es mittlerweile zum Staatssekretär im Bundesinnenministerium gebracht hatte. Sie verwies uns nicht des Hofes, sondern riet uns, den Sohn direkt zu befragen. Wir gingen, als wir alles besprochen hatten. Die Greisin schloss keine Tür, weil sie am Kellerfenster unter uns stand. Da war einfach keine Tür. Ich wollte das Gespräch rascher beenden (bereits nach der Hufelschulte-Passage), aber sie redete einfach weiter.

FOCUS wiederholte die falsche Behauptung, ich hätte „über Jahre für den Bundesnachrichtendienst Journalisten bespitzelt".

FOCUS steigerte sich so sehr hinein, dass es unsere Recherchen als „Spionage" und „Spitzelei" bezeichnete. Völlig neue Begriffe für traditionelle journalistische Tätigkeiten.

Wie sehr die FOCUS-Nerven offen lagen, zeigte ein weiterer Artikel in der folgenden Ausgabe („Riskante Spitzeleien"). Die aufgeregten Autoren behaupteten, wir hätten das Hanning-Haus heimlich fotografiert. Falsch. Wir waren am nächsten Morgen noch einmal daran vorbeigefahren und hatten einen Bediensteten um Erlaubnis gefragt. Und wieder hieß es in Hetz-Manier, „das bayerische-sächsische Spitzelteam" habe früher „im BND-Auftrag mehrere Journalisten bespitzelt". FOCUS kommt der Wahrheit nicht näher, indem es immer wieder Lügen druckt.

Die falsche Darstellung der Reise nach Nordwalde fand weite Verbreitung im deutschen Blätterwald. FOCUS nutzte seine

Meinungsmacht und keiner zweifelte am Inhalt der Machwerke. Keiner? Nach einer Woche bröckelte die Front der selbsternannten Gutmenschen. Der „Spiegel“ („Das Geheimnis der Landeier“) und die „Berliner Zeitung“ („Von Bockwürsten und Landeiern“) amüsierten sich köstlich über die leicht zu verwirrenden Kollegen aus München – und dass sie Müller und mir auf den Leim gegangen waren. Die Landeier, um dieses Sprachrätsel aufzulösen, stammten vom Hufelschulte-Hof. Wir hatten sie dort käuflich erworben. Sie schmeckten ausgezeichnet. Josef Hufelschulte reagierte auf unseren Eierkauf mit einem Hausverbot per eMail. Nicht einmal dazu war er befugt, sondern nur sein Schwager.

Unsere Aktion, schrieb der „Spiegel“ habe nichts mit geheimdienstlichen Methoden zu tun gehabt.
Schließlich seien wir überall unter unserem richtigen Namen aufgetreten, hätten Visitenkarten hinterlassen. Ich hätte mich von der Lokalzeitung fotografieren lassen. Es sei also „kein Ränkespiel dunkler Hintermänner“ gewesen, sondern „eine Groteske aus dem Intrigantenstadl“. Die „Berliner Zeitung“ erkannte, dass sich Journalisten-Kollegen „seit der \`Enthüllung´ des Münchner Magazins vergangene Woche auf die Schenkel klopfen“. Nur FOCUS allein sehe „die Republik in ernster Gefahr“, suche immer noch nach „einem unbekannten Dr. No, der Dietl und Müller steuert“ (FOCUS-Zitat).

So blieb es beim Sturm im Wasserglas vor Ort, schier grenzenloser Hysterie in der FOCUS-Redaktion – und einer Erweiterung meiner Medienklage gegen die Zeitschrift.

Die nächsten Monate gehörten den Anwälten. Lange Schriftsätze informierten das Landgericht Regensburg, wo die Klage eingereicht war, über diametral entgegen gesetzte Auslegungen der teilweise bizarren Sachverhalte.
Aufschlussreich die Auslegung von FOCUS zum Wahrheitsgehalt der Nordwalde-Berichterstattung. Auf Seite 10 unten des Schriftsatzes vom 17. Januar 2007 heißt es eher nebensächlich: *„Es mag sein, dass die Beklagte sich in unbedeutenden Randpunkten, denen im Gesamtkontext*

jegliches Gewicht fehlt, bei ihrer Berichterstattung im Irrtum befand..... Dadurch, dass der Sachverhalt in der Ausgabe vom 16.10.2006 zusammengezogen wurde, entstand bei den Lesern kein unrichtiger Eindruck im Hinblick auf den Kläger. Ansprüche werden durch solche Ungenauigkeiten nicht ausgelöst, schon gar nicht ein Richtigstellungsanspruch...Der FOCUS-Artikel ist daher in jeder maßgeblichen Hinsicht zutreffend." Wohl war. Da der geneigte Leser gar nicht dabei war, konnte bei ihm überhaupt kein „unrichtiger Eindruck" entstehen. FOCUS log wieder einmal, und die Masse glaubte es.

Am 30. April 2007 urteilte die 1. Zivilkammer des Landgerichts Regensburg. Eigentlich hätte sie das auch ohne Hauptverhandlung erledigen können. Der wenige Minuten dauernde Ablauf beschränkte sich auf juristische Formalien der Anwälte. Der Richter hatte ersichtlich kein Interesse, in die Details der Problematik zu gehen, insbesondere etwas zu hören, was ihn in seiner vorgefassten Rechtsauffassung beeinträchtigen könnte. So endete der Rechtsstreit mit FOCUS nach 40 nutzlosen Minuten.

Im Urteil wurde meine Klage abgewiesen. Aus den Entscheidungsgründen geht klar hervor, dass existenzgefährdender Rufmord vom „Grundsatz der Presse- und Informationsfreiheit" abgedeckt ist. Wenn leichtfertige Behauptungen von seiten der Medien nicht bewiesen werden können, dann gelten sie als sogenannte „Verdachtsberichterstattung" und sind zulässig. Natürlich müsse die „journalistische Sorgfaltspflicht" nachgewiesen werden. Wie sollte das bei FOCUS gelingen?

Nachdem FOCUS aus einem als geheim eingestuften Bericht zitiert hatte, habe „umfassende journalistische Sorgfalt" in diesem Fall gefordert, „die Möglichkeit eigener Aufklärung auszuschöpfen und insbesondere dem Kläger die Möglichkeit zu geben sich zu äußern". Beides hat FOCUS versäumt. Nachdem FOCUS den gesamten unveröffentlichten „Schäfer-Bericht" kannte, war das Blatt auch über den entlastenden

Charakter des mich betreffenden Abschnitts informiert. Ein persönliches Gespräch fand nicht statt, und sogar das Urteil des Landgerichts Regensburg behauptet wahrheitswidrig, FOCUS-Redakteur Markus Krischer hätte am 13. Oktober 2006 mit mir gesprochen.

Der Europäische Gerichtshof für Menschenrechte (EGMR) kam in einem vergleichbaren Fall zu dem Schluss, dass Schutz vor übler Nachrede vor Meinungsfreiheit geht. Eine Verdächtigung darf nur bei schwerwiegenden gesellschaftlichen Vorkommnissen in den Medien ausgesprochen werden. Die Unschuldsvermutung muss auch bei Verdachtsberichterstattung im Mittelpunkt stehen. Die Medien müssen darauf hinweisen, dass es sich um einen Verdacht handelt, und der Betroffene muss anonymisiert werden. Unbedingt erforderlich ist die Stellungnahme des Betroffenen. Werden diese Regeln missachtet, ist die journalistische Sorgfaltspflicht nicht erfüllt.

Der Regensburger Richter ignorierte bei seinem Urteil die einfachsten Fakten. Er bescheinigte mir „BND-Honorare in Höhe von 652 738,91 DM erhalten“ zu haben. Das sei „eine Frage der Wortwahl“, schrieb er in das Urteil. Seine Wortwahl war jedenfalls verkehrt. Er negierte die Tatsache, dass es sich zu zwei Dritteln um Auslagenersatz gehandelt hatte, und nicht um Honorare. Die hetzerische FOCUS-Berichterstattung über die Vorfälle von Nordwalde wurde im Urteil heruntergespielt. Zum einen sei keine Persönlichkeitsrechtsverletzung zu erkennen, anderes „dem Beweis nicht zugänglich“.

Erneut wurde der grundlegend falsche Satz „Dietl hat im Auftrag des BND mehrere Journalisten bespitzelt“ im Regensburger Urteil für gültig erklärt. Auch durch eine blinde Justiz sanktioniert, wird er deshalb nicht wahrer.

Ergibt sich die Frage, ob der Richter den Gesamtkomplex auch nur in Ansätzen verstehen wollte.

Der Disput mit FOCUS ging in die zweite Runde. Mein Anwalt

im Berufungsverfahren reichte einen Schriftsatz von 51 Seiten beim Oberlandesgericht Nürnberg ein. Es blieb nichts unerwähnt, wurden auch die kleinsten Details noch einmal genauestens erklärt. Nach menschlichem Ermessen konnte es eigentlich nicht mehr passieren, dass der Richter die Materie nicht kapierte. Im übrigen bestand der 5. Zivilsenat des OLG Nürnberg aus drei Berufsrichtern.

Monatelang entstanden weitere Schriftsätze. Interessant, da neu, ein Aspekt zum gegnerischen Redakteur Josef Hufelschulte. Meine Anwälte wiesen am 17. November 2007 darauf hin, dass der Genannte gegen eine Veröffentlichung der ihn betreffenden Passagen des „Schäfer-Berichts“ vor das Verwaltungsgericht Berlin gezogen war. Bereits am 23. Mai 2006 hatte das Gericht angeordnet, elf Seiten des Untersuchungsberichts zugunsten von Josef Hufelschulte zu entfernen. Der ehemalige Kollege hatte sich in jenen Tagen damit verteidigt, dass die dem Report zugrunde liegenden Gesprächsnotizen des früheren BND-Sicherheitschefs Volker Foertsch ein „Sammelsurium von Fakten, Lügen und Halbwahrheiten“ seien. Eine ähnliche Einschätzung war auch FOCUS (Markus Krischer: „Wie die Protokolle eines Wichtigtuers, ein Gebräu aus Fakten, Phantasie und Verdrehungen.“) und den öffentlichen Einlassungen des Chefredakteurs Markwort zu entnehmen.

Nach dem seltsamen Hufelschulte-Verdikt formulierte FOCUS Online mit erstaunlicher Chuzpe: *„FOCUS begrüßt die Entscheidung des Gerichts, weil damit deutlich wird, dass Journalisten die Opfer der BND-Schnüffeleien sind und von einer zweiten Diffamierung durch eine Veröffentlichung in ihren Persönlichkeitsrechten geschützt werden müssen.“*

Die Sprachregelung war eindeutig. Hufelschulte in der „Zapp“-Sendung vom 31. Mai 2006: *„Ich habe etliche Gespräche geführt mit Herrn Foertsch. Das waren journalistische Hintergrundgespräche. Diese Gespräche unterliegen der Vertraulichkeit, der Geheimhaltung, die unterliegen dem Redaktionsgeheimnis und dies möchte ich nicht aushebeln* *lassen von diesem Gremium, das jetzt alle Instanzen bemühen möchte, um diese Daten ins Internet zu stellen.“*

In einem uns betreffenden Schriftsatz der FOCUS-Anwälte: *„Das erfolgreiche Vorgehen der Unterzeichner für Josef Hufelschulte gegen den Schäfer-Bericht stützte sich allein auf die fehlende Rechtsgrundlage für eine identifizierende Veröffentlichung und enthält keinen Widerspruch zum Sach- und Rechtsvortrag im vorliegenden Verfahren.“*

Als wir auf die abfälligen Bemerkungen von Josef Hufelschulte zum Thema „Schäfer-Bericht“ hinwiesen, kam sofort die Replik der FOCUS-Juristen: „Äußerungen des FOCUS-Redakteurs Hufelschulte sind der Beklagten nicht zuzurechnen.“

Was hatte FOCUS, was hatte Redakteur Hufelschulte zu verbergen?

In den bei Hufelschulte entfernten Passagen ist zu lesen, dass der Redakteur beim BND unter dem Tarnnamen „Jerez“ geführt wurde. Von August 1994 bis März 1998 traf er, so der „Schäfer-Bericht“, 58 mal mit Sicherheitschef Foertsch zusammen beziehungsweise telefonierte ausgiebig mit ihm. Gerade im Zusammenhang mit Hufelschulte/Jerez erklärte Foertsch, die Gespräche „hätten weitgehend auch der Aufklärung von Nachrichtenabflüssen gedient“. An Ostern 1995 sei ein aufsehenerregender „Spiegel“-Artikel zur Plutonium-Affäre des BND erschienen. Von Hufelschulte habe er, Foertsch, erfahren, dass der „Spiegel“ das Material aus der Umgebung des damaligen BND-Abteilungsleiters II und späteren Vizepräsidenten Gülich erhalten habe. Dieser habe sehr gute Verbindungen zum „Spiegel“ unterhalten. FOCUS habe dies von einer Quelle in der Registratur des „Spiegel“ erfahren.

Volker Foertsch fertigte nach seinen Gesprächen mit Hufelschulte insgesamt 219 Seiten an Notizen und Berichten an. Hufelschulte brüstete sich mit einem Kontaktmann im BND, den er im „Zamdorfer Hof“ in München getroffen hatte.

Hufelschulte beurteilte konkurrierende Kollegen, ließ den Auslandsnachrichtendienst an seinen Recherchen im Geheimdienst- und Terrorismusbereich teilhaben. Da ging es auch um FOCUS-Nachforschungen zu den Libyen-Kontakten des PDS-Abgeordneten Gregor Gysi. Der journalistische Wichtigtuer sparte kein Thema aus: Barschel, Entführung der Lufthansa-Maschine „Landshut", IRA, Weinrich, Nuklear-Schwarzmarkt, BND-Personalien, Stasi und KGB. Hufelschulte plauderte ohne Ende. Er biederte sich dem BND in beinahe jedem seiner Themen an. So wundert es keinen, dass in den Foertsch-Notizen ein besonders verräterischer Satz zu finden ist, der alle Alarmglocken schrillen lassen müsste: „Jerez soll dem nachgehen."

FOCUS hatte mehr als einen Grund, die Veröffentlichung der „Jerez"-Seiten zu verhindern. Über Nacht wäre die mühsam aufgebaute Opferrolle des Redakteurs bis auf die Grundmauern zerstört worden. Zum einen, weil er ein besonders eifriger Zuträger im Bereich der Journalisten-Bespitzelung war, zum anderen weil ihn der BND nicht wirklich ins Visier genommen hatte. Im „Schäfer-Bericht" heißt es unter Punkt 200 wörtlich: *„Behauptungen von Hufelschulte über angebliche Observationen in seinem Freizeit- und privaten Wohnbereich bestätigen sich nach der vorliegenden Aktenlage und nach den Befragungen von Angehörigen des BND nicht. Es ist aber davon auszugehen, dass im Rahmen der Observation des ehemaligen Mitarbeiters Ströhlein, die in unmittelbarer räumlicher Nähe zum Wohnort Hufelschultes stattfand, auch dessen Wohnbereich nach Kennzeichen auf von BND-Angehörigen zugelassene Fahrzeuge überprüft wurde."*

So ein Pech. Josef Hufelschulte wurde also vom BND gar nicht richtig bespitzelt. Trotzdem wird es von den deutschen Medien immer noch mit aufgeregter Empörung behauptet. Dabei haben die elf gesperrten Hufelschulte-Seiten längst in alle interessierten Redaktionsstuben Eingang gefunden. Sie werden nur nicht benutzt. Eine Heuchelei ohnegleichen.

Für den 20. November 2007 war die Hauptverhandlung vor dem OLG Nürnberg terminiert. Sie dauerte 90 Minuten und ließ zu keiner Zeit erkennen, dass das Gericht wirklich an der Aufklärung der strittigen Punkte interessiert war. Die Richter wirkten von Anfang an voreingenommen und parteiisch.

Der Senat definierte die FOCUS-Rufmord-Aktionen als zulässige Verdachtsberichterstattung. Er bezeichnete den „Schäfer-Bericht" als privilegierte Quelle, was sich keineswegs mit der Auffassung anderer Juristen und Gerichte deckt. Unser Argument, dass sich die besonders umstrittenen FOCUS-Behauptungen gar nicht im „Schäfer-Bericht" finden würden, interessierte das OLG Nürnberg nicht. Auch die Richter lasen Zusammenhänge heraus, die nicht existierten. Der Senat ging sogar davon aus, dass mir FOCUS ausreichende Gelegenheit zur Stellungnahme eingeräumt hätte. Wann und wie?

Das OLG ignorierte unseren Hinweis auf die wichtige Passage im „Schäfer-Bericht", dass keiner der genannten Journalisten die eigene Redaktion bespitzelt hätte. Die Gegenseite wies abfällig darauf hin, dass man nicht auf alle Schlussfolgerungen des Herrn Schäfer Rücksicht nehmen müsse. Außerdem weigerte sich die Gegenseite, wie im gesamten Verfahren, die Stellungnahme des früheren BND-Präsidenten Hansjörg Geiger zu den Kontakten BND/Dietl während seiner Amtszeit („Ein Auftrag zur Bespitzelung von Journalisten war damit nicht verbunden.") zur Kenntnis zu nehmen bzw. zu akzeptieren.

Auch letzte juristische Anmerkungen meines Anwalts gegenüber den Nürnberger Richtern verfehlten ihre Wirkung. Es existierte einfach keine Bereitschaft, dem lästigen Kläger Recht zu gewähren.

Am 8. Dezember 2007 verkündete das OLG seine Entscheidung.

FOCUS wurde in einem Punkt verurteilt, nämlich „in der nächst erreichbaren Ausgabe" eine Richtigstellung zu veröffentlichen:

„Wir haben behauptet, dass Herr Dietl bis August 1998 BND-Honorare in Höhe von insgesamt DM 652.738,91 erhalten habe. Hierzu stellen wir richtig: Sämtliche Zahlungen an Herrn Dietl betrafen ausschließlich seine Auslandstätigkeit."

Im übrigen wurden die Berufung und die Klage abgewiesen.

Auch ein halbes Jahr nach der Entscheidung hat FOCUS die geforderte Richtigstellung nicht veröffentlicht.

Meine Anwälte haben am 28. April 2008 beim VI. Zivilsenats des Bundesgerichtshofs eine Nichtzulassungsbeschwerde gegen das Nürnberger OLG-Urteil eingereicht.

*

Die Sachlage erfordert es, auf einen Fall einzugehen, der in direktem Bezug zu FOCUS, Josef Hufelschulte und mir steht. Nichts kann die doppelte Moral und die unterschiedliche Meßlatte der Zeitschrift deutlicher dokumentieren. Und letztlich auch, wie wenig wählerisch der BND bei seinen Nachrichtendienstlichen Verbindungen (NDV) ist.

Es geht um Thomas Tumovec alias BND-Mitarbeiter „Kempinski". Die „Süddeutsche Zeitung" holte ihn am 29. Mai 2006 aus der Anonymität, als sie ein Who is Who der Akteure im „Schäfer-Bericht" veröffentlichte: *„Journalist R steht für den ehemaligen Stasi-Hauptmann Thomas T., Tarnname `Kempinski´, der als freier Mitarbeiter für FOCUS recherchierte und mit dem Bundesnachrichtendienst, dem Bundesamt für Verfassungsschutz, dem Bundeskriminalamt und dem amerikanischen Geheimdienst NSA zusammengearbeitet haben soll, was er zum Teil bestreitet."*

Thomas Tumovec wurde am 8. März 1957 in Karl-Marx-Stadt geboren. Laut Kaderakte des Ministeriums für Staatssicherheit entstammt er *„einer Familie, die der sozialistischen Erziehung* *ihrer Kinder große Sorgfalt widmet. So wurde er schon von Kindheit an im Sinne unseres Staates erzogen und zur gesellschaftlichen Arbeit angehalten. So galt er schon während seiner Schulzeit in der 9. und 10. Klasse als guter FDJ-Funktionär mit einem klaren Klassenstandpunkt."*

Der bullige FOCUS-Rechercheur und eng mit Hufelschulte kooperierende Zuträger in Sachen DDR trat am 1. Oktober 1975 der Stasi bei. Seine steile Karriere in der Hauptabteilung III (Elektronische Aufklärung) begann er als Heizer und Objekthandwerker. Mit besten Beurteilungen marschierte er rasch durch die Institutionen. Da half es sehr, dass er unverzüglich der SED beitrat. Sein Arbeitgeber verschaffte ihm einen Studienplatz an der Ostberliner Humboldt-Universität. Der Unteroffizier vertiefte sich in das Fach Marxistisch-Leninistische Philosophie, obwohl ihn Außenpolitik mehr interessiert hätte. Sein Diplom erwarb er 1983 mit der Arbeit „Bürgerliche Revolution und kapitalistische Formationsentfaltung". Seine Kenntnisse des wissenschaftlichen Kommunismus, des historischen Materialismus und der Logik brachten ihm jeweils ein „Sehr gut" ein.

Da konnte es nur helfen, dass er Logik spielen ließ und am 18. Januar 1983 seinen Bruder Mathias bei der Staatssicherheit denunzierte. In den Akten steht geschrieben: „Der Angehörige (des MfS) äußerte Vermutung, dass sein Bruder .... *(persönliche Daten und Adresse in Erfurt, Facharztausbildung) ..... die Absicht hat, die DDR ungesetzlich zu verlassen. Der Angehörige hält es nicht für ausgeschlossen, dass sein Bruder nach Beendigung seiner Facharztausbildung, vermutlich im Frühjahr 1983, bei Besuch seiner ehemaligen Kommilitonen in der VR Bulgarien die DDR verlässt. Sein Bruder besitzt eine neg. pol. Einstellung gegenüber unserer Republik und unserer Partei und steht dem soz. Aufbau ablehnend gegenüber. Er will sich dem bevorstehenden Ehrendienst bei der NVA entziehen."*

In einem dreiseitigen, handschriftlichen Vermerk ging Thomas

Tumovec nicht nur auf seinen Bruder, sondern auch auf weitere Verwandte und deren staatsfeindliche Gesinnung ein. Das löste intensive Ermittlungen gegen die Beschuldigten aus.

Hauptmann Thomas Tumovec leitete zum Ende der DDR die Abteilung 1 (Auswertung) der Hauptabteilung III des Ministeriums für Staatssicherheit. Er war eine Art Chef vom Dienst und saß an einer Schlüsselstelle des Spitzelapparats. Seit Dezember 1988 gehörte er der Leitung der Parteiorganisation III an. Die Hauptabteilung Kader und Schulung verfasste über ihn immer noch beste Beurteilungen.

Tumovec nutzte seine logischen Fähigkeiten bereits unmittelbar nach der Wende beim vertraulichen Umgang mit den Siegern. Dann wechselte er ins Medienfach. Er fand eine neue Heimat bei FOCUS, wo man sich sofort um die Auswertung seiner mitgebrachten MfS-Preziosen kümmerte, unter ihnen heikle Abhörprotokolle und Zielkontrollkarten der Hauptabteilung III.

Sein größter Coup und zugleich sein bedeutendster Flop erschien in FOCUS 40/03 vom 29. September 2003 unter dem Titel „Lebensbeichte auf Tonband“. Es ging um den sogenannten „Stasi-Killer“ Jürgen G., der sich – laut FOCUS – „gegenüber einem verdeckten Ermittler zu 27 Morden“ bekannt haben sollte. Tumovec – er hatte den Mann in feuchtfröhlicher Runde kennen gelernt - löste jahrelange Ermittlungen des Bundeskriminalamts gegen Jürgen G. aus, assistierte dem BKA eigenhändig und bereitete parallel zusammen mit Josef Hufelschulte eine FOCUS-Titelstory vor. Der als simpler Hausmeister tätige G. wurde in Untersuchungshaft genommen. Ende März 2006 brach das Luftschloss in sich zusammen, stellte der Generalbundesanwalt das Ermittlungsverfahren ein. Die „Junge Welt“ in ihrer Ausgabe vom 8. April 2006: „Dieser von vielen Medien zu einer DDR-Gruselstory hochgekochte Fall hat sich jetzt endgültig als Luftnummer entpuppt.“ Nicht einmal das schadete dem bewährten Team Hufelschulte/Tumovec.

Immer wieder drangen beim Ex-Stasi-Offizier alte Leidenschaften durch. Zur Pflicht bei FOCUS kam die Kür bei den Diensten West. In einem Protokoll für FOCUS beschrieb er beispielsweise 1995 seine Arbeits-Kontakte zum Bundesamt für Verfassungsschutz: *„Josef Hufelschulte darüber informiert, dass Köln Interesse hat, an seinen Recherchen zum türkischen Geheimdienst. Ich äußerte meine Vermutung, dass wir Erkenntnisse zu den Bahr-Protokollen bekommen, wenn wir unsererseits Quellen zum türkischen Dienst offenbaren."* Eine Hand wäscht die andere. So war es immer schon.

Thomas Tumovec wurde von Volker Foertsch für den BND als „Gewährsperson" (so der „Schäfer-Bericht") angeheuert. In der Folge befasste sich Tumovec alias „Kempinski" für den BND mit „Einzelheiten aus der Sphäre des sowjetischen und russischen Geheimdienstes", mit undichten Stellen des BND und mit diversen Journalisten. Besonders intensiv kümmerte er sich um „Spiegel"-Mitarbeiter. Bundesrichter a.D. Gerhard Schäfer stellte zu Tumovec fest, das er „durch die Mitteilung wichtiger Interna aus den Redaktionen und über vorhandenes Arbeitsmaterial" das „Mediengeheimnis" nicht unerheblich verletzt habe.

Der „Spiegel" berichtete bereits am 21. November 2005 ausführlich über Tumovec/Kempinski. Auszug: *„Der Informant schien eine Goldmine, vor allem was Kontakte gen Moskau betraf. Foertsch hatte den fürs Abhören zuständigen russischen Abhördienst FAPSI im Visier, und `Kempinski´ sollte möglichst Überläufer in Russland ausfindig machen. Um die Recherche zu erleichtern, ersann der BND eine Legende: `Kempinski´ sollte vorgeben, eine Art Nachrichtenagentur zu betreiben, die auch andere Abnehmer beliefere. Das war nicht direkt gelogen und versprach mehr Flexibilität."*

Seine überaus pittoreske Vergangenheit und Gegenwart bei den Geheimdiensten im Osten wie im Westen hat dem FOCUS-Mitarbeiter Thomas Tumovec keineswegs geschadet. Es gelang nur ein einziges Mal, Helmut Markwort nach ihm zu fragen. Die Antwort: *„Der hat es uns offenbart, es gibt ja ´ne Menge Leute, die früher in der DDR Posten hatten. Wir wussten das, wir wissen das einzuschätzen und wir haben ihn trotzdem beschäftigt, weil das natürlich uns auch Einblicke gegeben hat in die, in die Arbeitsweise des früheren DDR-Systems."* Auf den Vorwurf, „Kempinski" habe die Hamburger „Spiegel"-Kollegen für den BND bespitzelt, ging der Stratege des Burda-Verlags schon gar nicht mehr ein. Das könne ja auch vom zuständigen BND-Kontaktmann verfälscht worden sein. Während FOCUS Stasi-Skandale bei Fernsehanstalten und Tageszeitungen mit großer Energie anprangert, ist es in der eigenen Redaktion blind.

„Skrupellos oder naiv?", fragte darauf „Zapp" in der Sendung vom 17. Mai 2006.

Medienverfahren Süddeutsche Zeitung

Die „Süddeutsche Zeitung“ (SZ) preschte am weitesten vor und griff am stärksten daneben. In einer ersten Meldung, zwei Wochen vor Erscheinen des „Schäfer-Berichts“, verbreitete die SZ vage Details, zum Beispiel über die Zahlung von „mehr als 600 000 Mark“ an einen ehemaligen FOCUS-Journalisten, „heute Buchautor“. Die Entlohnung stand bei der SZ natürlich im Zusammenhang mit der jahrelangen Journalisten-Bespitzelung des BND („Journalisten, die entweder selbst Informationen über Kollegen anboten oder vom BND befragt wurden, was sie über Kollegen berichten könnten.“). Die einst so seriöse SZ verwirrte mehr, als dass sie aufklärte. Für den Preis der exklusiven Nachricht nahm man bedenkenlos eine massive Falschnachricht in Kauf. Die SZ-Journalistin Annette Ramelsberger hielt es nicht für notwendig, hinzuzufügen, dass ich die genannten 600 000 Mark ausschließlich für Auslandstätigkeit erhalten hatte. So stand es im „Schäfer-Bericht“, und es schloss damit für mich einen Auftrag zur Journalistenbespitzelung in Deutschland aus. Der Bundestags-Report erklärte die Summe, zerlegte sie in ihre Einzel-Bestandteile.

Die SZ stellte im Laufe des Monats Mai 2006 vier gravierend falsche Behauptungen auf:

1. Am Ende meiner Tätigkeit für den Bundesnachrichtendienst sei ich „nur noch dafür eingesetzt“ gewesen, „über Journalisten zu berichten“.

2. Ich hätte dem BND berichtet, woher der „Spiegel“ angeblich seine Akten zur Plutonium-Affäre hatte und über welche Kontakte Kollege Hufelschulte im BND verfügte.

3. Ich sei von 1982 bis 1998 als nachrichtendienstliche Verbindung für den BND tätig gewesen.

4. Ich sei mit etwa 650 000 Mark entlohnt worden.

Mit ungeheurer Arroganz und ebensolchem Nichtwissen urteilte ein SZ-Kommentar („Gesetzesbrecher im Staatsdienst") bereits am 12. Mai 2006: „Um so bedauerlicher ist es, dass sich immer wieder Journalisten finden, die dem BND als Zuträger dienen. Die einzige Antwort, die es darauf geben kann, ist die schnelle Entfernung jener `Kollegen´ aus dem Beruf, so wie das FOCUS in einem Fall löblicherweise getan hat." Im Mittelalter nannte man das Hexenjagd.

Als sich die SZ weigerte, ihre falschen Behauptungen zu berichtigen, reichte ich am 1. September 2006 gegen sie Klage ein.

Dazu eine pure Fußnote: Wie kleingeistig SZ-Redakteure agieren können, zeigt ein Artikel vom 9. Februar 2007. Ein Augsburger Lokal-Mitarbeiter unternahm an völlig falscher Stelle einen seltsamen Diffamierungs-Versuch. Ich hatte Tage vorher als unbeteiligter Zuhörer eine Augsburger Gerichtsverhandlung besucht. Am 9. Februar berichtete die SZ über den Vorgang. Völlig unvermittelt und ohne Bezug zum eigentlichen Thema kam der Satz: „Unter den Zuschauern saß auch der ehemalige Geheimagent Wilhelm Dietl, umstrittener Journalist und Buchautor, dessen Handy ausdauernd störte." Der SZ-Autor saß schräg vor mir. Er konnte nicht sehen, welches Handy klingelte. Er konnte nicht sehen, dass die Dame neben mir mehrfach angerufen wurde, und dass sie es nicht schaffte, das lästige Gerät auszuschalten. Also drückte sie darauf herum und löste möglicherweise zusätzlich einen Klingelton aus. Name, Adresse und Telefonnummer der Dame sind bekannt. Der SZ-Redakteur freute sich wie ein Kind über einen billigen Effekt. Schade für ihn, dass er konstruiert war.

Am 2. März 2007 befasste sich die 6. Zivilkammer des Landgerichts Regensburg in extrem oberflächlicher Weise mit dem Streitfall. Meine Klage gegen die SZ wurde abgewiesen.

Nicht nachvollziehbar stellten die drei Richter der Kammer fest, dass es keine „rechtswidrigen Persönlichkeitsverletzungen" gegeben habe. Die Juristen schlossen die Reihen hinter dem „hohen und vom Grundgesetz geschützten Wert der Pressefreiheit“. Sollte sich eine zulässige Verdachtsberichterstattung als unwahr herausstellen, bestehe Anspruch auf eine nachträgliche Richtigstellung. Ich müsse allerdings die Unrichtigkeit beweisen. Das steht diametral im Gegensatz zu meiner journalistischen Ausbildung, die unter anderem bei der „Süddeutschen Zeitung“ erfolgte. Früher hatte ich als Autor den Wahrheitsgehalt meiner Artikel nachzuweisen. Wie schwierig es ist, in der Grauzone eines verleumderisch tätigen Auslandsnachrichtendienstes Gegenbeweise zu bringen, sollte jeder nachvollziehen können.

Besonders bizarr ist die Begründung des Urteils zur Frage der 650 000 Mark. Hier handle es sich nicht „um eine tatsächliche Frage“, sondern „lediglich um eine Frage der Wortwahl“. Die SZ habe auf meine BND-Tätigkeit im Nahen Osten hingewiesen. Also könne aus diesem Zusammenhang gar nicht der Eindruck entstehen, „dass es sich bei diesem Betrag ausschließlich um Entlohnung für Spitzeltätigkeit gegen Journalisten“ gehandelt habe. Ebenso wenig sei der Schluss zulässig, hier handle es sich um „Nettovergütung ohne Auslagenersatz und ähnliches“. Was denn nun? Die SZ hat bewusst falsch und ehrverletzend berichtet, und das Gericht trägt es mit.

Wir waren gezwungen, den Weg der Berufung zu gehen. Am 4. Oktober 2007 reichten meine Anwälte Berufungsbegründung und –anträge beim Oberlandesgericht Nürnberg ein.

Am 20. November 2007 befasste sich der 3. Zivilsenat des OLG Nürnberg mit dem Fall. Das janusköpfige Gremium argumentierte teilweise völlig anders als in der Minuten vorher – in gleicher Besetzung - erfolgten Berufungsverhandlung in Sachen FOCUS. Dabei ging es weitgehend identisch um den selben Sachverhalt. Der Senat vertrat beispielsweise die Auffassung, dass ganz überwiegend nicht von einer zulässigen Verdachtsberichterstattung auszugehen sei. Der

Anspruch auf Zahlung einer Geldentschädigung sei gegeben. Die Behauptung, ich sei mit 650 000 DM „entlohnt worden" sei eine schwere Persönlichkeitsverletzung.

In seinem schriftlichen Urteil vertrat der Senat dann auch die Auffassung, dass die Beiträge in der „Süddeutschen Zeitung" keine zulässige Verdachtsberichterstattung gewesen seien. Das OLG Nürnberg akzeptierte die Taktik der SZ-Anwälte, über die Forderung nach einem konkreten Beweisangebot einfach hinwegzugehen. Zitate aus dem keineswegs privilegierten „Schäfer-.Bericht" wurden nicht in Frage gestellt. Erneut klang die Forderung durch, ich hätte die Unrichtigkeit der falschen SZ-Behauptungen belegen müssen.

Mein Rechtsvertreter, Professor Dr. Gero Himmelsbach, in einer Analyse des Urteils: *„Diese Auffassung ist krude und widerspricht insbesondere der Darstellung des Senats an dieser Stelle, dass der Schäfer-Bericht keine privilegierte Quelle sei. Wenn jedoch der Schäfer-Bericht keine privilegierte Quelle ist – also die Inhalte nicht als richtig unterstellt werden können -, kann es auch nicht genügen, zum Beleg der angeblichen Richtigkeit der eigenen Behauptungen lediglich aus dem Schäfer-Bericht zu zitieren, ohne eigene und darüber hinausreichende Beweise vorzulegen. Folgte man der Auffassung des Senats führte dies zu ener `Privilegierung durch die Hintertür´: Letztlich muss dann doch der Betroffene bei ehrenrührigen Behauptungen – die hier nach Auffassung des Senats sogar vorliegen – den vollen Beweis führen. Bei ehrenrührigen Behauptungen ist es aber gerade so, dass nicht der Betroffene beweisbelastet ist, sondern derjenige, der die Behauptungen aufstellt. Dieser Beweis kann eben gerade nicht mit einer Äußerung geführt werden, die nicht privilegiert ist – deren Wahrheit auch nicht unterstellt werden kann."*

Das OLG Nürnberg widerspach sich in seinem Urteil immer wieder selbst. Nach Auffassung des Senats genügt es, zu schreiben „Herr Wilhelm Dietl soll dem BND berichtet haben…." Damit seien die formalen Voraussetzungen für eine Verdachtsberichterstattung eingehalten. Dabei gilt bei einer

Verdachtsberichterstattung eindeutig, dass „eine ausreichende Distanzierung zu erfolgen hat – und zwar ganz unabhängig davon, ob es sich um eine Berichterstattung handelt, die auf einer privilegierten Quelle beruht oder nicht" (Himmelsbach). Im weiteren Verlauf des Urteils wurde der „Schäfer-Bericht" dann wieder zur privilegierten Quelle.

Professor Dr. Himmelsbach dazu: „Entweder stellt der Bericht eine privilegierte Quelle dar, dann sind die Inhalte als richtig zu unterstellen und die Übernahme von Inhalten ist immer zulässig – selbst dann, wenn sich später Inhalte als unrichtig herausstellen sollten. Ist eine Quelle nicht privilegiert, spricht auch keine erste Vermutung für die Richtigkeit der Inhalte. Es verbleibt dann bei den üblichen Beweisregeln: Wer angreift, muss beweisen, dass die Behauptung unrichtig ist. Ausnahme: Es handelt sich um ehrenrührige Behauptungen. Dann muss der Berichtende den Beweis führen."

Der Medienrechtler kam zu dem Schluss, „dass es sich aus unserer Sicht um ein krumm begründetes Urteil handelt, das in weiten Teilen in sich widersprüchlich und nicht nachvollziehbar ist".

Immerhin ließ der 3. Zivilsenat ein bisschen Gerechtigkeit durchblinzeln. Im Urteil heißt es: „Der Beklagten .... wird verboten zu behaupten, zu verbreiten und/oder verbreiten zu lassen: \`Entlohnt wurde Herr Wilhelm Dietl mit etwa 650 000 Mark´ ohne darauf hinzuweisen, dass die Zahlungen ausschließlich für seine Auslandstätigkeit erfolgt sind. Der Beklagten .... wird für jeden Fall der Zuwiderhandlung ..... ein Ordnungsgeld bis 250 000 Euro, ersatzweise Ordnungshaft bis zu sechs Monaten, oder Ordnungshaft bis zu sechs Monaten angedroht. Die Beklagte .... wird verpflichtet, in der nächst erreichbaren Ausgabe der Süddeutschen Zeitung unter drucktechnischer Hervorhebung der Überschrift \`Richtigstellung´ , die in der Größe der Buchstaben der Überschrift \`Intrigen, Gerüchte, Verräter´ (SZ vom 27./28.05.2006) zu setzen ist, zu veröffentlichen: \`Schließlich behaupteten wir: Entlohnt wurde Herr Wilhelm Dietl mit etwa

650 000 Mark. Hierzu stellen wir richtig: Sämtliche Zahlungen an Herrn Dietl betreffen ausschließlich seine Auslandstätigkeit. Süddeutsche Zeitung Verlag und Redaktion."

Und dazu: „Die Beklagte .... Wird verurteilt, an den Kläger eine immaterielle Geldentschädigung in Höhe von 5 000 Euro zu bezahlen."

Die Klausel mit dem Geld löste ein monatelanges, unsinniges Juristengerangel aus. Die „Richtigstellung" erschien in der SZ-Ausgabe vom 13. August 2008. Sie war – mit der Formulierungshilfe der Richter – so missverständlich abgefasst, dass der normale Leser nichts mehr verstehen konnte. Ihm wurde folgender Text serviert: „Wir haben über den Journalisten Wilhelm Dietl in der Süddeutschen Zeitung vom 27./28. Mai 2006 im Zusammenhang mit der Berichterstattung über den sogenannten `Schäfer-Bericht´ behauptet: Wilhelm Dietl sei durch den BND mit etwa 650 000 Mark belohnt worden. Hierzu stellen wir richtig: Sämtliche Zahlungen des BND an Herrn Dietl betreffen ausschließlich seine Auslandstätigkeit."

Medienverfahren Der Spiegel

Der sogenannte „Schäfer-Bericht“ vernebelte die Sinne der Schreib-Kräfte in den deutschen Redaktionsstuben und so kam es, dass sogar der „Spiegel“ in seiner umfangreichen Titelgeschichte vom 22. Mai 2005 („Die Schnüffler vom Dienst/ Wie der BND Journalisten bespitzelt und benutzt“) wider besseres Wissen tätig wurde.

Dabei hatte alles relativ objektiv und vernünftig begonnen. In der Ausgabe vom 21. November 2005 berichtete das einzige deutsche Nachrichtenmagazin über mich und andere. Die Geschichte hieß „Kopfgeld für `Kempinski´“ und basierte auf Informationen, die pünktlich zur Hauptverhandlung im Kündigungsverfahren gegen FOCUS (23. November 2005) bei einigen Leitmedien gestreut worden waren.

Kurz zusammengefasst: Im „Spiegel“ stand, der BND habe mich seit 1982 als „ganz normale Quelle“ betrachtet, pflegeleicht und gut in Nah- wie Mittelost eingebunden. Von „Spiegel“-Redakteur Holger Stark telefonisch befragt, hatte ich dazu sehr zurückhaltend geantwortet. Ich bezeichnete meine Beziehung zum Auslandsnachrichtendienst als gewöhnliches Geben und Nehmen, erwähnte „Gespräche auf gegenseitiger Basis“. Auf einen Aspekt hatte ich aber bereits Ende 2005 großen Wert gelegt: Ich sei zu keiner Zeit losgezogen, um speziell den „Spiegel“ oder auch andere Medien auszuforschen.

Sehr aufschlussreich in der Wertung und nicht ohne Wahrheiten der nächste Absatz:

„Als ordinärer Spitzel eines Geheimdienstes verstand sich der Journalist jedenfalls nie. Er sah sich wohl als Händler zwischen den Welten und beim BND wurde er weniger als Publizist denn als externer Kollege gesehen – in mehrerlei Hinsicht eine Fehleinschätzung, wie die Behörde heute weiß. Den Erfahrungsaustausch, egal ob nun von Kollege zu Kollege oder zwischen Journalist und Geheimdienstler, nutzte Dietl zu

einem Werk, das den BND mächtig in Verlegenheit brachte. Er arbeitete in einem Buch die Hintergründe der dramatischen Entführung der beiden Deutschen Rudolf Cordes und Alfred Schmidt 1987 in Beirut minutiös auf. Das Recherchewerk trägt den stolzen Untertitel `Hinter den Kulissen der Geheimdienste´ und weist eine Fülle von internen Vermerken des Bundesnachrichtendienstes auf. Eine Untersuchung in Pullach legte den Verdacht nahe, die Dokumente seien Dietl ausgerechnet von jenen BND-Beamten überlasen worden, die den Journalisten hätten abschöpfen sollen. Der BND fühlt sich im Fall Dietl deshalb mindestens ebenso als Opfer wie als Täter."

Der vom Deutschen Bundestag in Auftrag gegebene „Schäfer-Bericht" entstand zeitlich zwischen diesem und dem nächsten einschlägigen „Spiegel"-Artikel, der am 15. Mai 2006 erschien. Autor Holger Stark zitierte mich erneut mit den „Gesprächen auf gegenseitiger Basis". Und damit, ich hätte „zu keinem Zeitpunkt den Auftrag gehabt, den Spiegel auszuforschen". Nicht weiter identifizierte „Geheimdienstkreise" werden angeführt. Man habe mich „nie als Journalisten betrachtet, sondern eher als Nachrichtenhändler", „der vor allem aus dem Nahen Osten lieferte". Der Rest des Artikels befasste sich vorwiegend mit der BND-Quelle „Kempinski" alias Thomas Tumovec. Der ehemalige Stasi-Offizier hatte die „Spiegel"-Redaktion für den BND unter die Lupe genommen.

Dann kam die große Titelgeschichte, und der bislang eher kühle „Spiegel" flippte aus. Das mag damit zu tun haben, dass er durch die Plutonium-Enthüllungen selbst betroffen war. Zur Erinnerung: 1994 hatten zwei V-Leute des BND eine später sehr umstrittene Plutonium-Schmuggelaktion angeschoben. Vom BND beauftragt, lieferten Kriminelle 363,4 Gramm des gefährlichen Materials mit einer Lufthansa-Maschine von Moskau nach München. Im April 1995 erschien eine „Spiegel"-Titelgeschichte („Der Bombenschwindel des BND"), die mit Hilfe geheimer Akten die „Operation Hades" erzählte und damit den BND weltweit bloßstellte. Es folgten Ermittlungen, Untersuchungsausschüsse, Disziplinarverfahren. Der neue

Sicherheitschef des BND, Volker Foertsch, setzte sich das Ziel, die undichte Stelle beim Dienst zu stopfen. Er bot ihm bekannten Journalisten 5000 Mark Kopfgeld für sachdienliche Hinweise. Bei einem unserer Mittagessen im Münchner „Seehaus" offerierte er auch mir diese unprofessionell geringe Summe. Ich unternahm nichts, um sie zu verdienen.

Die Doppelseite 28/29 der „Spiegel"-Titelgeschichte vom 22. Mai 2006 befasste sich überwiegend mit mir. Dabei ging es um folgende Fakten und Behauptungen, die weitgehend aus dem „Schäfer-Bericht" stammten:

1.
Seit August 1982 sei ich als V-Mann 068533 für den BND tätig. Ich würde über ein gewaltiges Archiv verfügen, sei aber selten zu Hause. Man begegne mir eher in Istanbul, Zypern, Kuweit, Beirut, Damaskus, Israel.

2.
Mein Deckname sei „Dali". „`Dali´ habe keine Aufträge gebraucht, heißt es im Dienst: „Normalerweise wusste er, was den BND interessiert." In einem aktuellen Interview hätte ich mich auf ein von mir aufgebautes Agentennetz im Nahen Osten bezogen, auf die Unterwanderung von Abu Nidals Terror-Organisation und von Hisbollah.
3. Nun kam es ganz dick: „1993 beschließt die Nahost-Abteilung ihn abzuschalten. Aber man findet für den verdienten Mitarbeiter eine andere Verwendung. Er wird zum Spezialisten für die Medienbranche. Genau der Richtige für die neue Strategie, die Quellen des `Spiegel´ und all der anderen Redaktionen zu jagen. Dietl ist laut Schäfer-Report von nun an einer der Männer, die detailreich aus dem Innenleben des Magazins berichten. Er kennt, so soll er zumindest angedeutet haben, Klatsch und Tratsch. In Wahrheit sind die BND-Treffberichte allerdings nur kümmerliche Zeugnisse von Verdacht und Irrtum. Wenn die Qualität von V-Mann-Berichten im Durchschnitt so sind wie die Berichte von `Schweiger´ an den BND, dann ist es um die Wahrung der äußeren Sicherheit nicht gut bestellt."

4. Es folgten äußerst fantasievolle Erzählungen von Treffen zwischen einem BND-Agentenführer und mir und einem hochgeheimen Dossier über die Plutonium-Affäre, das am Ende niemand gesehen hat. Mehr oder weniger intensive Recherchen auf den Spuren der Plutonium-Nachrichtenhändler wurden mir unterstellt. Ich sei für den Dienst so wertvoll geworden, dass ich im Dezember 1996 „unter Abwehrgesichtspunkten" neu positioniert worden sei. Geschickt mischte der „Spiegel" Fakten und Märchen, die er nicht zuletzt dem „Schäfer-Bericht" entnahm. Zu den Fakten zählte die zunehmende Besessenheit des Sicherheitschefs Foertsch bei der Aufklärung von Medien.

5. Äußerst gewagt ist die Vermutung, ich hätte mich in jener Zeit im Auftrag des BND beim „Spiegel" angedient. Aus dem Vertrag sei aber nichts geworden, weil die Redakteure Hans Leyendecker und Georg Mascolo Verdacht geschöpft und „Indizien für eine allzu große Nähe Dietls zum BND" gecheckt hätten. Die Wahrheit war einfach: Leyendecker hatte von einem hochrangigen BND-Informanten meine Vergangenheit als „Nachrichtendienstliche Verbindung" gesteckt bekommen. Der erste – auch namentlich bekannte - Verräter aus dem Pullacher Apparat, und nicht der Letzte. Er konnte nur über die alten Tage gesprochen haben, weil es keine operative Gegenwart mehr gab. So konnte ich dem „Spiegel"-Chefredakteur Stefan Aust Ende 1996 ruhigen Gewissens eine eidesstattliche Erklärung anbieten, dass ich „nichts mit dem BND zu tun" hatte. Nichts mehr zu tun hatte....

6. Gegen Ende der „Spiegel"-Geschichte kam auch Volker Foertsch indirekt zu Wort. Zitat: „Auch will er Dietl nicht aufgefordert haben, sich beim Spiegel zu bewerben oder das Magazin auszuspähen. Dietl habe sich von selbst angeboten." Natürlich habe ich mich dem „Spiegel" selbst angeboten, aber keineswegs in Absprache oder gar im Auftrag des BND. Die seltenen Foertsch-Statements sind Racheaktionen, weil Juretzko und ich den gegen ihn zum Ende seiner Amtszeit bestehenden Spionage-Verdacht für das KGB in zwei Büchern

thematisiert haben. Das hat den Pensionär extrem verbittert.

7.„652 738,91 Mark zahlt ihm der BND bis zum September 1998, als Dietl endgültig abgeschaltet wird.“ Soweit der „Spiegel“ mit einer wahren Zahl, die falsch dargestellt wird, um mir zu schaden.

Nun begann das alte, kostspielige Juristenspiel. Der „Spiegel“ lehnte es strikt ab, seine falschen Behauptungen zu korrigieren, eine Unterlassungserklärung zu unterzeichnen oder gar für den entstandenen Schaden aufzukommen. Am Ende blieb mir nichts anderes übrig, als zu klagen. Unter dem Datum 10. September 2006 ging der Schriftsatz an das Landgericht Regensburg.

Der endgültige Termin der Hauptverhandlung wurde auf den 2. März 2007 festgesetzt.

Außer Formalien und juristisch-bürokratischem Geplänkel passierte dabei nicht viel. Die 6. Zivilkammer trat nur pro forma in die Beweisaufnahme ein, damit am Ende der Schein gewahrt war. So wurde wieder eine Chance versäumt, die Details einer organisierten Rufmord-Kampagne gerichtlich aufzuarbeiten.

Das Urteil vom 29. März 2007 bot somit keine Überraschung. Meine Klage wurde abgewiesen. Nach dem Grundsatz der Presse- und Informationsfreiheit habe der „Spiegel“ in Wahrnehmung berechtigter Interessen gehandelt. Die Öffentlichkeit habe ein besonderes Interesse an der Aufklärung der Vorwürfe, dass der BND Journalisten ausspioniert habe. Was für ein Kontrast: Das Landgericht bescheinigt der anonymen Öffentlichkeit ein gesteigertes Interesse. Selbst kann es sich kaum desinteressierter geben.

Wieder beschritten wir den steinigen Weg zum Oberlandesgericht Nürnberg. Unter dem Datum des 17. September 2007 reichte die von mir beauftragte Münchner Fachkanzlei Romatka & Collegen einen 33seitigen

Berufungsschriftsatz ein. Die strittigen Punkte wiederholten sich, wurden aber für das OLG noch einmal mit allem garniert, was in irgendeiner Form zu meinen Gunsten vorzubringen war. Anschaulicher ließ sich die höchste Instanz nicht mehr über die Hintergründe des Medienverfahrens informieren.

Und doch ging es erneut schief. Schon im Vorfeld kündigte der zuständige OLG-Senat an, dass er unsere Berufung zurückweisen würde, „weil das Rechtsmittel keinen Aussicht auf Erfolg hat, der Rechtssache auch keine grundsätzliche Bedeutung zukommt und weder die Fortbildung des Rechts noch die Sicherung einer einheitlichen Rechtsprechung eine Entscheidung des Berufungsgerichts erfordern". Er räumte uns großzügig die Gelegenheit ein, die Berufung selbst zurückzunehmen.

Der Senat klammerte sich an den „Schäfer-Bericht", ging sogar soweit, einen von ihm gesehenen Zusammenhang „objektiv als Verdachtsberichterstattung zu qualifizieren". Eine Verdachtsberichterstattung lag aber nicht vor, weil der „Spiegel" keinen Verdacht äußerte, sondern seine ehrabschneidenden Thesen als Tatsachenbehauptung vortrug. Da hieß es beispielsweise, ich sei zum „Spezialisten für die Medienbranche" geworden. In einer Analyse stellte mein Anwalt, Professor Dr. Gero Himmelsbach, fest: *„Die vom Senat dann angesprochene Frage, ob dem Schäfer-Bericht inhaltlich zu vertrauen ist, hat mit der Prüfung, ob eine Verdachtsberichterstattung vorliegt, nichts zu tun. Hier geht es um die Frage, ob der Schäfer-Bericht eine privilegierte Quelle ist, ob also Behauptungen, die dem Schäfer-Bericht entnommen werden und als Behauptungen aus dem Schäfer-Bericht dargestellt werden, in die Öffentlichkeit gebracht werden dürfen, Handelt es sich um eine privilegierte Quelle, ist dies zulässig und die journalistische Sorgfaltspflicht ist alleine durch die Übernahme von Inhalten unter Verweis auf den Bericht zulässig. Es muss also nicht weiter recherchiert werden. Liegen diese Voraussetzungen nicht vor, ist die Berichterstattung unzulässig."* Die „Spiegel"-Formulierungen, dass ich zum „Spezialisten für die Medienbranche" geworden bin und „genau der Richtige“, um „Quellen des Spiegel zu jagen“, finden sich im „Schäfer-Bericht“ nicht.

Ähnlich die Behauptung, ich hätte Volker Foertsch angeboten, den Versuch zu unternehmen, in der Redaktion des „Spiegel“ unterzukommen. Ohne geltendes Recht zu verbiegen, müsste der „Spiegel“ die Richtigkeit dieser Behauptung beweisen. Schließlich ist es ehrenrührig, mir ein solches Verhalten zu unterstellen. Möglicherweise war die Aufforderung zur Bewerbung gar nicht möglich, weil ich bereits vor der Foertsch-Ära eine entsprechende Vereinbarung mit dem „Spiegel“ getroffen hatte. Gerade auch das wäre keine Verdachtsberichterstattung, und die Gegenseite müsste die Behauptung beweisen.

Am 28. Januar 2008 wies der Senat des OLG Nürnberg unsere Berufung endgültig zurück. Ein Kernsatz der Entscheidung: „Der Senat bleibt auch bei seiner Ansicht, dass der Schäferbericht jedenfalls im Rahmen einer Verdachtsberichterstattung von der Presse als privilegierte Quelle benutzt werden darf und sich diese ohne weitere Recherchen auf den Inhalt des Berichts stützen darf.“ Eine absurde Situation. Das OLG Nürnberg gesteht dem „Spiegel“ einen privilegierten „Schäfer-Bericht“ zu, obwohl das Nachrichtenmagazin selbst den Inhalt des Reports in Frage stellte und sich seiner bediente, als er noch gar nicht freigegeben war.

Das nahmen wir als Grundlage, am 29. Februar 2008 eine Verfassungsbeschwerde gegen den Beschluss des OLG Nürnberg einzureichen. Professor Dr. Gero Himmelsbach konzentrierte sich dabei auf das Thema „zuverlässige Quelle“. Aus unserer Sicht kann es nicht sein, dass der „Spiegel“ einerseits die Inhalte des „Schäfer-Berichts“ als unzutreffend einstuft, andererseits sich aber hieraus eine privilegierte Berichterstattung bei den mich betreffenden Zusammenhängen ergeben soll.

Die Verfassungsbeschwerde wurde beim

Bundesverfassungsgericht in Karlsruhe unter dem Aktenzeichen 1 BvR 509/08 registriert. Ein Termin zur Entscheidung steht noch nicht fest.

Norddeutscher Rundfunk: Zapp: Die Speerspitze des Rufmords

Es begann mit „verdeckten Ermittlungen“. Der Norddeutsche Rundfunk meldete sich in der ersten Novemberhälfte am Telefon. Mal stellten sich die Fernsehkollegen als Magazin „Panorama“ vor, mal als „Zapp“. Ich kannte „Zapp“ nicht, stellte aber rasch fest, dass sich dieses wöchentliche Boulevard-Programm nur mit den Medien beschäftigt. Spät abends und vorwiegend im Kreise Gleichgesinnter. Die Anrufer fragten mich, wie die deutschen Medien mit dem BND umgehen sollten, welche Erfahrungen ich mit dem Auslandsnachrichtendienst gesammelt hätte, wo denn so die Berührungspunkte zwischen beiden Welten seien. Ich antwortete zurückhaltend, lud die Rechercheure aber ein, mich zu besuchen. Ich sei bereit, vor die Kamera zu treten und mich zum vermeintlich seriösen Thema zu äußern.

Kurz vor dem 16. November 2005 trat „Funkstille“ ein, und so ließ meine Aufmerksamkeit gegenüber „Zapp“ nach. Jedenfalls verpasste ich die Sendung und sah sie nur als Wiederholung. „Zapp“ holte zum ersten Schlag aus. Der Beitrag hieß „Große Aufregung: Geheimdienst observiert Journalisten“. Eingangs erfuhr man das damals Übliche. Der BND, so hieß es, habe den BND-Kritiker Erich Schmidt-Eenboom und den FOCUS-Journalisten Josef Hufelschulte bespitzelt. Merke: Nun bekamen der selbsternannte Friedensforscher und der Illustriertenmann ihr Prädikat als mutmaßliche Opfer. Einmal verliehen, lässt sich daran kaum mehr etwas ändern.

Schon an diesem Tag begann das große Lügen. Schmidt-Eenboom wird zitiert, drei BND-Agenten hätten ihre Missetaten gebeichtet und sogar eidesstattliche Erklärungen unterzeichnet. Absurd. Erst viel später wurde bekannt, dass nur einer ausgepackt hatte, und das bereits zwei Jahre vorher. Zwei Jahre war diese Geschichte im Bankschließfach gelegen. Nun brauchte man sie, um einen politischen Sturm im

Wasserglas zu entfesseln.

Zum Höhepunkt des Beitrags kam Zapp mit seinem Exklusiv-Scoop. Der Ex-FOCUS-Mitarbeiter Wilhelm Dietl, so wurde suggeriert, habe für den BND den SPIEGEL ausspioniert. Bei FOCUS, da sei er nun nicht mehr. Sein ehemaliger Chef Helmut Markwort habe ihn „fristlos entlassen“. Dietl habe „allzu enge Kontakte zu Geheimdiensten gepflegt“. Eine Steilvorlage für den Enthüller Hans Leyendecker, der den SPIEGEL selbst in Unehren verlassen hatte. Er fing nun an, über „das Ausforschen von Medien über Medienvertreter“ zu philosophieren. Die Saat war gesät.

Ein Wunder der perfekten Choreographie: Exakt eine Woche später fand beim Landgericht München I die Hauptverhandlung Dietl ./. FOCUS statt, das Kündigungsverfahren. Schon im Flur traf ich auf ein Kamerateam von „Zapp“, das mich über die Gänge jagte. Der Reporter stellte unisono dieselbe Frage: „Haben Sie 600 000 Mark vom BND bekommen?“ Wie sollte man das beantworten, wenn damals wie heute keiner die wahren Zusammenhänge hören will? Ein namhafter deutscher Tageszeitungs-Journalist empfand den „Zapp“-Überfall so: „So hat man bisher nur NS-Verbrecher auf dem Flur verfolgt. Ein moralischer Amoklauf der sumpfigen Branche.“

Am Abend des 23. November 2005 berichtete „Zapp“ erneut über meine BND-Tätigkeit. Die Richtung wurde immer deutlicher. Ich sollte zum Unhold aufgebaut werden, der seine eigenen Kollegen bespitzelt hatte. Zitat Markwort: „Diesen Menschen bezeichne ich nicht mehr als Kollegen und erst recht nicht als Journalisten. Wir haben inzwischen erfahren, dass er jahrelang für diesen oder jenen Geheimdienst gearbeitet hat, professionell gegen Geld. Hat jede Menge Verräterei begangen.“ Starker Tobak zur Unzeit. Und staatsfeindlich, wie einst die RAF.

„Zapp“ meldete sich erst am 17. Mai 2006 wieder zu Wort, als bereits erste illegale Auszüge eines unfertigen

Untersuchungsberichts des Bundestags-Sonderermittlers Gerhard Schäfer kursierten. Der Aufhänger lautete so: „Der BND hat in weitaus größerem Umfang Journalisten bespitzelt, als bisher bekannt war.... Als Informanten hat der BND Journalisten angeworben und auf die eigenen Kollegen angesetzt.“ Feuer frei.

Zitat „Zapp“: „Und auch er bespitzelte Kollegen: Wilhelm Dietl“, lieferte „Berichte voller intimer Details an den BND“. Sie nannte mich einen „Journalisten-Spitzel“, der „Informationen über die eigenen Kollegen“ lieferte. Dieser üble Rufmord wurde an einem Beispiel durchdekliniert, das mir nie in den Sinn gekommen wäre. „Zapp“ behauptete, ich hätte den ehemaligen „Stern“-Kollegen Karl Günther Barth, mit dem ich 1988 eine Serie über die deutschen Geiseln im Libanon geschrieben hatte, im Auftrag des BND bespitzelt. Bizarr, welche Bilder der phantasievolle Barth selbst kreierte: „Der Mensch war vier Wochen in Ihrer Wohnung, das ist so, wie wenn bei Ihnen eingebrochen wird, und Sie kommen nach Hause und die Schublade mit der Unterwäsche ist aufgerissen und dann haben Sie ein komisches Gefühl.“ Wer zu lange für seichte Boulevardblätter arbeitet, nimmt ersichtlich Schaden. Bis heute ist nicht ersichtlich, woher Barth seine Vorwürfe nimmt.

„Zapp“ einen Satz später: „Dietl bekam für solche und andere Spitzeldienste viel Geld – 600 000 Mark.“ Für welche Dienste? Dass ich die Unterwäsche des Kollegen Barth durchwühlt habe? Klappe in Sachen Barth, Auftritt Hufelschulte. Und wieder O-Ton Helmut Markwort aus dem Tal der Ahnungslosen: „Da war einer dabei (bei den Spitzeln), der hat bei ihm zu Hause übernachtet, wenn er in München war, hat mit seinen Kindern gespielt und hat dann Hunderte von Meldungen geschrieben an den BND. Der eine hat mehr als 600 000 Mark bekommen, das geht seit 20 Jahren.“ Herr Markwort, ich habe nicht bei Hufelschulte übernachtet, noch weniger mit seinen Kindern gespielt (er hat nur einen Sohn) und schon gar keine Berichte über ihn geschrieben. Von den 600 000 Mark waren 400 000 Mark Auslagen. Die restlichen

200 000 Mark flossen für eine ehrenvolle Tätigkeit im Dienst des Staates – und das lange vor der Gründung von FOCUS. Rufmord ist die Verbindung von Halbwahrheit und reinen, bewussten Lügen. Markworts Tirade endet damit, dass er mich „charakterschwach“ nennt und nochmals betont, ich sei für ihn kein Journalist oder Kollege mehr. Als ob Journalist heutzutage eine Ehrenbezeichnung wäre. Kollege eines Helmut Markwort, das wollte ich nie sein.

Keine „Zapp“-Sendung ohne den Gutmenschen Hans Leyendecker, der mit Heiligenschein kommentiert: „Er (Wilhelm Dietl) ist einer dieser Journalisten, der für Geld Kollegen bespitzelte.“ So sieht sie aus, die Rache des kleinen Mannes. Hans Leyendecker war beim SPIEGEL in Ungnade gefallen, nachdem er seinen Chefredakteur Stefan Aust in arge Verlegenheit gebracht hatte, als dieser mich einstellen wollte. Leyendecker vertrug keine Konkurrenz neben sich. Als Platzhirsch fiel es ihm auch leichter, die Nation zu belügen. Beispiel: die SPIEGEL-Titelgeschichte „Der Todesschuß“. Kernaussage: Der Terrorist Wolfgang Grams wurde von der GSG 9 in Bad Kleinen hingerichtet. Hans Leyendecker berief sich auf einen anonymen Beamten, der – wie sich herausstellte – den Schusswechsel auf dem Bahnsteig gar nicht gesehen haben konnte. Eine Leyendeckersche Falschmeldung verunglimpfte auf Jahre hinaus das Bundeskriminalamt, die GSG 9 und den Rechtsstaat an sich. Zuerst schürte Leyendecker die Bad-Kleinen-Hysterie, um dann kleinlaut einzugestehen, dass sein „Zeuge“ und dessen Schilderungen nicht als authentisch betrachtet werden dürften. Leyendecker wurde für diese Hass-Kampagne nie zur Rechenschaft gezogen. Die Narrenfreiheit des Top-Enthüllers.

An jenem denkwürdigen 17. Mai 2006 verabschiedete sich „Zapp“ von mir, indem es mich als „Täter“ bezeichnete. Logischerweise war auch von meinen „Opfern“ die Rede. Die Berichterstattung über Nazischergen klingt nicht anders.

„Zapp“ legte immer eins drauf. Am 24. Mai 2006 hieß die Überschrift „Eitelkeit und Geldgier: Journalisten bespitzeln

Journalisten." Der Schäfer-Bericht war noch immer nicht freigegeben. Nun verbreitete „Zapp" die absolute Lüge, ich sei von FOCUS „schon vor Jahren rausgeschmissen" worden, weil ich „für den BND tätig" gewesen sei. Die psychologische Kriegsführung ging weiter, als „Zapp" Erich Schmidt-Eenboom sagen ließ: „Die Gefahr war mir immer bewusst, ich habe ja diese schmutzigen Angebote bekommen, genau in die Dietl-Rolle zu schlüpfen." Das sagte einer, der sich unter den Decknamen „März" und „Gladiator" selbst in Geschäfte mit dem BND verstrickt und Geld genommen hat. An anderer Stelle forderte er seinerzeit ein Berufsverbot für mich. Wie weit muss sich Schmidt-Eenboom aus der Lebensrealität entfernt haben, wenn er mit wichtiger Miene „Haltet den Dieb" ruft und selbst den Sack mit Beutegut auf dem Rücken trägt. Und noch einmal darf der Rheinländer Leyendecker in die Bütt. „Journalistisches Lumpenpack" ruft er allen anderen zu. Allen anderen.

„Zapp" ist nicht totzukriegen. Endlich darf der Schäfer-Bericht offiziell gelesen werden. Die nächste Sendung folgt am 31. Mai 2006. Und wieder Lügen. Wilhelm Dietl (und zwei weitere Kollegen) „haben viele Passagen über ihre BND-Arbeit streichen lassen". Wie immer ist „Zapp" mit einer Überhöhung der Tatsachen nicht zufrieden. Es muss möglichst skandalös klingende, freie Erfindung sein. Rufmord und gezielte Diffamierung als Fortführung der Fernseh-Berichterstattung mit „Zapp"-spezifischen Mitteln.

Nachdem ich eine Weile geglaubt hatte, die „Zapp"-Redaktion würde lesen können und geduldig vorgetragene Zusammenhänge verstehen, verfasste ich zwei Briefe. Ich schickte sie an den „Zapp"-Redaktionsleiter Kuno Haberbusch, an den NDR-Indendanten Jobst Plog, an den Vorsitzenden des NDR-Rundfunkrats, Volker Müller, und an die Vorsitzende des NDR-Verwaltungsrats, Rosemarie Wilcken. Von ihnen kam keine ernsthafte Resonanz, keine Entschuldigung, nichts.

Stattdessen rührte „Zapp" am 6. Dezember 2006 noch einmal seine bewährte Mischung aus Teil-Wahrheit und Lüge,

Suggestion und Hörensagen an. Wieder behauptete „Zapp“, ich hätte „vor Gericht durchgesetzt“, dass meine Aktivitäten durch den Schäfer-Bericht „nicht öffentlich werden“. Weit gefehlt.

Das Maß war voll. Mein Rechtsvertreter forderte von „Zapp“ Gegendarstellung, Unterlassung und Widerruf. Der NDR verschanzte sich hinter Regularien und Formalitäten, spielte auf Zeit („Sofern Sie uns darlegen und beweisen, dass die von Zapp behaupteten Tatsachen nachweislich unwahr sind und einen schwerwiegenden Eingriff in die Rechte Ihres Mandanten darstellen, ist der NDR bereit, eine entsprechende Richtigstellung vorzunehmen.“) Irgendwann wurde dieses Geplänkel infantil. Also beantragten wir in der Weihnachtswoche 2006 eine einstweilige Verfügung gegen den NDR. Die Gegenseite antwortete mit einer sogenannten „Schutzschrift“, und mit einer farblosen Unterlassungserklärung. Im Januar 2007 wies der NDR unser zweites Gegendarstellungsersuchen erneut aus formalen Gründen zurück. Wir beantragten wieder den Erlass einer einstweiligen Verfügung, und mussten dies zurücknehmen.

Am Ende blieb uns als einzige Option, um so etwas wie Recht zu bekommen, die Klage gegen den NDR. Der Anwalt reichte sie am 20. Februar 2007 beim Landgericht München I ein. Nun balgten sich die Juristen erst recht, ließen die jeweiligen Fristen wegen kränklicher und urlaubender Kollegen mehrfach verlängern. Mitte Mai nahmen die Anwälte des NDR endlich Stellung. Wir antworteten darauf Mitte Juni. Wiederum vier Wochen später forderte das Gericht von uns einen Mitschnitt der „Zapp“-Sendungen und von der Gegenseite eine Kopie des veröffentlichten Schäfer-Berichts. Dabei hätte sie ihn sofort aus dem Internet herunterladen können. Am 10. August beklagte sich der Anwalt der Gegenseite, dass er den mittlerweile überall vorliegenden Schäfer-Bericht „wegen verschiedener Urlaubsabwesenheiten“ von seiner Mandantschaft noch nicht erhalten habe. Und wieder wurde eine Frist verlängert.

Neue Schriftsätze, ein neuer Anwalt auf meiner Seite, weitere Verlegung des Termins für die Hauptverhandlung, von Dezember 2007 auf Februar 2008 auf März 2008. Zwei Tage vor der Sitzung brach Hektik aus. Der Vorsitzende Richter meldete sich bei den Parteien und regte einen Vergleich an. Beide Seiten, müde von der langen Dauer der Auseinandersetzung, zeigten sich kooperativ. Die Schmerzgrenze des NDR war jedoch bei der Frage erreicht, dass „Zapp" eine Berichtigung verlesen müsse. Das, so die Hamburger, würde das Verfahren erneut verlängern.

Schließlich doch ein Vergleich. Der NDR verpflichtete sich, nicht mehr zu behaupten,

a) Wilhelm Dietl habe jahrelang für „diesen oder jenen Geheimdienst gearbeitet", professionell gegen Geld, dabei habe er „im Auftrag des BND Journalistenkollegen bespitzelt und darüber Berichte voller intimer Details an den BND geliefert. Wilhelm Dietl habe für solche und andere Spitzeldienste viel Geld bekommen, 600 000 DM.

ohne darauf hinzuweisen,

dass Wilhelm Dietl vom BND Auslagenerstattungen und Entgelte in Höhe von ca. 650 000,- DM für seine von 1992 bis 1992 im Ausland für den BND erbrachten nachrichtendienstlichen Tätigkeiten erhalten hatte.

b) Wilhelm Dietl habe viele Spitzelberichte an den BND geliefert, nicht nur über den ehemaligen „Stern"-Kollegen Barth, sondern auch über den FOCUS-Reporter Hufelschulte.

ohne darauf hinzuweisen,

dass Herr Dietl viele Berichte (insgesamt 856 schriftliche Berichte) für den BND über seine für den Bundesnachrichtendienst geleistete nachrichtendienstliche Auslandstätigkeit erstellt hatte.

c) Wilhelm Dietl habe veranlasst, dass in dem öffentlichen Bericht des Sonderermittlers Schäfer vom 26.5.2006 ihn treffende Ausführungen unkenntlich gemacht werden

ohne darauf hinzuweisen,

dass Josef Hufelschulte die Unkenntlichmachung ihn betreffender Berichtsausführungen erwirkt hat."

Außer Spesen, wenig gewesen.

Medienverfahren Tageszeitung (taz)

Der Berliner „Tageszeitung“ (taz) hatte stets meine besondere Sympathie gegolten, auch als sie noch nicht Regierungsorgan war. Ich war ein Abonnent der ersten Stunde und blieb es auch noch eine Weile nach den Turbulenzen. In der ersten Phase der Rufmordkampagne, also in den Wintermonaten 2005/06 berichtete die „taz“ ziemlich objektiv und unterschied sich wohltuend von den Mainstream-Medien.

Umso erstaunter war ich, als am 11. Dezember 2006 ein törichter Artikel erschien, der von geringer Sachkenntnis getragen war. „Schale Kollegenschelte“ lautete die Überschrift. Untertitel: *„Ausgerechnet der FOCUS enttarnt in seiner aktuellen Ausgabe rund 20 Journalistenkollegen als BND-Spitzel“. Die völlig abstrusen Kernsätze des schmalen Zweispalters lauteten: „Das Münchner Nachrichtenmagazin beschäftigte jahrelang den Journalisten Wilhelm Dietl, bis diesem nach seiner Enttarnung als BND-Informant im November 2004 per Fax fristlos gekündigt wurde. `Zahl und Bewertung seiner Nachrichten sind ebenso bemerkenswert wie die Höhe seiner Entlohnung´, urteilt der BND-Sonderermittler Gerhard Schäfer in seinem im Mai vorgelegten Bericht über den beim Geheimdienst als `Journalist V. ´ geführten Dietl. Für seine Informationen, nach eigenen Angaben nie über Journalistenkollegen, wurde er mit rund 650 000 Euro entlohnt.“*

Richtig ist vielmehr:

1. Ich wurde von FOCUS nicht wegen meiner Enttarnung als BND-Mitarbeiter gekündigt.

2. Ich wurde beim BND nicht als „Journalist V.“ geführt, sondern in dieser Weise nur beim „Schäfer-Bericht“ „anonymisiert“.

3. Ich wurde vom BND keineswegs mit 650 000 Euro entlohnt, nicht einmal mit 650 000 Mark.

Irgendwie ärgerte mich diese Ignoranz. Hier handelte es sich um Fakten, die mittlerweile Allgemeingut waren. Ein halbes Jahr nach dem „Schäfer-Bericht“ verbreitete niemand mehr die Unwahrheit so primitiv. Mit einem Minimum an Recherche hätten sich diese groben Schnitzer vermeiden lassen.

Also wandte sich mein Anwalt Dr. Klaus Rehbock an die „taz“ und bat um eine Gegendarstellung. Augenblicklich startete das übliche Geplänkel. Die Anwälte der „taz“ zweifelten die „formelle und inhaltliche Ordnungsgemäßheit“ der Gegendarstellung an. Sie definierten „Entlohnung“ so umfassend, dass sie auch Spesen einbezogen. Das sei nun mal „das Verständnis des Lesers“. Im übrigen müsse ich zum Nachweis meiner Behauptung „Rechnungsbelege bzw. Bescheide oder andere belastbare Belege“ beim „taz“-Justitiar einreichen. Eine Lachnummer ohnegleichen. Die finanzielle Seite meiner BND-Mitarbeit war doch im „Schäfer-Bericht“, Seite 71, ausführlich dargestellt worden. Längst hatte sich der Verdacht aufgedrängt, dass die Gegenseite nicht schreiben konnte. Konnte sie etwa auch nicht lesen?

Dieser absurde Dialog zog sich einige Wochen hin. Die „taz“-Seite kapierte nichts oder versuchte diesen Eindruck zu vermitteln, um den Fall versanden zu lassen. Im März 2007 blieb uns nichts anderes mehr übrig, als die „taz“ zu verklagen.

Nun passierte etwas, das bis heute von den Nebeln des Geheimnisses umgeben ist. Die Klageschrift verschwand zusammen mit dem Gerichtskosten-Scheck auf dem Weg zum Landgericht München I – und tauchte nicht mehr auf. Als wir ein Jahr später nachfragten, versicherte uns die Münchner Justiz glaubhaft, den Vorgang „taz“ niemals bekommen zu haben.

Ein Zeichen? Nach kurzem Nachdenken ließ ich es dabei bewenden. Außer Spesen – wieder - nichts gewesen, und eine Erfahrung mehr mit der Unfähigkeit der deutschen Medien, grobe Fehler freiwillig einzugestehen und zu berichtigen.

Medienverfahren
Der Fachjournalist

Der „Deutsche Fachjournalisten-Verband“ (DFJV) ist der weitgehend unbekannte „Bruder“ des viel größeren „Deutschen Journalisten-Verbandes“ (DJV). Er versteht sich Interessenvertretung von Journalisten, die sich auf ein Ressort oder ein Fach spezialisiert haben. Zu den Leistungen der Organisation für seine durchaus namhaften Mitglieder zählt „berufliche Absicherung‘, also zum Beispiel eine Rechtsschutzversicherung oder eine Vermögensschaden-Absicherung. „Journalist zu sein ist spannend. Aber manchmal auch riskant. Denken Sie nur an Unterlassungsklagen, Streit um das Urheberrecht oder Schadenersatzansprüche“, heißt es auf der Homepage des DFJV. Die Leute wissen, wovon sie sprechen.

Im Herbst 2006 mussten sie nämlich ihre eigenen Service-Produkte in Anspruch nehmen. Das kam so: In der Verbands-Zeitschrift „Der Fachjournalist“ (Heft 4/06) erschien unter dem Titel „Kollegenspionage in der Grauzone“ ein ziemlich leichtfertiger Artikel. Er stellte Behauptungen auf, die so nicht stehen bleiben durften.

Also ließ ich dem „Fachjournalisten“ eine Gegendarstellung zukommen.

Der Text:

1. ( ) Wilhelm Dietl, Deckname „Dali“ ( ) landete schließlich über Jahre beim FOCUS, in Chefredakteur Helmut Markwort rausschmiss, weil er Dietls BND-Kontakte spitz bekam“. Dies ist unrichtig, Ich wurde von der FOCUS Magazin Verlag GmbH, vertreten durch den Chefredakteur und Geschäftsführer Herrn Helmut Markwort, nicht wegen meiner ‘BNDKontakte‘ gekündigt.

2. Dietl hatte (....) Informationen etwa über die beiden 'Spiegel-Autoren (gemeint sind Hans Leyendecker und Georg Mascolo) an den BND geliefert.
Dies ist unrichtig. Ich habe an den BND keine Informationen über Herrn Leyendecker bzw. Herrn Mascolo geliefert.

3. Dietls Denunziation: Zum einen offenbar ein Racheakt, aber wohl noch mehr, nämlich Geld- und Machtgier. Dietl gab im Intetview mit der 3sat-Sendung 'Kulturzeit 'zu, vom Dienst über Jahre insgesamt etwa 650 000 D-Mark erhalten zu haben (....).
Hierzu stelle ich fest: Ich habe die genannten Kollegen nicht denunziert, also auch nicht aus Rache oder aus Geld- und Machtgier. Der Eindruck, ich hätte vom BND 650 000 D-Mark für Bespitzelung von journalistischen Kollegen erhalten, ist unrichtig. Ich habe zu keiner Zeit journalistische Kollegen im Auftrag des BND oder auf eigene Veranlassung bespitzelt; ich habe hierfür auch vom BND nie Geld erhalten.

4. Dietl war parallel zu seinen BND-Aktivitäten freier Mitarbeiter von FOCUS. Dies ist unrichtig Mein Arbeitsverhältnis mit dem BND endete, als ich als fester freier Mitarbeiter bei FOCUS anfing."

Der Anwalt des betroffenen Nestor Verlages bemühte sich redlich, Schaden von seinen Auftraggebern abzuwenden. Er berief sich grundsätzlich auf den „Schäfer-Bericht" und dessen — für ihn - unbedingte Glaubwürdigkeit. Was die Kündigung bei FOCUS betraf, fand er eine einfache Formel, die sicherlich aus keinem juristischen Seminar stammte: „Der Zusammenhang mit der Kündigung Ihres Mandanten liegt auf der Hand." Der Anwalt beklagte, dass meine Gegendarstellung eine „zulässige Meinungsäußerung" behindere, bot aber gleichwohl an, Punkt eins und zwei künftig zu unterlassen. Im übrigen werde der „Fachjournalist" über meine „Machenschaften" nicht mehr berichten. Nach anfänglichem Gepolter druckte das Fachorgan schließlich in seiner Ausgabe 5/06 meine Gegendarstellung ab. Darüber hinaus einigten wir uns auf einen außergerichtlichen Vergleich. Der

„Fachjournalist“ verpflichtete sich, mit mir ein Interview zu den strittigen Behauptungen zu führen und dieses zu veröffentlichen. So kam es dann auch. Chefredakteurin Julie Steinen schickte mir fünf Fragen, die ich schriftlich beantwortete. Der Text erschien in der Januarausgabe 2007. Damit war der Zwist beendet.

Die Berliner Standesorganisation konnte sich wieder ihren wesentlich angenehmeren Beschäftigungen zuwenden. Zum Beispiel dem traditionellen Spargelessen mit „Persönlichkeiten aus Journalismus und Medien, Politik und Wissenschaften“. Am 16. Mai 2008 war es wieder soweit. Im „gehobenen Ambiente“ des Hotels Adlon wurden „Kontakte geknüpft und gepflegt und Gedanken ausgetauscht“ — hoffentlich auch über den BND und seine aktive Rolle bei der Diffamierung von Journalisten.

Nach einem Gläschen „mit feinem Riesling-Sekt der Kellerei Fürst von Metternich“ wurde Tartar vom Rauchlachs mit Frühlingssalaten, Schnittlauch, Creme Fraiche und Limetten-Touille gereicht. FAZ-Herausgeber Werner D‘Inka sprach über das schwierige „Verhältnis von Staat und Presse“ (da war es wieder!) und Phoenix-Programmchef Christoph Minhoff über „Qualitätsjournalismus im Fernsehen“. Es folgten 500 Gramm frischer Spargel im Bündel mit Kartoffeln und Sauce Hollandaise; dazu Schwarzwälder Schinken, Parmaschinken und Kochschinken.

So lässt es sich spielend vergessen, dass man auch mal daneben liegt.

Medienverfahren Westdeutscher Rundfunk (WDR)

„Schon Friedrich der Große glaubte, dass ein Geheimdienst den `sittlichen Charakter des Volkes´ verderben müsse, und wollte `kein größeres Übel an die Stelle des Kleineren setzen´. Spätestens das Ende des Kalten Krieges bewies, dass die `Dienste´ ihre Aufgabe oft nicht erfüllen, von Skandalen heimgesucht werden und nach Ansicht mancher Kritiker eine Verschleuderung von Staatsgeldern darstellen. Trotzdem werden sie aufgerüstet, in Deutschland wie im Ausland.

Bürgerrechtler schlagen Alarm. Die Geheimdienste wollen Bürger, unter dem Deckmantel der Sicherheit, als potentiell Verdächtige katalogisieren, überwachen, kontrollieren. Das bedroht nicht nur en Rechtsstaat. Die sechsteilige Serie geht der Frage nach, ob die Dienste, wenn sie noch mehr Befugnisse erhalten, auch unsere Sicherheit verbessern können oder ob, zum Beispiel der Terrorismus, nicht besser mit anderen Mitteln bekämpft werden kann.“

Im Juni 2008 kontaktierte mich Gaby Weber, die fünf der sechs Folgen recherchieren und schreiben durfte. Sie hatte lange in Südamerika gelebt und war zuletzt durch ziemlich abenteuerliche Thesen zur Entführung des Nazi-Verbrechers Adolf Eichmann – 1961 in Argentinien – aufgefallen. Ich traf sie in Berlin und wurde von ihr zum Bundesnachrichtendienst befragt. Das Interview lief locker und sachkundig ab. Ich erwartete nichts Böses.

Umso überraschter war ich, als ich am 5. Oktober 2008 Folge zwei früh morgens im Radio hörte. Titel: *„Der liebenswerte Schwung ins Weite/ Der Bundesnachrichtendienst soll reformiert werden.“*

Die erste ehrenrührige und falsche Behauptung fand sich auf Seite 12 des Manuskripts:

Er kassierte mehrfach: die Honorare von Quick, Stern und Spiegel, die er versteuerte. Manchmal nahm ihm auch der Mossad Informationen ab und die Reisekosten erstattete der BND, zusätzlich zum Honorar. Ohne Quittung, so Dietl.“

Ich habe nicht „mehrfach“ kassiert. Da herrschte eine strikte Trennung. Auftraggeber bei den Medien haben keine Honorare für meine BND-Tätigkeit bezahlt, und umgekehrt. Ich hatte im Interview gesagt, dass es gut möglich war, dass der BND Informationen, die ich für ihn im Nahen Osten beschafft hatte, an den Mossad weitergegeben hat. Der BND als staatliche Institution, nicht ich als Rechercheur. Das wurde mir jedoch nie mitgeteilt. Ich wusste nichts davon. Gaby Weber und ich sprachen über Finanzen. Ich sagte, Spesen seien nur nach Vorlage exakter Quittungen erstattet worden. Zahlungen an Quellen habe der BND ohne Quittungen erledigt. Das sei aber absolut logisch und branchenüblich.

"*Nachweisen kann er das nicht. Weder seine angeblichen `Erfolge´ bei der Informationsbeschaffung noch die korrekte Weiterleitung der Schmiergelder an die `Quellen´.“… „Es ist nicht auszuschließen, dass bei solchen Zahlungen nur ein Teil bei der `Quelle´, dem Nachrichtenverkäufer vor Ort, landet und sich der Rest auf dem langen Weg zu ihm `verliert´."*

Eine pure Unterstellung in böser Absicht. Während meiner BND-Jahre kam es zu keinen finanziellen Unregelmäßigkeiten. Mit den Finanzen gab es nie ein Problem. Auch die „Erfolge“ sind heute noch im Detail nachzuweisen. So genau wollte Frau Weber es gar nicht wissen.

„Dietl verließ 1993 den BND. Ob es um Geld ging, ist unklar.“

Das war niemals unklar. Es wurde bei meinem Ausscheiden vom BND besprochen. Ich habe es ausführlich in dem Buch „Deckname Dali“ und bei zahlreichen Interviews begründet. Gaby Weber versicherte mir, dass sie das auch gelesen hätte. Sie berichtete also wider besseres Wissen.

„Steuerpflichtig ist der V-Mann dennoch. Er muss, wie jeder andere Bürger, seine Einkünfte versteuern. Zwar macht ihm der Geheimdienst die Steuerhinterziehung leicht, weil er ohne Belege zahlt. Aber der V-Mann begeht eine Straftat, er betrügt das Finanzamt und meist auch das Arbeitsamt. Damit hat ihn der Dienst in der Hand. Wenn der eines Tages entscheidet, dass das Wohl des Bundes keine `erheblichen Nachteile´ erleiden würde, kann er den Finanzbehörden die Agentenlöhne benennen. Und den Agenten erwartet dann, wie Dietl, ein Gerichtsverfahren. Nicht den Geheimdienst, der ihn jahrelang zur Schwarzarbeit ermuntert hat."

Keine Sorge. Mich erwartet kein Gerichtsverfahren, weil ich den Staat nicht betrogen habe. Der BND versicherte mir häufig genug, er werde die Steuerlast pauschal abtragen. Ich müsse ausschließlich für die absolute Geheimhaltung meiner Tätigkeit sorgen. Also gab es nach den – allein vom BND verschuldeten - Enthüllungen des Jahres 2006 keine Ermittlungen wegen Steuerhinterziehung. Das zuständige Finanzamt untersuchte meinen Fall. Die „Außenprüfung" dauerte zehn Monate. Sie endete mit einem Schreiben vom 10. Dezember 2007. Darin stand lapidar, dass es „zu keinen Änderungen der Besteuerungsgrundlagen" kommen werde. Apropos „Schwarzarbeit". Das wäre eine Gelegenheit für Herrn Uhrlau das Selbstverständnis seiner mittlerweile sehr umstrittenen Behörde zu erläutern.

Der Rest ist rasch erzählt. Mein Anwalt Professor Dr. Gero Himmelsbach bat den WDR, zu den strittigen Punkten eine Unterlassungserklärung abzugeben. Nach kurzem Zögern kam der Sender dem Ansinnen am 30. Oktober 2008 nach.

Ein Satz blieb offen, jener mit den Umständen meines Ausscheidens beim BND. Die WDR-Justitiare stellten fest: *„Dieser Zusammenhang lässt keinen Zweifel daran, dass es gerade nicht gesichert ist, ob bei der Trennung Ihres Mandanten vom BND Geld eine Rolle gespielt hat. Der Hinweis auf Umstände verbunden mit der Formulierung, dies ist ´unklar´, ist in seinem Aussagegehalt gerade nicht* *mehrdeutig, sondern eindeutig."*

Wir sahen das anders. Ich erklärte die Umstände meiner Trennung vom BND erneut in einer eidesstattlichen Versicherung. Darauf beantragten wir beim Landgericht München I eine einstweilige Verfügung gegen den WDR. Dem wurde am 17. November 2008 von der 9. Zivilkammer stattgegeben. Der Westdeutsche Rundfunk erkannte den Spruch der Münchner Richter am 2. Dezember 2008 an.

Wahrheit und Hetze

Es gibt viel zu viele Beispiele, wie betonköpfig und ideologisch verbohrt die deutschen Medien an den BND-Skandal um bespitzelte und spitzelnde Journalisten herangegangen sind. Nur wenige Zeitungen, Zeitschriften oder Fernsehanstalten verfügten über die Größe, auch den Irrweg zu erkennen, dass sie missbraucht wurden, und daraus Konsequenzen zu ziehen. Nur wenige schafften es, ausgewogen zu berichten und alle Seiten zu Wort kommen zu lassen. Das ist traurig und wirft ein bedenkliches Licht auf den inneren Zustand der Branche.

Das leuchtende Vorbild aller sollte der „Stern" sein.

Der Reihe nach: In der Ausgabe vom 18. Mai 2006 berichtete das Hamburger Magazin, wie die anderen auch, über den „Spitzel-Skandal" (so der damalige Titel). Schon aus Konkurrenzgründen schöpften die „Stern"-Schreiber aus der trüben Quelle des noch nicht abgeschlossenen und unveröffentlichten „Schäfer-Berichts". Sie schrieben über den früheren BND-Präsidenten Hansjörg Geiger, der „am 6. Dezember 1996 entschieden" haben soll, „den Journalisten Wilhelm D. einzusetzen, um Quellen zu enttarnen, aus denen BND-Interna an die Öffentlichkeit drangen". Anders als FOCUS, unterschlugen sie jedoch nicht, dass Geiger dem Bundesrichter a.D. Schäfer versichert hatte, er habe „definitiv" nicht den Auftrag zur Bespitzelung von Journalisten erteilt. Der zeitweilige BND-Konfident Erich Schmidt-Eenboom wurde im „Stern" mit einem Ablenkungsmanöver zitiert. Wilhelm D., sagte er, „scheine eine Schlüsselfigur des Skandals zu sein". Und weiter: „Von 1982 bis 1994 habe er als BND-Mann im Nah- und Mittelost-Referat des Dienstes gearbeitet. Dann sei er auf Weisung Porzners außer Dienst gestellt worden, die BND-Sicherheitsabteilung habe ihn jedoch zur Bespitzelung von Journalisten angeheuert." Märchen aus Tausendundeiner Nacht.

Den nächsten Absatz muss man im Original lesen, um den Grad der Desinformation erahnen zu können: *„Insgesamt soll Wilhelm D. laut Schäfer-Bericht 652 738,91 Mark Spitzelhonorar kassiert haben. Dafür habe er mehrere hundert Berichte über Journalisten abgeliefert. Besonders intensiv habe er den `FOCUS´-Redakteur Josef Hufelschulte bespitzelt, den Geheimdienstexperten des Magazins, mit dem er befreundet war. D. sei aber auch gegen „Spiegel"-Redakteure tätig gewesen. Vor allem gegen die Journalisten Hans Leyendecker, heute `Süddeutsche Zeitung´, und Georg Mascolo: `Spiegel´-Chef Stefan Aust hatte D. engagieren wollen, was Mascolo und Leyendecker verhinderten."*

Dann passierte das, was den „Stern" so wohltuend von seinen Mitbewerbern um die Gunst der Leser unterscheidet. Der Redakteur Georg Wedemeyer rief an und bat um ein reguläres Interview. Alle anderen hatten das nicht für nötig gehalten, weil es dem Trend ihrer Artikel geschadet hätte. Wedemeyer kam und stellte seine Fragen. Am 22. Mai wurde das Interview, von mir autorisiert, bei „Stern Online" veröffentlicht („Ein Spitzel packt aus"). Zwei Tage später erschien der neue „Stern" und erzählte „Aus dem Leben eines Spitzels". Diesmal ging es allerdings um Uwe Müller aus Leipzig, Deckname „Sommer", den der BND auf mich angesetzt hatte. Nun bekam er das Prädikat „Schlüsselfigur" weitergereicht.
Der „Stern" berichtete, was andere mutwillig verschwiegen. Müller sollte alles über das gerade entstehende Buch „Bedingt dienstbereit" herausfinden, und seine Erkenntnisse dem BND berichten. In dem „Stern"-Artikel heißt es wörtlich: *„Zweimal besuchte Müller Dietl in dessen Anwesen in der Oberpfalz, angeblich im Auftrag der `Schweizerischen Vereinigung der ehemaligen Geheimdienstleute´. Müllers BND-Agentenführer, Besitzer eines Labradors, war stets auch sehr an Infos über Dietls Hund `Jagger´ interessiert. Dietl erinnert sich daran, dass Müller auffällig oft nach dem Tier gefragt habe.*

Weil Müller keinen Führerschein hat, kam er mit einem vom BND bezahlten Chauffeur bei Dietl vorbei. `Bei einem Besuch, erinnert sich der frühere FOCUS-Mann, hatte Müller noch drei weitere Bodyguards vom BND dabei, die bei mir im Garten im Gebüsch lagen´. Müller hatte beim BND darum gebeten, weil er Dietls dunklen Aktenkeller nicht mochte. ´Es war furchtbar da unten´, schaudert es den Leipziger heute noch. Als Gastgeschenk brachte er eine DVD mit einer alten Agentenserie aus dem DDR-Fernsehen mit. Titel: „Archiv des Todes". Dietl servierte dem Gast dafür Krapfen, die Müller gut schmeckten." Vom Stoßtrupp der Schlapphüte in meinem Garten erfuhr ich durch die Lektüre des „Stern". Es überraschte mich, wie dreist das Observationskommando des BND vorgegangen war.

Mein Anwalt forderte Unterlassung und Widerruf vom „Stern". Es ging um sechs Punkte: Die angebliche Bespitzelung von Journalisten im Allgemeinen, die Art der Bezüge, die Tätigkeit für den BND („mehrere hundert Berichte über Journalisten"), die nicht erfolgte Beobachtung von Josef Hufelschulte, die Aktion gegen „Spiegel"-Redakteure und, besonders mysteriös, den Vorwurf, den früheren „Stern"-Redakteur Karl Günther Barth ausgespäht zu haben.

Nach längerem Hin und Her räumte die „Stern"-Redaktion ein, dass für die ehrenrührigen Behauptungen keine Beweise existierten. Zu den beiden wichtigsten Punkten gaben sie eine Unterlassungserklärung ab:

1. „Dietl hat laut Schäfer-Bericht 652 738,91 Mark Spitzelhonorar kassiert."
2. „Dietl hat für das gesamte Honorar mehrere hundert Berichte über Journalisten an den BND abgeliefert."

Die anderen vier Punkte wird der „Stern" nicht mehr wiederholen, ohne darauf hinzuweisen, dass ich die Richtigkeit der Behauptungen bestreite.

Darüber hinaus führte „Stern"-Redakteur Georg Wedemeyer

ein weiteres Interview, das in der Ausgabe vom 28. September 2006 erschien:

„Ohne Not enttarnt“

Der Journalist und Buchautor Wilhelm Dietl, 51, zu seiner Zeit als Agent und seinem Verhältnis zum BND.

Im Rahmen der BND-Affäre um die Bespitzelung von Journalisten wurde bekannt, dass Sie unter den Decknamen „Dali“ und „Schweiger“ Geheimdienstmitarbeiter waren. Warum haben Sie jetzt Ihren früheren Arbeitgeber angezeigt?

Der BND hat mich ohne Not enttarnt. Er hat gegen jede Regel des Gewerbes meinen Namen genannt und geheime Details meiner Tätigkeit preisgegeben. Das ist nach deutschem Gesetz als Geheimnisverrat strafbar.

Was haben Sie als BND-Agent gemacht?

Ich war ab 1982 hauptsächlich im Nahen und Mittleren Osten eingesetzt und beschaffte Informationen zu Politik, Wirtschaft, Terror, Waffenhandel, Drogen und bei Geiselnahmen. 1993 bin ich ausgestiegen.

Es wurde berichtet, Sie hätten später vom BND viel Geld für Hunderte Spitzelberichte über Journalistenkollegen erhalten.

Völlig falsch. Entsprechende Klagen auf Richtigstellung laufen. Ich habe zu keiner Zeit im Auftrag des BND irgendeinen Journalisten bespitzelt. Ich habe dazu nicht einen Bericht geschrieben. Und mein Geld vom BND bekam ich ausschließlich für meine Nahost-Tätigkeit. Dass ich, wie viele andere, bei Gesprächen mit dem BND-Abteilungsleiter Volker Foertsch auch über allgemein bekannte Ereignisse der Journalistenszene geredet habe, wurde aufgebauscht. Hintergrund ist, dass ich zusammen mit einem anderen früher fest angestellten BND-Mitarbeiter zwei kritische Bücher über den BND geschrieben habe. Dafür wollten die sich wohl rächen. Um an die Manuskripte der beiden Bücher heranzukommen, hat mich der BND ja selbst bespitzeln lassen. Ein Zeuge berichtete mir, dass das Observationskommando des Dienstes sogar das Risiko eines Überfalls tragen wollte, um mir dabei die Papiere abzunehmen.

Trotzdem sind Sie als Journalist, der gleichzeitig heimlich BND-Agent war, jetzt unten durch. Wovon leben Sie?

Vom Bücherschreiben. Gerade ist mein neues Buch „Spy Ladies" erschienen. Anfang Oktober folgt ein „Lexikon des Terrorismus", das ich zusammen mit Rolf Tophoven und Kai Hirschmann verfasst habe. Und zwei neue Buchverträge zum Thema Spionage in Nahost habe ich schon in der Tasche.

Der juristische Umgang mit dem „Stern" war korrekt und absolut professionell. So sollte es immer sein, wenn eine Redaktion erkennt, dass sie Umstrittenes falsch dargestellt hat.

In den vergangenen Jahren lernte ich mein Gewerbe aus der Optik des Betroffenen kennen, des Objekts, über das man mehr oder minder hastig oder gar bösartig berichtet. Manche Kollegen waren akribisch hinter der Wahrheit her, und anderen ging es nur um Hetze.

Eine knappe Auswahl meiner Erfahrungen in eigener Sache mit den Medien:

Nachdem reißerische Artikel und Filmbeiträge bei FOCUS, „Spiegel" und im NDR-Magazin „Zapp" im November 2005 die Affäre losgetreten hatten, folgten die Kleineren.

Und auch die Kleingeister. Ich war bis dahin ein regelmäßiger Studiogast in Sachen Nahost und Terrorismus gewesen. Am Mittwoch, 30. November 2005, rief mich die Redaktion von

„Antenne Bayern“ an. Ob ich bereit sei, am folgenden Samstag als Terrorismusforscher an einer Gesprächsrunde im Münchner Studio teilzunehmen. Thema: Entführungen im Irak. Mögliche weitere Teilnehmer: ein Iraker, der in Deutschland lebt, eine Verwandte der verschleppten deutschen Archäologin Susanne Osthoff, ein deutscher Politiker .... Die Runde war noch nicht komplett. Ich sagte zu. Am Donnerstag telefonierte ich mehrfach mit „Antenne Bayern“. Wir organisierten den Samstag mit allen Details. Gegen 18.30 Uhr war die zuständige Redakteurin noch einmal am Telefon. Sie bedauerte es, mich wieder ausladen zu müssen. Ich fragte nach dem Grund. Dann folgte eine erstaunlich ehrliche Antwort: „Unser Hauptaktionär heißt Helmut Markwort. Der reißt mir den Kopf ab, wenn Sie an dieser Diskussion teilnehmen.“ So tief sitzt die Schere im Kopf.

Am 5. Dezember 2005 berichtete „Deutschland-Radio“ in einem längeren Feature über „Deutsche Journalisten im Visier des BND“. Ich wurde als „einer der Spitzel“ vorgestellt. Der Sender zitierte „Zapp“ und Helmut Markwort, und dazu den einschlägig instrumentalisierten Chef des Deutschen Journalisten-Verbandes (DJV), Michael Konken. Sie waren sich alle einig in ihrer Vorverurteilung.

Der Berliner „taz“ stand ein anderer Verdächtiger – Erich Schmidt-Eenboom - am 9. Dezember 2005 zur Verfügung. Zitat: *„Sehen Sie nur den Fall des Journalisten Wilhelm Dietl. Der hat von Anfang der 80er Jahre bis mindestens 1993 als operativer Beschaffer für den BND gearbeitet. Anschließend hat er wohl bis 1997 der BND-Sicherheitsabteilung zugearbeitet und für diese seine Kolleginnen und Kollegen ausspioniert. Wer sich solchermaßen verstrickt hat und über viele Jahre Angehöriger des BND war, der darf sich über nachfolgende Observationen weder wundern noch beschweren.“* Monate später forderte der selbsternannte BND-Forscher in einer Livesendung von „N24“, mich mit einem Berufsverbot zu bedenken. Wer im Glashaus sitzt.....

Ziemlich ausgewogen präsentierte der DJV in seiner

Verbandszeitschrift (1/06) die Journalistenaffäre des BND. Titel: „Die Schatten vom Dienst“. Darin aber eine völlig unrealistische Anregung: *„Würden Dietl und Schmidt-Eenboom vereint gegen den BND vorgehen, böte sich die Chance, das Ausmaß der Überwachung umfassend aufzuklären. Doch statt eine Schicksalsgemeinschaft zu bilden, stehen sich die beiden Buchautoren als Kontrahenten gegenüber: Im Gegensatz zu seiner Überwachung sei eine Observation Dietls rechtmäßig, meint Erich Schmidt-Eenboom. Er beschuldigt Dietl, von 1981 bis 1997 für den Bundesnachrichtendienst tätig gewesen zu sein. Und ehemalige Mitarbeiter dürfe der Dienst überwachen. Dietl weist dies vehement zurück: Er sei als Journalist überwacht worden. `Ich kenne den Mann, der mich ausforschen solle. Er bot mir Geld, um vorab in mein erstes Buch mit dem ehemaligen BND-Mann Juretzko schauen zu können´“*

„Spitzel-Dienste“ lautete die nächste einschlägige Titelgeschichte, die der „Journalist“ im Juli 2006 abdruckte. Dem Zentralorgan der deutschen Journalisten konnte ich entnehmen, dass ich „seit 1991 beim FOCUS unter Vertrag“ stand, also zwei Jahre länger als es das bunte Bilderblatt überhaupt gab. Und, wie so oft, durfte Helmut Markwort dem „Schäfer-Report“ widersprechen: „Dietl wurde uns vom BND reingesetzt.“

Ich verfasste meinerseits einen langen Brief, den ich an die Chefredakteurin des „Journalisten“ adressierte. Etwas gekürzt erschien er im August-Heft als Leserbrief.

„Ich scheine natürlich für manche der natürliche Täter zu sein. Warum eigentlich? Inzwischen ist weithin bekannt, dass ich von 1982 bis 1993 für den BND gearbeitet habe. Warum halten Sie immer noch an 1998 fest? Zu der Zeit habe ich nur unbezahlten Small Talk geführt, nicht selten sogar Recherchegespräche, von mir erbeten.

Uwe Müller aus Leipzig war in erheblichem Maße auf mich angesetzt und nicht auf Andreas Förster. Ich habe in den letzten zehn Jahren drei BND-kritische Bücher geschrieben, die beim Dienst erheblichen Zorn auslösten. Müller sollte alles darüber herausfinden, möglicherweise sogar das Manuskript vorab besorgen. Dazu rief er mich zeitweise im Stundentakt an, schreckte vor der mühseligen Reise in den Bayerischen Wald nicht zurück und berichtete fleißig seinen Gewährsleuten bei der BND-Sicherheit.

Warum ist das – vom „Stern" abgesehen – kaum ein öffentliches Thema? Nicht nur im Schäfer-Report werden die Observations-Operationen des BND gegen mich geschildert. Das überliest man gerne, passt ja nicht zum Täter.

Würden Sie im angelsächsischen Raum leben, dann wäre es Ihnen nicht fremd, dass Menschen im Laufe ihres Lebens mehrfach die Branche und den Arbeitgeber wechseln, und dass dies sogar im Zusammenhang mit Geheimdiensten als ehrenvoll angesehen wird.

Da gibt es Analytiker, die von den Medien zu den Diensten und in den Universitätsbereich wechseln. Sie sprechen darüber und keiner beschimpft sie deshalb. Keiner konstruiert mutwillig, dass sie beispielsweise journalistische Kollegen bespitzelt haben.

Da wären wir wieder bei mir. Ich habe zu keiner Zeit, weder für den BND noch für jemand anderen, Journalisten ausgeforscht. Wer das behauptet, der lügt. Schreiben Sie das."

Mehrere, eher harmlose Artikel überbrückten die ruhige Zeit bis zum Mai 2006, dem Monat des berühmt-berüchtigten „Schäfer-Berichts". Die „Tagesschau" beendete das Schweigen, und am nächsten Tag stand es, unausgegoren und mit Halbwahrheiten gespickt, in der „Süddeutschen".

Eine Wochenendzusammenfassung von AP kam der Wahrheit sehr nahe, wurde aber kaum wahrgenommen: *„Geiger räumte jedoch ein, dass der BND mit einem Journalisten gearbeitet habe. Laut `Berliner Zeitung´ bestätigte er Angaben des* *ehemaligen Geheimdienstkoordinators Bernd Schmidbauer, wonach er im Dezember 1996 den weiteren Undercover-Einsatz des Journalisten Wilhelm D. für den BND angewiesen habe. Es habe sich dabei um einen `Sonderfall´ gehandelt. `Es ging damals um einen Vorgang, der mit der journalistischen Tätigkeit von D. und überhaupt mit Journalisten nichts zu tun hatte. Wenn D. dennoch der Sicherheitsabteilung über Journalisten berichtet hat, dann war das von meiner Anweisung nicht gedeckt´,* zitiert die Zeitung Geiger." Das erschien am 15. Mai 2006, auch in der „taz", wurde jedoch von den „Scharfrichtern" des Gewerbes komplett ignoriert.

Besonders übel und oberflächlich im „Berliner Kurier". Der gesamte Artikel bestand aus acht Zeilen: „680 000 Mark Judas-Lohn für den Verräter. *Der Journalist Wilhelm Dietl ist ein Verräter – und er gibt das auch zu. Dietl soll laut `Spiegel´ vom BND über 680 000 Mark (347 000 Euro) als Judas-Lohn erhalten haben. Er soll von 1982 bis 1998 als `QUICK´- und `FOCUS´-Journalist jahrelang unter dem Decknamen `Dali´ für den BND auch andere Journalisten ausspioniert haben. Über 680 000 Mark soll er als Judas-Lohn bekommen haben. Als bekannt wurde, das Dietl dem BND `nahe stand´, trennte sich der `FOCUS´ von ihm. Sein früherer Chef Helmut Markwort äußerte sich später in der NDR-Sendung `Zapp´ über Dietl: `Diesen Menschen bezeichne ich nicht mehr als Kollegen und erst recht nicht als Journalisten!´ Gestern Abend räumte Dietl ein, dem BND Informationen über einen Kollegen gegeben zu haben. Die Kontakte seien aber nur von ´1992 bis 1994, maximal bis Anfang 1995´ gelaufen. Geld habe er nicht erhalten. Sein Motiv: Rache an einem Kollegen."*

Es waren Tage, in denen jeder alles schreiben durfte, und sei es der größte Unsinn. Leute griffen zum Redaktions-PC, die bis dato mit dem Kürzel BND nichts anzufangen wussten. Andere verstiegen sich in luftige Prosa, um die geforderte Zeilenanzahl zu füllen. Ein besonders buntes Beispiel stammt aus der „Mittelbayerischen Zeitung", die in Regensburg erscheint. Der Autor des Artikels „Der Nachrichten-Agent" kam über mich zu folgendem Urteil: „Der reisefreudige Journalist, der stets gerne mit seinen Detailkenntnissen über die Brennpunkte der Welt prahlte, ohne jemals als Kriegsberichterstatter an vorderster Front tätig gewesen zu sein, gilt als Meister des Nachrichten-Deals, der eigene Informationen als Lockmittel einzusetzen versucht, um neue Erkenntnisse zu gewinnen." Was wollte uns der Poet sagen? Das zu ergründen, wäre eine Herausforderung für jedes Medien-Seminar.

Zurück zum „Berliner Kurier", einem traurigen Erbstück aus dem untergegangenen Osten. Nachdem ich dem mir gut bekannten Chefredakteur, ein ehemaliger bayerischen Lokalzeitungs-Kollege, juristische Schritte angekündigt hatte, erschien am 26. Mai 2006 eine als weiterführende Meldung getarnte Berichtigung. Das las sich dann so: „Ich habe niemals Kollegen bespitzelt!" BND-Affäre: Im Kurier beteuert Ex-Agent Dietl seine Unschuld. Berlin – In der BND-Spitzelaffäre wird heute der Untersuchungsbericht über die Bespitzelung von Journalisten durch den Bundesnachrichtendienst veröffentlicht. Der Journalist Wilhelm Dietl ist damit erst einmal zufrieden. `Es wird sich zeigen, dass ich keinen Kollegen bespitzelt habe, so wie das in vielen Zeitungen, auch in dieser Zeitung, behauptet worden war. Es gibt in dem Bericht dafür keinerlei Ansatzpunkte.´ Dietl erklärte uns die wahre Geschichte: `Bevor ich Journalist wurde, war ich 11 Jahre beim BND angestellt. Ich war also ein richtiger Agent. Ich habe im Nahen Osten als Undercover-Agent gearbeitet, dort unter anderem aktive Terrorabwehr betrieben. Ich konnte dem BND genau melden, wer von den arabischen Terroristen oder denen, die wir des Terrorismus verdächtigten, wann und wohin reisten. Ich habe Daten und Fotos geliefert. Das halte ich für sehr verdienstvoll. Für diese Arbeit wurden 652 000 Mark gezahlt. Davon entfielen aber 419 000 Mark auf Auslagen, die ich hatte. Also keine Rede davon, dass ich dieses Geld dafür bekommen haben soll, Kollegen auszuspionieren. Das ist reiner Unsinn. Ich habe keine Spitzeltätigkeit gemacht, war kein Zuträger, sondern ein vollwertiger BND-Mann!" Kindergartenniveau, aber unmissverständlich.

Nach den ersten, turbulenten Tagen der Kampagne schlugen die Rufmord-Profis auf wesentlich höherem Niveau zu. In der „Süddeutschen Zeitung“ erschien am 17. Mai 2006 der Artikel „Stets zu Diensten“. Der Untertitel erinnerte bereits an eine andere, unselige Zeit: „Von `Ratten´ und `Schmeißfliegen´: Welches Milieu und welche Figuren sich die Pullacher Behörde zunutze gemacht hat, um in der Medienlandschaft ihre Art der Aufklärung zu betreiben“.

Nun kam es knüppeldick. „Wenn man selbst nichts Exklusives zu bieten“ habe, heißt es da, „dann tut es oft auch der Klatsch über Kollegen.“ *„Exemplarisch ist das bei Wilhelm Dietl, einem Nahost-Experten, der jahrelang für den BND arbeitete und am Ende vom BND bespitzelt wurde. Zuletzt berichtete der Zwei-Zentner-Mann aus der Oberpfalz nur, was er von seinen Recherchen im Nahen Osten erfuhr, dann erzählte er auch über Kollegen. Und am Ende wurde er nur noch dafür eingesetzt, über Journalisten zu berichten.*

So eng war die Verquickung von Dietl mit dem BND, dass er dort manchem als Sicherheitsrisiko galt. Am 5. Juli 1999, so heißt es, gab es einen Aktenvermerk, wonach Dietl wohl derjenige sei, `der die umfassendste Kenntnis über den BND und dessen Mitarbeiter erlangt habe´. Und es gab genug BND-Leute, die Zweifel daran hatten, ob die massive Kenntnis Dietls über den Dienst sicherheitsmäßig überhaupt noch tragbar war.
Andererseits betrachteten ihn seine Agentenführer als `Juwel´ und erklären auch heute noch, es sei berechtigt gewesen, ihm über die Jahre 650 000 Mark zu zahlen. Als Dietl selbst im Oktober 2005 vom Magazin Zapp nach dem Geld gefragt wurde, grinste er in die Kamera und sagte: `Schön, hoffentlich hat es sich verzinst. Nee, keine Auskunft.´

Dietl soll berichtet haben, woher der Spiegel angeblich die Akten zur Plutoniumaffäre hatte und welche Kontakte der FOCUS-Redakteur Josef Hufelschulte, ein Spezialist für Geschichten über Sicherheitsbehörden, in den BND hatte.“

Sogar die sonst so vornehme und vorsichtige „Zeit“ reihte eine Unrichtigkeit an die andere. Leichtfertig kolportierte der journalistische Experte Jochen Bittner unter dem Titel „Gemein mit den Geheimen“, ich sei „jahrelang als BND-U-Boot beim FOCUS“ geparkt gewesen. Ich hätte 600 000 Honorar „für diverse Berichte“ erhalten. Nur ich sei bezahlt worden, kein anderer Journalist. Über mich seien „Berichte in die FOCUS-Redaktion eingespeist worden“. 2004 sei ich als „journalistisch-geheimdienstlicher Doppelagent“ bei FOCUS aufgeflogen. In einem irakischen Geheimdienstpapier hätten sich „wörtliche Passagen aus einem vertraulichen Gespräch“ zwischen Markwort und mir gefunden. Ein vertrauliches Gespräch, an dem fünf Personen teilgenommen hatten, und das später im ganzen Haus Tagesgespräch wurde. Bittner wieder wörtlich: „Markwort stellte den Mitarbeiter zur Rede – und legte ihm die Kündigung vor.“ Jeder Satz ein grober Fehler. Was für eine Zeit´sche Fehlleistung. Billigste Boulevardblätter hatten seriöser berichtet.

Langsam bewegte sich dagegen die „Mittelbayerische Zeitung“ wieder in Richtung Normalität. Sie zitierte aus einem Interview, das ich Tilman Jens für das Fernsehmagazin „Kulturzeit“ und die „Heute“-Nachrichten gegeben hatte. Nun hätte ich meine Arbeit für den BND eingestanden. Die MZ verwies fairer weise auf eine Meldung die in der „Financial Times“ und über die Agenturen gelaufen war. Ex-BND-Präsident Hans-Georg Wieck habe meine Angaben bestätigt. Ich sei aber auch nach 1993 noch vom Sicherheitschef Foertsch abgeschöpft worden. MZ wörtlich: „Dietls Aufgabe sei aber nicht das Ausspionieren seiner Kollegen gewesen. Er habe Informationen über den palästinensischen Terroristen Abu Nidal und die Terrororganisation Hisbollah liefern sollen“.

Helmut Markworts gezielte Desinformation tauchte auch in der „Frankfurter Allgemeinen Zeitung“ auf. In einem Artikel von Michael Hanfeld („Bericht an Saddam“) wurde er andauernd zitiert. Ich hätte „Verräterbeschattung“ betrieben. „652 000 Mark soll der freie Mitarbeiter Wilhelm Dietl dafür bekommen haben, für insgesamt 856 Berichte, die allerdings nicht nur den

FOCUS betreffen“.

In einem ersten von zahlreichen Artikeln beleuchtete der Internet-Blog „r-archiv“ meinen ganz speziellen Fall – siehe „Zerrbilder“. Der BND habe offensichtlich „einen seiner ehemaligen nachrichtendienstlichen Agenten im Ausland gegenüber dem Sonderermittler Schäfer als Paradebeispiel eines Journalisten vorgestellt, der 16 Jahre seine Kollegen bespitzelt habe“. Auch das „r-archiv“ zitierte den Ex-Präsidenten Wieck. „Die Bedeutung des Agenten wurde so hoch angesiedelt, dass der Agent Wilhelm D. ... (ihm) dem Präsidenten des BND persönlich Bericht erstattete.

Zur Aufdeckung einer solchen Agententätigkeit – in Zusammenhang mit einem völlig anderen Sachverhalt – ist ein nachrichtendienstlicher Skandal erster Ordnung, die zeigt, dass der BND dem Agentenschutz freier Mitarbeiter in keiner Weise gerecht wird oder (hier) zur Ablenkung gerecht werden wollte.“ Sämtliche einschlägigen Artikel aus dem „r-archiv“ finden sich in der Rubrik „Zerrbilder“.

Ein anderer Blog mit dem seltsamen Namen „Tapirherde“ (Untertitel „Der tägliche Wahnsinn“) pickte sich aus meinen ersten Interviews nach Beginn der Affäre meine Ankündigung weiterer, klärender Details der Zusammenarbeit mit dem BND heraus. So klang die etwas eigene Interpretation: „Er droht damit für den Fall, dass der Präsident des BND, das ist zur Zeit der Herr Ernst Uhrlau, die Zusammenarbeit des Journalisten mit dem Geheimdienst nicht schriftlich erläutern würde. Die Vermutung liegt nahe, dass Herr Dietl in erster Linie auf einen Persilschein anspielt, der John wohl von jeglicher Schuld reinwaschen soll. Von einer `Ehrenerklärung´ ist die Rede – Erinnert nur mich das spontan an Uwe Barschel?

Für den Fall, dass die gewünschte Erklärung von Herrn Uhrlau ausbleibe, droht Dietl an weitere Details offenzulegen. Das ist für mich Erpressung. Da gibt es nichts schönzureden und auch keinen Spielraum für Interpretation. Herr Dietl will nicht der Sache, der Aufklärung der Vorgänge, den Interessen der Demokratie, des Staates oder anderer höherer Ziele und Ideale wegen Informationen veröffentlichen, sondern einzig und alleine wegen seiner privaten Interessen. Und wenn man seinem Wunsch nach Bauchpinselei nicht nachkommt, dann macht er Stress. `Drohung mit einem empfindlichen Übel´, heißt das im StGB."

Was für ein heroisches Gesülze. Welche Schuld?

Der Satz der Woche kam von Helmut Markwort. Die „Berliner Zeitung" fragte ihn, wie er sich „das besondere Interesse des BND" an seinem Magazin erklärte. Markworts Antwort verblüffte einmal mehr: „Ich denke, das hat etwas mit unseren guten, exklusiven Geschichten zu tun."

Nach einer Lesung in Braunschweig berichtete „Spiegel Online" von „Schnurren vom dicken Willy". Ich war gerade in Berlin gewesen und hatte den Sonderermittler Schäfer getroffen. Er hatte mir versichert, meine BND-Honorare seien ausschließlich für Auslandstätigkeit geflossen. Die vom BND benannten Journalisten hätten in keinem Fall ihre eigene Redaktion bespitzelt. Und so weiter. „Spiegel Online" beschrieb meine Reaktionen auf die Fragen aus dem Publikum: *„Er weiß, in den Aktenvermerken verbirgt sich ein möglicher Weg zu seiner Rehabilitation. Am Ende, wenn sich diese Version bestätigt, könnte der `dicke Willy´ gar als einziger der Verdächtigen sauber dastehen. Nicht als Journalist, der Journalisten anschwärzte – sondern als Agent, der Agenten führte. Als freischaffender BND-Spion, dessen Journalistenleben nur Legende war. Ein sagenumwobener Händler zwischen den Welten sozusagen, der es sogar bis zum FOCUS schaffte.*

Mit Details hält sich Dietl bisher noch zurück. Zu genau weiß er, dass sich hinter seiner Geschichte noch genug Stoff für viele Bücher verbirgt. Seine Erlebnisse – ob wahr oder nicht – wären spannender als das BND-Lamento, wegen dem er eigentlich heute nach Braunschweig gekommen ist."

Langsam begannen die Medien – mit Ausnahme der besonders aggressiven – zu erkennen, dass mein Fall aus der Rubrik „Journalistenbespitzelung“ als Fremdkörper herausragte. In der „Financial Times Deutschland“ schrieb Jürgen Elsässer drei Tage vor dem Erscheinen des „Schäfer-Berichts“: „Wenn Dietl im ZDF nicht nur geflunkert hat, so hat der BND ihn als Topagenten in der wichtigsten Krisenregion der Welt durch Bloßstellung gegenüber Schäfer zum Abschuss freigegeben.“ Das traf den Nagel auf den Kopf. Zeit für einen Satz in der neuen Woche. Ernst Uhrlau erklärte zum Erscheinen des 179 Seiten starken „Schäfer-Berichts“: „Für Rechtsverletzungen, die durch Maßnahmen des BND erfolgt sind, bitte ich als Präsident des BND um Entschuldigung.“ Er sprach nichts von Rechtsverletzungen gegenüber früheren Mitarbeitern, die er durch seine Enttarnung an Leib und Leben gefährdet hatte.

Mit der Freigabe des Untersuchungsberichts änderte sich der schrille, hysterische Ton der Berichterstattung. Plötzlich wurde relativ sachlich erklärt, analysiert, zugeordnet. Rasch verschwanden auch wieder die Klarnamen der Betroffenen aus den Medien. Sie wurden zumeist anonymisiert oder ganz weggelassen. Recht und Ordnung sollte wieder einkehren.

Nur Hardliner, wie die FAZ, bezeichneten mich weiterhin „als Informant über dieses, jenes und Journalistenkollegen“.

Wohltuende Objektivität kehrte bei den Kollegen von der Lokalpresse ein. Im Gegensatz zu den überregionalen Edelfedern hatten sie es nicht verlernt, persönliche Gespräche zu führen, nachzufragen, sich fremde Welten ausführlich erklären zu lassen. Über Nacht gewann ich den Eindruck, dass die lange belächelte und zuwenig ernst genommene Lokalpresse eine Art von Qualitätsjournalismus betrieb, der Blättern wie der „Süddeutschen Zeitung“ oder führenden Wochenmagazinen gänzlich abhanden gekommen waren.

Zum Beispiel: die „Kötztinger Zeitung“ vom 31. Mai 2006.

Überschrift: „Wilhelm Dietl betrachtet sich als Opfer einer Kampagne von FOCUS und BND".

Der Artikel von Franz Amberger war eine exakte Chronologie der Ereignisse. Kostprobe: „Als die Affäre hochkochte, hielt Wilhelm Dietl sich in Amerika auf und beobachtete das Geschehen aus der Ferne. Die nachfolgenden Veröffentlichungen im deutschen Blätterwald (`die haben sich gegenseitig hochgeschaukelt´) füllen inzwischen einen dicken Leitz-Ordner. Nach Dietls Eindruck wurden die Mutmaßungen zu seiner Person `von FOCUS lanciert, vom BND mit gezielten Indiskretionen angereichert und von karrierebesessenen Kollegen an die Öffentlichkeit getragen´. Als Ursache für die Diffamierungen nennt Dietl `Rachegelüste´ und `alte Animositäten´."

Aus Wien reisten Arpad Hagyo und Robert Treichler an, um mich für das österreichische Nachrichtenmagazin „Profil" zu befragen. Das Ergebnis war eine kritische Reportage („Die verlorene Ehre des Wilhelm Dietl", „Der deutsche Bundesnachrichtendienst spionierte Journalisten aus und instrumentalisierte dafür deren Kollegen. Wilhelm Dietl ist einer von ihnen. Er droht auszupacken."), die zum Kern der Problematik gelangte. Auszug: „Die Sonne steht tief über dem Wäldchen, das Dietls Garten begrenzt. Dietl trinkt Cola light und zeigt keine Anzeichen von Müdigkeit. Er kämpft darum, dass man ihm glaubt, aber es ist aussichtslos. Niemand kann wissen, was genau Dietl Förtsch über Journalisten erzählt hat; ob es stimmt, was in Förtschs Aufzeichnungen steht, oder ob Dietl, wie er sagt, über `Branchenklatsch´ geplaudert habe. Tatsache ist, dass Dietl als `Schweiger´ in den Jahren 1997 und 1998 Honorare vom BND bekommen hat, allerdings nur je rund 320 Euro. Angeboten habe ihm Förtsch 2500 Euro für Informationen in der Plutonium-Affäre, aber Dietl versichert, er habe keinen Auftrag angenommen. `Ich habe vielleicht gesagt: Wenn ich etwas höre, werde ich es Ihnen erzählen.´ Das kann sein."

Am 30. Juni 2006 befasste sich das Branchenmagazin

„Geheim“ mit der Journalistenaffäre. Der Autor war ein echter Insider, der das Geschäft in allen Einzelheiten kennt. Und der auch weitgehend erkannte, worum es wirklich ging: „Dietl wird auf einmal Co-Autor (oder Ghostwriter?) von zwei Büchern des BND-Dissidenten Norbert Juretzko, die dem BND viel Ärger bereiteten und vom BND auch mit juristischen Mitteln attackiert wurden. Im Mittelpunkt des ersten Buches `Bedingt dienstbereit´ stehen die Affären um Volker Foertsch, dem aus Informationen einer dubiosen russischen Quelle des Norbert Juretzko die Arbeit als Maulwurf des russischen Dienstes unterstellt wurde.

Attackiert nun Dietl nachträglich seinen einstigen Förderer im BND, um alte Rechnungen zu begleichen? Mit der Freigabe von Informationen über die Agentenkarriere von Dietl für den Schäfer-Bericht hatte der BND den Fehdehandschuh aufgenommen. Wer wird nun wen weiter erpressen wollen? Brisanter Stoff steckt noch genug in dieser Konstellation.“

Ganz dick trug Eva Horn auf. In der Fachzeitschrift „Literaturen“ (07/08/06) rezensierte die Autorin von der Universität Basel mit viel Schaum vorm Mund die zweite Ko-Produktion des Teams Juretzko/Dietl: „Im Visier“. Der Leser erfährt leider nichts Konkretes über den Inhalt, weil es der Vorzeigefrau des BND-nahen Berliner Lobbyistenvereins „Gesprächskreis Nachrichtendienste“ (GKND) vorwiegend darum geht, die Verfasser zu verteufeln:

„Gegen den BND-Aussteiger Norbert Juretzko ist gerade das zweite Strafverfahren anhängig, nachdem er gefälschtes Material gegen Volker Foertsch, einen Abteilungsleiter des BND, produziert hatte, um diesen als russischen Maulwurf zu belasten. Und der Journalist Wilhelm Dietl ist derzeit im Kreuzfeuer, weil er – im Auftrag des BND – Kollegen ausspioniert haben soll. Einmal abgesehen von dem also nicht ganz makellosen Ruf seiner Autoren ist auch das Buch wenig mehr als eine wirre, allerdings in einem giftigen Kolportage-Ton vorgetragene Anekdotensammlung peinlicher Pannen und böser Machenschaften des, wie die Autoren genüsslich

kalauern, `Bundesvereins Notorischer Dilettanten´. Es geht um eine ganz persönliche Abrechnung, um Selbstrechtfertigungen und bittere Vorwürfe, die an keiner Stelle mit Fakten belegt werden. Unfreiwillig werfen Juretzko und Dietl allerdings doch ein desaströses Licht auf einen Dienst, der sich überhaupt mit solchen Gestalten eingelassen hat."

Wohltuend ausgewogen meldete sich Andreas Förster in der „Berliner Zeitung" zu Wort, der seinerseits den weiten Weg nach Ostbayern nicht gescheut hatte, um ein langes Gespräch mit mir zu führen.

„Möglicherweise lassen sich die Motive für seine Arbeit als Geheimagent auch nicht mit Worten fassen. Vielleicht versteht man den Mann nur, wenn man ihn in seinem Haus in der Oberpfalz besucht. Wenn man mit ihm durch das stillgelegte Schwimmbad im Keller streift, das Dietl zu einem gigantischen Archiv umfunktioniert hat, mit meterlangen Regalen voller Bücher, Ordner und Hängeregistraturen über nahezu alle Geheimdienste und Terrorgruppen dieser Welt, wenn man das durchgesessene Sofa unter der Leselampe inmitten der Regale sieht – dann beginnt man zu ahnen, dass Dietl ein Besessener ist, getrieben von der Suche nach Geheimnissen, für deren Besitz er auch bereit ist, Grenzen zu überschreiten. Dietl wäre der ideale Geheimagent – wenn er kein Journalist wäre, Er weiß das wohl, doch er redet lieber von staatsbürgerlichem Verantwortungsgefühl, von Sicherheit und Gefahrenabwehr, wenn man ihn nach dem Motiv für seine Agententätigkeit befragt. Und er sagt, dass er bei seinem Einsatz in Nahost für den BND viel Erfolg gehabt, dass er nie eine Niederlage erlitten, nie eine Panne verursacht habe. Das sich sogar der ehemalige BND-Präsident Hans-Georg Wieck persönlich von ihm vortragen ließ. Auch im Schäfer-Bericht – dem Dietl in diesem Punkt nicht widerspricht – heißt es, dass der Journalist `immer als Juwel im Quellenbestand´ des BND galt, der ´aufgrund seines Vorlaufs als einschlägiger Journalist auf einen beachtlichen Bestand an hochrangigen …. Gesprächspartnern zurückgreifen konnte. Dietls Auslandstätigkeit `muss für den BND sehr erfolgreich gewesen

sein´, bemerkt Schäfer unter Verweis auf Zahl und Bewertung seiner Informationen und die Höhe seiner Vergütung: Rund 650 000 Mark bekam Dietl zwischen 1992 und 1998 vom BND, zwei Drittel davon als Auslagenerstattung. Dietl lässt keinen Zweifel daran, dass er stolz ist auf seine Arbeit für den BND, zumindest was die Spionage im Ausland betrifft.“

Und eine andere gab es zu meiner Zeit und bei meiner Führungsstelle nicht.....

Nachdem dieser Artikel am 13. Juli 2006 erschienen war, veranstaltete ich abends im Berliner Hotel Maritim pro Arte eine Pressekonferenz, um die falschen Behauptungen der vorangegangenen Wochen gerade zu rücken und der Rufmordkampagne entgegen zu wirken. Ich wollte mich den Kollegen stellen und deutlich zeigen, dass ich keinen Grund hatte, mich zu verstecken. Ich war der einzige unter den Genannten im „Schäfer-Bericht“. Und doch wurde diese Offenheit nicht angenommen. Die Pressekonferenz war gut besucht. Ich referierte beinahe eine Stunde und beantwortete weitere 90 Minuten Fragen. Am Ende berichteten drei (!) Blätter von dem Ereignis. Erstmals sprach ich ausführlich mit dem einseitigen Fernsehmagazin „Zapp“. Nicht eine Sekunde davon wurde gesendet. Meine Aussagen passten eben nicht ins Bild, nicht zu den wochenlangen Vorverurteilungen und nicht zur Gesamtkampagne. Was nicht sein kann, das darf nicht sein. Soweit zum Selbstverständnis und zur Suche nach Wahrheit bei den deutschen Medien. Spätestens seit jenem Abend ist der immer wieder geäußerte Vorwurf, ich sei für Journalisten nicht erreichbar gewesen, haltlos.

Ein Internet-Blog namens „Parteibuch Lexikon“ kam bald darauf mit einer erstaunlich exakten biographischen Darstellung. Darin hieß es: *„Zu seiner Ehrenrettung ist zu sagen, dass der FOCUS ihn im November 2004 mit zwei vorgeschobenen Vorwürfen rauswarf. FOCUS behauptete, Dietl habe unkeusche Kontakte zum Geheimdienst von Saddam Hussein unterhalten, und er habe dem Stern-Kollegen Georg Wedemeyer verbotenerweise am Handy* *verraten, was Bayerns Innenminister Günther Beckstein bei einer Veranstaltung der Hanns-Seidel-Stiftung quasi öffentlich erzählt hatte. Das habe Wedemeyer dann in einem Artikel zitiert. Der Verrat bestand aus zwei oder drei Sätzen. Dietl klagte gegen die Kündigung und gewann inzwischen zweimal gegen FOCUS. Markwort will es wissen und ging in Berufung. Kein Kenner der Juristerei gibt ihm eine echte Chance.*

Inzwischen scheint klar zu sein, dass Wilhelm Dietl nicht nur in das Visier von FOCUS geraten ist. Auch der BND will es wissen. Nachdem Norbert Juretzko und Wilhelm Dietl ihr erstes gemeinsames Buch („Bedingt dienstbereit") im Sommer 2004 veröffentlicht hatten, wurde die Observation des kritischen Journalisten durch das Horch-und-Guck-Kommando des BND, genannt QB30, verstärkt. Dietl bekam auch immer wieder Besuch durch den BND-Spitzel Uwe Müller aus Leipzig. Er versuchte alles über die Kooperation Dietl-Juretzko herauszufinden. Das begann kurz vor Erscheinen von „Bedingt dienstbereit" und endete erst mit der BND-Affäre vom Mai 2006. Müller wurde in dieser Zeit zur Klette. Seine Auftraggeber beim Untersuchungsreferat 80B (damals geleitet von Melanie Rengstorf, der Ehefrau eines hohen bayerischen Landesbeamten) konnten gar nicht genug bekommen. Als klar wurde, dass Juretzko und Dietl an einem Nachfolgebuch arbeiteten („Im Visier", erschienen Mai 2006) drehten sie förmlich durch.

Der BND versuchte in besonders perfider Weise, Dietl in Misskredit zu bringen. Er meldete seinen Namen an den Bespitzelungs-Sonderermittler Gerhard Schäfer. So geriet Wilhelm Dietl in einen Sack mit seinem Verfolger Uwe Müller, und alle schlugen wütend drauf. Dietls eigentliches Geheimnis wurde im November 2005 durch eine erste Berichterstattungswelle bei Zapp, FOCUS und Spiegel in Ansätzen geliftet. Er hatte nämlich von 1982 bis 1992 offiziell und doch streng geheim für den BND gearbeitet, war aber in den ersten Wochen von 1993 ausgeschieden."

Langsam kehrte eine Art irrationale Normalität ein. Die Medien verabschiedeten sich vorübergehend von ihren Hinrichtungsgelüsten. Sie fragten nun schon einmal nach und ließen sich meine neue Situation erklären. Es entstanden Artikel mit Überschriften wie „Zwischen Intrigen, Schreibdruck und Diät“ („Kötztinger Zeitung“, 7. Oktober 2006). Nach der Recherche auf dem Anwesen der Familie Hanning im westfälischen Nordwalde erkannte dieselbe Zeitung: „Wilhelm Dietl wieder in den Schlagzeilen“.

Da wollte auch die Konkurrenz nicht zurückstehen. In der Ausgabe vom 18. November 2006 gelang dem Chefreporter des „Bayerwald-Echos“/“Mittelbayerische Zeitung“, Johannes Schiedermeier, eine erstaunliche Leistung. Auf zwei kompletten Zeitungsseiten schilderte er mein Leben und die äußerst ungewöhnliche Lage, in die ich durch den BND geraten war: „Wilhelm Dietl – der verratene Spion“. Auch das farbige Layout hatte es bei der Lokalzeitung, die sonst vorwiegend auf kleinteiliger Vereinsberichterstattung und politischem Landleben aufgebaut ist, noch nie gegeben.

Kostprobe aus der Reportage: *„Die Tarnung als Journalist, vor allem aber als erfolgreicher Buchautor, sei …. eine große Hilfe gewesen, sagt Dietl. Er hat keinerlei Gewissensbisse. `Meine Weste ist weiß, ich bereue nichts. Das war gut und notwendig, weil es der Sicherheit des Staates diente.´ Der Mann mit den freundlichen Augen hinter der goldgerandeten Brille vermittelt einen gewissen Stolz: `Ich habe erstklassige Beurteilungen bekommen und ein Agentennetz mit Leuten aufgebaut, die heute noch in maßgeblichen Positionen in vielen Staaten sitzen.´ `Doch, ich schlafe nachts gut´, sagt der Ex-Spion. Dabei hat er selbst gesagt, dass er heute nicht mehr in den Irak fahren will. `Dort gehen die Kriegsparteien davon aus, dass die Journalisten für die jeweils andere Partei unterwegs sind oder für einen Geheimdienst. Da gilt ein Menschenleben nichts mehr´“*

In derselben Ausgabe fand sich auf Seite 3, also in der Gesamtauflage, ein weiterer Artikel von Johannes Schiedermeier und Martina Schaeffer – eine Art Kurzfassung der lokalen Langversion: „Wilhelm Dietl – ein Spion will seine Ehre zurück“. Und dazu ein halbseitiges Interview.

***Frage:** „Dadurch, dass Sie enttarnt wurden, sind Ihre Quellen in Gefahr geraten. Sind dem schon Informanten zum Opfer gefallen?“*

***Antwort:** „Bis jetzt nicht erkennbar. Ich habe im Sommer Leute gewarnt, vor dem BND und den Folgen der Affäre. Klar, dass die Dienste dort eins und eins zusammenzählen. Der Sicherheitsdienst ist ja sehr professionell und böse, gerade in Syrien. Die sehen, der war 78 mal hier, da hat er zehn Personen häufig getroffen: Das eine eine Liebschaft, das andere Sentimentalität, aber die anderen acht kommen in Frage, denn der eine war Oberst und der andere General…. Und die sind jetzt im Visier.“*

Ende November 2006 gab es frische Schlagzeilen. Die „Berliner Zeitung“ titelte: „BND-Chefs droht Ermittlungsverfahren.“ In der „Zeit“ eine identische Überschrift: „Geheimnisverrat: BND-Chefs droht Ermittlungsverfahren“. Es ging um meine Strafanzeige gegen August Hanning und Ernst Uhrlau wegen des von ihnen zu verantwortenden schwerwiegenden Verratsfalles.

Eine andere Seite der Berichterstattung befasste sich mit meinem aktuellen Buch über Frauen im Geheimdienst („Spy Ladies“) und dem damals noch nicht fertigen Buch über die BND-Jahre („Deckname Dali“). Immer wieder sorgten gewonnene oder verlorene Gerichtsverfahren für eine Erwähnung an der Nachrichtenbörse.

Ende April 2007 erschien „Deckname Dali“. Es gab eine neue Pressekonferenz in Berlin, positive und negative Berichte. Die übliche Debatte, aber keine neuen Argumente.

„Spiegel Online“ geriet darüber ins Philosophieren: „Was war Dietl eigentlich in jenen Jahren zwischen 1982 und 1992 – ein schreibender Agent, ein spionierender Reporter? Oder am

Ende nichts von beidem so richtig."

Eine Kollegin vom „Kölner Stadtanzeiger" bemühte sich, beim Versuch einer Rezension des Buches betont witzig zu sein: *„So hat sich der Leser, dem Gewerbe durch die Lektüre von le Carrés Thrillern und James-Bond-Filmen vertraut, das Agentenleben schon immer vorgestellt. Ein Mann dringt in Top-Terror-Organisationen und arabische Geheimdienste ein; ist Augenzeuge bei Geiselbefreiungen und quasi auf Du mit hochrangigen Islamisten und afghanischen Fundamentalisten. Heiße Informationen, heiße Nächte, Einschusslöcher im Kofferraum, Überleben mit Arafat im Granatenhagel – und immer wieder auf der heißesten aller Spuren zwischen Afghanistan, dem Iran, Libyen und dem Libanon. Weniger darf´s wohl nicht sein, denn Dietl befindet sich auf einem Rachefeldzug gegen den BND."* Ob die Dame aus der rheinischen Schreibstube das Buch überhaupt gelesen hat, weiß man nicht so genau, da ihr letztlich nicht einmal mein Vorname im Gedächtnis geblieben ist. Sie verwechselt mich mit Helmut Dietl. Ich schreibe ihr und weise sie darauf hin. Keine Antwort.

Am 15. Juni 2007 erschien der fachlich fundierteste und seriöseste Artikel über mich. Er hieß ganz einfach „Titelgeschichte" und wurde in der führenden israelischen Tageszeitung „Haaretz" abgedruckt. Der Autor, Yossi Melman, gilt in Israel als der bestinformierte Journalist im Sicherheits- und Geheimdienstbereich.

Melman erklärte seinen Lesern in Hebräisch und Englisch was ich beim Bundesnachrichtendienst und in den Medien getan hatte – und welche Vorwürfe nun gegen mich erhoben wurden. Eines zieht sich quer durch den langen Text: In Israel tut man sich schwer damit, die Denunziation durch eine deutsche Bundesbehörde zu verstehen, vor allem wenn es sich um einen verdienten früheren Mitarbeiter in einem absolut sensiblen Bereich handelt. Quer durch die westliche Welt haben mich immer wieder Nachrichtendienstler darauf hingewiesen, dass ich ein vergleichbares Schicksal in ihren

Ländern nicht zu erwarten hätte.

Eigentlich sollte sich Yossi Melman mein uneingeschränktes Lob mit Verena Klug und Ron Kenner teilen. Sie studiert Geschichte und Germanistik in Graz, und er gehörte früher einer militärischen Spezialeinheit an, arbeitete im Polizeidienst, ist inzwischen Experte im Bereich „business intelligence". Beide befragten mich mehrere Stunden lang für das Fachmagazin JIPSS („Journal for Intelligence, Propaganda and Security Studies") des gleichnamigen Kompetenzzentrums an der Universität Graz. 13 Seiten nahm das Interview im einzigen österreichischen Magazin zum Fachbereich Geheimdienste ein. Es trug den Titel „Vom \`Juwel´ zum Zielobjekt des Bundesnachrichtendienstes". Das Team Klug und Kenner war bestens vorbereitet und konnte das gesamte Spektrum der möglichen Themen abdecken. Eine intellektuelle Freude.

Ein kurzer Auszug:

Frage: *„Der Bundesnachrichtendienst hat nicht nur Ihren Namen als ehemaliger BND-Mitarbeiter publik gemacht, sondern im Verfahren gegen Juretzko auch die Klarnamen mehrerer seiner russischen Quellen, darunter auch solche, welche die russischen Spionageabwehr noch gar nicht enttarnt hatte!"*

Antwort: *„Der BND ist in diesem Fall sprichwörtlich über Leichen gegangen, um seine eigene Zielsetzung, im gegenständlichen Fall die Verbesserung der eigenen Position im Verfahren gegen Juretzko zu erreichen. Da wurden alle anderen Aspekte, wie z. B. der Quellenschutz, zur Seite gekehrt, nach dem Motto: \`Wir zünden das Haus an, wenn wir zu erkennen glauben, Juretzko und Dietl sind drinnen!´ Von den Schwierigkeiten einer möglichen Anwerbung neuer Quellen rede ich da gar nicht!"*

Frage: *„Gibt es da nicht eine deutliche Parallele zu Richard Tomlinson, den MI6 wegen einer Nichtigkeit auch mit* *unverhältnismäßigen Maßnahmen verfolgt? Tomlinson hatte seinem ehemaligen Arbeitgeber auch lange die versöhnliche Hand gereicht?“*

Antwort: *„Ja, so kann man es sehen! Ich habe mein Buch `Deckname Dali´ erst verfasst, als zu erkennen war, dass der BND kein klärendes Gespräch mit mir führen würde. Ich sah es als einzige Möglichkeit, die Angelegenheit so darzustellen, wie sie wirklich war. Ich hätte `Dali´ nie veröffentlicht, wenn der BND klargestellt hätte, dass ich für ihn niemals Journalisten bespitzelt habe. Grundsätzlich: Ich habe dreimal über einen Anwalt um einen Aussprachetermin beim BND-Präsidenten Uhrlau gebeten und erhielt zweimal als Antwort, der Präsident sehe keinen Grund dafür.“*

Immer wieder drängt sich der Vergleich zwischen den deutschen Medien und jenen im Ausland auf. Jenseits der Grenzen sind sie verständnisvoll und konstruktiv, im Inland dagegen hämisch und zerstörerisch – wenn es um Dietl/Dali geht. Zum einen Lager zählt das kroatische Nachrichtenmagazin „Globus“, das meinem Fall im November 2007 sechs Druckseiten widmete. Das Gegenbeispiel: Zeitgleich mit dem österreichischen Interview erschien bei der „taz“ eine Rezension des Buches „Deckname Dali“. Überschrift: „Ein Egomane als Agent“. Der Autor Otto Diederichs versuchte sich als Komödiant und scheiterte dabei, das eigentliche Thema und den künstlich überspitzten Stil in Einklang zu bringen.

Kostprobe: *„Irgendwie muss es wohl eine schöne Zeit gewesen sein: Da war ein Mann noch ein Mann und sein Wort eben ein Wort; ein Puff war ein Puff und auch mit den Großkopferten streng muslimischer Länder ließ es sich hinter verschlossenen Türen gelegentlich munter saufen. Alle beim BND waren da noch echte Kumpels und zudem in der Aufklärung richtig erfolgreich. .... Zum einen hat hier ein Egomane geglaubt an der*
Macht zu nagen und fühlt sich jetzt bitter enttäuscht und grundsätzlich missachtet. Zum zweiten hat Dietl die moralisch-

ethischen Anstandsregeln des Journalismus stets bewusst und freudig überschritten….. Höchst interessante Operation, Agent Dietl!“

Damit würde ich mich beim „Kölner Stadtanzeiger“ bewerben, Otto Diederichs. Dort sucht man solche sicheren Stilisten.

„Die wesentlichen Fakten liegen oft im Verborgenen“, sagt die FOCUS-Werbung. Recht hat sie. Solange sich die Berichterstattung über mich wie Feuer und Wasser, Himmel und Hölle liest, sichert sie Arbeitsplätze in einem keineswegs krisensicheren Gewerbe. Das nutzt dann irgendwie doch allen.

Anhang

mit Auszügen aus der Webseite

www.wilhelm-dietl.de

Die Bücher:

Von 1981 bis heute habe ich 15 Bücher veröffentlicht - teilweise auch in Zusammenarbeit mit anderen Autoren.

DIE NACHRICHT

Erschienen 1981 in der Manz-Aufsatz-Bibliothek, München.

Berichte, Kommentare, Reportage, Glosse, Feuillton und Interview.

Wilhelm Eggerer / Wilhelm Dietl

Das Vorwort

Aus der Sicht des Journalisten

Es stimmt mich nachdenklich und, je länger ich darüber nachdenke, gar nicht euphorisch, wenn ich meinen eigenen Berufsstand kritisch betrachte. Zehn Jahre bin ich nun Journalist. Volontär. Redakteur. Reporter. Wie auch immer. Zehn Jahre hinter dem Zeitgeschehen her. Anfangs bei der Beerdigung des Dorfbürgermeisters, heute bei der Beerdigung eines gekrönten Hauptes. Damals bei der Kreisdelegiertenkonferenz der CSU im Bayerischen Wald, heute beim US-Wahlkampf in New York. Seinerzeit eine Reportage über das örtliche Jugendzentrum, heute über eine Sterbeklinik in London. Szenen einer Karriere, zweifelsohne. Hans Heigert hat gesagt: „Der Beruf des Journalisten ist eitel in des Wortes doppelter Bedeutung: er macht eitel und ist zugleich Schall und Rauch. Der Journalist selbst ist davon überzeugt, daß er nicht nur über alle Vorgänge von allgemeinem Interesse berichten muß, sondern daß er auch

eingreifen, ändern, korrigieren, fördern und bremsen kann, also Macht und Einfluß hat. Diese innere Überzeugung wird von einem allgemeinen Volksglauben bestätigt. Es ist deshalb nicht verwunderlich, daß es in diesem Beruf viele eitle Gesellen, windige Burschen und selbstgerechte Paschas gibt."
Recht hat er. Ich hoffe nur, daß ich nicht so bin oder so werde.
Nun, Journalismus ist kein Beruf, den man einfach lernen kann. Viele begehren ihn. Das Traumziel erreichen ganz wenige. Wenn ich mir die idealistischen Vorstellungen von Außenstehenden und Newcomern über diesen meinen Beruf anhöre, dann läuft es mir kalt über den Rücken.
Journalismus ist in der breiten Öffentlichkeit kein angesehener Beruf. Er steht an vorletzter Stelle und streitet mit den Politikern um den letzten Rang. So stellte es kürzlich ein gescheiter Professor der Universität München dar. Und doch werden diejenigen nicht weniger, die mit Schreibmaschine und Fotoapparat ein gehäuftes Maß an Sozialprestige, den Hauch des Interessanten und — auch — viel Geld bekommen möchten.
Der Publizist Werner Friedmann hat im Zusammenhang mit Journalismus mal von der „Flamme der Leidenschaft" gesprochen. Daß daraus mittlerweile eine Sparflamme wurde, würde ihn sicherlich erschrecken. In einem mutigen Referat hat der Fernsehmann Franz Schönhuber am 1. Februar 1981 viele betrübliche Wahrheiten formuliert: „Ich sehe in meiner Arbeit sensible und begabte junge Menschen, die ein Journalismus, der einerseits Anpassung und andererseits rücksichtslosen Ellenbogengebrauch erfordert, hilflos und kaputt macht. Sie werden zu Aussteigern. Leider stehen ihnen Aufsteiger gegenüber, die mangelnde Qualität durch andere Fähigkeiten kompensieren und sich in einem solchen System munter wie ein Fisch im Wasser bewegen." Und weiter: „Ich kenne nicht wenige junge Journalisten, deren fleißigste Recherchenleistung das Abklopfen aller nur denkbaren Möglichkeiten ist, ein Maximum von Vergünstigungen aus den Verträgen herauszuholen, um sich ja nicht zu überanstrengen."
Bei ihm, im öffentlich-rechtlichen Sektor, ist das ja noch einfacher als in der freien Wirtschaft. Wer lange genug auf der

Anwesenheitsliste steht, hat seine Planstelle in der Tasche. Der Arbeitsrichter und der Redaktionsleiter bestimmen gemeinsam die Zusammensetzung der Redaktion. Nochmal Schönhuber: „Der Weg ins journalistische Berufsbeamtentum wird geteert mit arbeitsrechtlicher Aufweichung von Konkurrenzstreben und Leistungswillen.“ Da paßt abschließend bloß noch ein Satz von Peter von Zahn: „Es gibt keine publizistische oder künstlerische Organisation in Deutschland, in der die schöpferisch Tätigen derart in der Minderheit sind, wie das Deutsche Fernsehen.“
Das ist die eine Seite der Medaille. Außer der finanziellen Korruption gibt es auch noch eine andere. Abhängigkeiten und Speziwirtschaft mit Politikern, Industriellen und sonstigen Interessengruppen. Nicht wenige journalistische Karrieren hängen vom Parteibuch ab. Das ist bei den Führungspositionen in großen Verlagshäusern so und ausgesprochen schlimm in den Funkanstalten. Wer besonderes Wohlverhalten zeigt, darf auch mal zur Partei seines Herzens oder in eine Beamtenstelle überwechseln, von der mittleren bis zur Regierungsebene. Die Belohnung ist vielfältig.
In den Jahren der Nachkriegszeit sind gewaltige Medienkonzerne herangewachsen. Jeder für sich eine Macht im Staate. Der Schritt zum Mißbrauch war dabei nie sehr weit. Ein Journalismus der Repräsentanten ließ die Kontraste schrumpfen. Klar, daß die Randgruppen sich schon frühzeitig von der etablierten Presselandschaft verabschiedeten. In den letzten zwei Jahrzehnten hat sich keine neue Tageszeitung durchsetzen können. Die vorhandenen sind dagegen in der Quantität geschrumpft. Die Zahl der selbständig tätigen Vollredaktionen sank von einst 600 auf nunmehr 120. Viele Städte und Landkreise haben nur noch eine Zeitung. Das große Zeitungssterben geht weiter. Reiche Medienunternehmer kaufen auf.
Aus den Hörfunkprogrammen wurden immer mehr Musikwellen. Die Unterhaltungsindustrie gewinnt die Oberhand. Ganz zu schweigen vom immer seichteren Fernsehen. Die Trivialität hat Methode. Während die Tageszeitung zurückging, nahm die Unterhaltungspresse in

der Vergangenheit immer rascher zu. Der Publizist Harry Pross hat 1979 herausgefunden: „Die Bundesrepublik produziert gegenwärtig einige Millionen Exemplare Unterhaltungszeitschriften mehr, als das Volk Seelen hat. Die reinen Werbezeitschriften und Produkte der Öffentlichkeitsarbeit nicht mitgerechnet.“ Die Bilder sind längst wichtiger als der Text. Alles entsteht für raschen Konsum und für den Augenblick.
In immer flotterem Tempo wird viel und hastig produziert. Meine Kollegen und ich recherchieren zu rasch und denken zuwenig nach. Viele tun es aus Bequemlichkeit und sind mit sich zufrieden, andere weil sie ganz einfach nicht mehr Zeit haben. Das Gewerbe wächst, und die Qualität sinkt an vielen Ecken und Enden. Verleger erklären, daß ihnen der Inhalt ihrer Produkte egal sei, solange die Auflage stimme. Einzelne Kaiserin-Geburtstag-Blätter werden mehr als zwei Millionen mal verkauft — pro Woche. Das Geschäft mit dem vordergründigen Gefühl blüht. Hauptsache, es ist alles leicht und unmißverständlich geschrieben, eben gut lesbar. Und Illusionen dürfen nicht zerstört werden. Das eine wird mit Sex verkauft, das andere mit sonstigen übersteigerten Sensationen. Irgendeine Lust wird stets befriedigt.
Überlegungen, die auch bei den 3. Hohenheimer Medientagen Ende 1980 nicht fehlten. „Ethik und Kommunikation — vom Ethos des Journalismus“ hieß das Thema. Es stellte sich bei den Diskussionen heraus, daß selbstkritische Betrachtungen von Journalisten zumeist nur noch hinter verschlossenen Türen stattfinden und damit folgenlos bleiben. Es wurde — die Ausnahme — von den Kollegen allgemein beklagt, daß Aktualität, Technik oder politische Rücksichtnahme allzuoft der Qualität eines Beitrags vorgezogen werden. Geld und Macht seien zu häufig dominierend.
Der Schriftsteller Peter Rühmkorf reichte während eines Kongresses des PEN-Zentrums in Bremen eine Unterschriftenliste herum. Sie richtete sich gegen die vordergründige Sensations- und Stimmungsmache der BILD-Zeitung. 52 namhafte Schriftsteller und Filmemacher unterschrieben einen Aufruf. Auszug: „Wir schreiben nicht für Springer, weil er die Leser betrügt, wenn er behauptet,

überparteilich und unabhängig zu sein. Wir schreiben nicht für Springer, weil der in seinen Blättern praktizierte Journalismus den Grundsätzen der Demokratie Hohn spricht. Wir schreiben nicht für Springer, weil in seinen Zeitungen immer wieder Kollegen von uns diskriminiert und verleumdet werden.“ Diese Gegenwehr stellt eine Ausnahme in der heutigen Presselandschaft dar.
Die absolute Mehrheit der Journalisten muß heute schreiben, was sich gerade verkaufen läßt. In 25 Millionen Zeitungsexemplaren und 75 Millionen Publikumszeitschriften. Eine Fülle von Information, wie in keinem vergleichbaren Land der Welt. Dazu kommen demnächst Kabelfernsehen, Bildschirmtext, Privatfunk, Videotext und Satellitenübertragung. Sicherlich kein Weg, der dem individuellen Journalisten entgegenkommt. Ich glaube, ein neuer Dreh zu größerer Gleichschaltung und Unpersönlichkeit. Es ist fraglich, ob die derzeitige Entwicklung auf lange Sicht dazu dient, die gesellschaftliche Wirklichkeit objektiv darzustellen. Die verschwundene redaktionelle Nest- wärme, die uns und unserer Arbeit gut getan hat, wird durch die von Kapitalinteressen bestimmten und mit hoher Technisierung vorangetriebenen neuen Medienvarianten sicherlich nicht zurückgebracht.
Der Vorsitzende des Bayerischen Journalistenverbandes, Erich Geiersberger, hat bei einem „analytischen Medientag“ in Augsburg zum Thema „Informationsfreiheit — Informationspflicht“ Stellung genommen. Als die Schlagwörter Pression, Manipulation, Korruption gefallen waren, gab er zu: „Wir sind alle schon einmal feig gewesen.“ Ich war es auch und hoffe, daß es in meinem kleinen Rahmen unter die läßlichen Sünden fällt. Die Gewißheit, an journalistische Ethik und Seriosität zu glauben, läßt mich nach wie vor mit Freude Journalist sein.

*

Heiliger Krieg für Allah

Erschienen 1983 beim Kindler-Verlag, München.

Zum ersten Mal werden Geschichte, Aufbau und Führer der verbotenen, geheimen Moslembruderschaft minutiös dargestellt Wilhelm Dietl ist es als erstem westlichen Autor gelungen,
hinter die Kulissen der islamischen Welt zu blicken. Er hat die Arbeitsweise der Untergrundorganisationen selbst erlebt
und wurde Augenzeuge der »Heiligen Kriege« in Syrien und Afghanistan. Er sprach mit Khomeini und legte die Hintergründe der Ermordung von Anwar el-Sadat offen. Dieses Buch ist
die ideale Lektüre für jeden, der sich über den militanten Islam informieren und die weitere Entwicklung einer
der unruhigsten Weitregionen besser verstehen will.

Dieses Buch befaßt sich mit den geheimen Kommandos des Islam, mit den Untergrundbewegungen, die den Nahen und Mittleren Osten in Atem halten. Es schildert ihren Aufbau, porträtiert ihre Führer, analysiert ihre Absichten. Der Autor gibt Einblicke in die jüngste Geschichte dieser explosiven Region und vermittelt bislang unbekannte Einzelheiten über den neuen Aufbruch des Islam. Das Buch untermauert die These, daß Religion und Politik im Islam untrennbar verbunden sind, daß der »Heilige Krieg« im Namen Allahs begonnen und konsequent die gesamte islamische Welt erfaßt hat.
Zum ersten Mal gelang es einem Joumalisten•, in der gesamten arabischen Welt Zugang zur geheimen, verbotenen Moslembruderschaft zu finden. Der Autor zeigt nicht nur die Einflüsse aus der Geschichte des Islam auf, sondern legt auch die heutigen internationalen Verbindungen offen, die Kanäle und Geldgeber der aggressiven Re-Islamisierung, Sämtliche Bewegungen werden ausführlich dargestellt und ihre Kommandounternehmen packend geschildert.
Zum ersten Mal werden die genauen Hintergründe der Ermordung von Anwar el-Sadat beleuchtet. Eine Analyse

beschreibt, wie es in Ägypten zu der verhängnisvollen Entwicklung kam und was nach Sadat passieren wird. Der Autor stellt die ehrwürdige Azhar Universität, das Herz des Islam vor. Er weist daraufhin, daß die islamischen Fundamentalisten der nationalistischen PLO im besetzten Westjordanland den Rang abgelaufen haben. Er schildert die Einzelheiten des Massenmordes im syrischen Harna (Februar 1982). Das Buch weist nach, wie gefährdet Assads Regime in Damaskus ist und wie sehr es sich mit weltweitem Terror zur Wehr setzt.

Vor Wilhelm Dietl konnte noch kein Reporter eine minutiöse Darstellung des Verschwindens von Khomeinis Lieblingsschüler und mutmaßlichen Nachfolger Imam Musa Sadr in Libyen liefern. Ein Kapitel über »Das lange Sterben des Libanon« weist viele aktuelle Bezüge auf. Neue Aspekte zu Libyens Muammar al-Kadhafi runden das Bild ab. Der Autor befaßt sich eingehend mit Achmed Ben Bellas Weg vom sozialistischen Revolutionär zum frommen Polit-Missionar, mit der Muslimverfolgung in den Maghreb- staaten und der kommenden Machtübernahnie der Moslembrüder im Sudan. Ein besonders spannendes Kapitel bietet die bislang dichteste Darstellung der Besetzung der Großen Moschee von Mekka im Jahre 1979. Wilhelm Dietl erläutert die bedrohte Position des saudiarabischen Königshauses; er erzählt die islamische Revolution des Imam Khomeini und ist als erster westlicher Autor seit Khomeinis Übersiedlung nach Teheran (Herbst 1979) von dem greisen Revolutionär empfangen worden. Dietl versäumt nicht, die Bedrohung der Golfregion durch einen radikalen Iran darzustellen. Der »Heilige Krieg« gegen die Russen in Afghanistan wird ausführlich behandelt, Pakistan unter einer islamischen Militärdiktatur und der neue Aufbruch des Islam in der Sowjetunion, in China, in Indien und in der ostasiatischen Inselwelt. Selbstverständlich blickt der Autor auch hinter die Kulissen bei der Ausbreitung des islamischen Glaubens im Westen.

*

Brückenkopf Afghanistan

Erschienen 1984 beim Kindler-Verlag, München.

Was wollen die Russen mit Afghanistan?

Der Einmarsch sowjetischer Truppen in Afghanistan hat im Dezember 1979 die Weltöffentlichkeit alarmiert. Aber dem Grad der allgemeinen Betroffenheit entsprachen und entsprechen weder die verfügbaren Informationen noch die Analysen darüber, welche Interessen eigentlich hinter diesem militärischen Abenteuer ohne Aussicht auf einen Sieg stehen. Wilhelm Dietl legt die erste ausführliche Bestandsaufnahme aller relevanten Faktoren vor; er hat sie in langwierigen, teils lebensgefährlichen Reisen in Afghanistan und den angrenzenden Staaten recherchiert. Kritisch untersucht er die unterschiedlichen Rollen, mit denen alle Anrainer und auch die USA in den Konflikt verwickelt sind.
Der durchaus verwegenen Art Dietls, seine Recherchen zu schreiben, verdankt der Leser fesselnde Reportagen. So gelingt es dem Autor erstmals, die Invasion der sowjetischen Truppen derart präzis nachzuvollziehen, als habe er die Panzerkolonnen und Transportmaschinen des Marschalls Sergej Leonidowitsch Sokolow selbst begleitet.
Dietl hat selbst mit führenden Persönlichkeiten des theokratischen Iran, der muslimischen Republiken der Sowjetunion, der Militärdiktatur Pakistan und der dominierenden, aber innerlich zerrissenen Regionalmacht Indien gesprochen. Deren Aussagen, eine Fülle von Beobachtungen sowie historische Rückblenden belegen, dass der Konflikt um Afghanistan in Wahrheit internationale Dimensionen besitzt und von erheblicherTragweite für die Politik in allen Anrainerstaaten der gesamten Region ist: der Weg zur Macht im Mittleren Osten führt unweigerlich über den » Brückenkopf Afghanistan«.

Zum Autor:

Wilhelm Dietl ist seit 1971 Journalist.
Redakteurausbildung bei der
»Mittelbayerischen Zeitung« in
Regensburg. Anschließend war er für zwei Jahre bei der »Süddeutsch Zeitung«, weitere zwei Jahre bei der »Quick«. In dieser Zeit konnte er an allen Brennpunkten der Weltpolitik (besonders intensiv im Nahen Osten) viele Erfahrungen sammeln. Er arbeitet heute als freier Autor, unter anderem für das Nachrichtenmagazin »Der Spiegel und für die »Quick«. Bei Kindler erschien 1983 sein Buch »Heiliger Krieg für Allah«, in dem Wilhelm Dietl hautnah über die weltweit aktive islamische Bewegung berichtet.

*

Waffen für die Welt

Erschienen 1986 beim Droemer-Verlag, München.

Was alle Regierungen verschweigen

Mehr als zehn Millionen Menschen sind seit 1945 bei bewaffneten Konflikten ums Leben gekommen. Es vergeht kein Augenblick, in dem nicht irgendwo auf der Welt um Macht und Prestige, Besitz oder Unabhängigkeit zu den Waffen gegriffen wird. In jedem Fall sind die Waffenhändler und die Rüstungsproduzenten die großen Gewinner, denn ihr Gewerbe kennt keine Krisen:
Ihr Umsatz betrug 1948 ganze zwei Milliarden, 1984 waren es ca. 35 Milliarden Dollar. Selten dringt der volle Umfang dieser Geschäfte an die Offentlichkeit, da sie in den meisten l.ändern die bestgehüteten Geheimnisse sind.
Nach mehrjährigen Recherchen legt Wilhelm Dietl die erste ausführliche Bestandsaufnahme des Waffen- geschäfts in den achtziger Jahren vor. Der Autor hat den Weg der Rüstungsgüter zurückverfolgt zu den Produzenten und ihren Verkäufern und deckt mit Akribie die vielfältigen

Verflechtungen dieses Gewerbes auf. Jeder Krieg, so stellt der Autor fest, ist eine Werbekampagne für die Rüstungsindustrie, was er unter anderem am Golfkrieg zwischen Iran und Irak sowie am Beispiel der Staaten Mittelamerikas beweist. Dietl hat die Repräsentanten der wichtigsten Rüstungskonzerne, die Waffenexperten von Geheimdiensten und die Hintermänner des Gewerbes interviewt. Sein Resümee: Der Handel mit Waffen ist das älteste, lukrativste und sicher auch das bedeutendste Gewerbe.

Wilhelm Dietl ist seit 1971 als Journalist tätig un arbeitet seit 1982 als freier Autor. In den letzten sieben Jahren berichtete er über alle Brennpun der Weltpolitik, besonders intensiv über den Nahen und Mittleren Osten. 1983 erschien sein Buch «Heiliger Krieg für Allah, 1984 «Brückenkopf Afghanistan' (beide im Kindler Verlag).

*

Die Agentin des Mossad

Erschienen 1992 beim Econ-Verlag, Düsseldorf.

Er ist Arafats bester Mann. Sie soll ihn töten......

Dieser Stoff zählt zu den geheimnisvollsten und spannendsten Hintergründen der internationalen Geheimdienst- und Terrorismusszene, zugleich zu den wichtigsten Staatsgeheimnissen Israels. Es ist die Lebensgeschichte zweier Menschen, die sich einander unaufhaltsam nähern. Er ist Arafats rechte Hand und dem PLO-Chef so nahe wie ein Sohn. Er befehligt Arafats Leibgarde "Force 17" und war Operationschef der gefährlichsten Terrororganisation, des "Schwarzen September". Seine schlimmste Tat: das Olympia-Massaker in München, September 1972.

Sie wächst in einem wohlhabenden Elternhaus heran, weit weg vom wilden Nahen Osten. Vielleicht wird sie gerade deshalb zur aufsässigen Tochter, die mit allem und beinahe allen bricht. Eines Tages kommen die headhunter des israelischen Geheimdienstes Mossad. Deren Angebot kann und will sie nicht ablehnen. Aus dem unscheinbaren Mädchen wird die entschlossenste (und später wohl erfolgreichste) Mossad-Killerin. Sie jagt den "Roten Prinzen" im Nahen Osten und Europa. Dabei kommen sich beide auf ganz unerwartete Weise sehr nahe. Sieben Jahre nach der Tat von München folgt die spektakuläre Rache. Er ist tot. Die PLO dreht den Spiess um und jagt sie, eine Mörderin. Bis heute.. Auge um Auge. Zahn um Zahn.

Zum ersten Mal kann die aufwendigste und am stärksten von Emotionen getragene Operation des Mossad mit tausend unbekannten Einzelheiten aufgezeigt werden. Erstmals ist es möglich, den gesamten Lebensweg einer israelischen Elite-Agentin zu beschreiben.

Dazu werden auch detailliert Arbeitsweise und Struktur des Mossad erklärt - jenseits aller Mystifikationen und ohne die Stärken und spektakulären Fehlschläge dieser legendären Organisation zu verschweigen.

*

CARLOS –

Das Ende eines Mythos

Erschienen 1995 im Gustav Lübbe Verlag, Bergisch Gladbach.

Der 14. August 1994: Im Morgengrauen wird der meistgesuchte Terrorist der Welt von sudanesischen

Sicherheitsleuten überwältigt und noch am selben Tag dem französischen Geheimdienst übergeben. Eine Sondermaschine bringt ihn nach Paris, wo er sich für seine Verbrechen zu verantworten hat.

Der Terrorismus-Experte und Nahost-Kenner Wilhelm Dietl schildert Aufstieg und Niedergang des "Designer"-Terroristen, der anfangs für die Sache der Palästinenser, am Ende aber nur noch für Geld mordete. Mit Hilfe bislang geheimer Dokumente und vieler Insider-Informationen von Polizeibehörden und Nachrichtendiensten wird das Leben eines Leihkillers ausgeleuchtet, der alles andere als ein Held war.

Erstmals wird in allen Einzelheiten nachgewiesen, dass Carlos und seine Bande nur dank der Unterstützung von skrupellosen Regierungen und kriminellen Vereinigungen wie der ostdeutschen Stasi leben und überleben konnten.

Der Jäger

Operation Eichmann – was wirklich geschah

Erschienen 1996 bei der Deutschen Verlags Anstalt, Stuttgart.

Ein Thriller wie von John Grisham geschrieben. Es gibt nur einen Unterschied: Die Geschichte ist wahr. Sie handelt von Adolf Eichmann, dem Architekten der »Endlösung«,dem Mann,der sechs Millionen Juden per Verwaltungsakt in den Tod getrieben hat. Und von den Frauen und Männern, die ihn gesucht, aufgespürt und der Justiz übergeben haben.
Bis 1950 lebte Eichmann unerkannt in Osterreich und der Lüneburger Heide, dann wurde ihm der Boden unter den Füßen zu heiß, und er floh unter dem Namen Ricardo Klement nach Argentinien. An der weltweiten Suche nach ihm beteiligte sich auch der geheimnis-umwitterte israelische Geheimdienst Mossad. Er sandte einen seiner besten Männer nach

Argentinien, um die Spur aufzunehmen: Zvi Aharoni. Erstmals bricht der Jäger Eichmanns, damals 39 Jahre alt, sein Schweigen und erzählt minutiös, wie es einem elf köpfigen Mossad-Team gelang, Eichmann in Argentinien aufzuspüren und ihn vor seinem Haus zu entführen. Man schrieb den 11. Mai 1960.

Aharoni selbst verhörte Elch- mann in der El-Al-Sondermaschine, die ihn nach Israel brachte. Am 10. Dezember 1961 wurde er zum Tod durch den Strang verurteilt, am 31. Mai 1962 hingerichtet. Doch damit endet dieses Buch noch nicht. Als Ergebnis aufwendiger Recherchen im Nahen Osten, in Europa und Südamerika erzählt Autor Wilhelm Dietl, wie die Angehörigen des Mossad-Teams — allesamt Helden Israels — heute leben. Er besuchte Eichmanns Söhne und sprach mit ihnen über den geächteten Vater und die Bürde, seinen Namen zu tragen. Und er warnt vor den Demagogen, die auch heute noch Auschwitz leugnen und den Völkermord verharmlosen.

Die Autoren:
Zvi Aharoni, 1921 als Hermann Arndt in Frankfurt an der Oder geboren, wanderte 1938 nach Palästina aus. Während des zweiten Weltkriegs kämpfte er in der britischen Armee und wurde 1949 Mitglied des israelischen Inlandsgeheimdienstes Shin Bet. Nach der Operation Eichmann arbeitete er noch bis 1970 für den Mossad. Bis 1986 als Geschäftsmann tätig, lebt er seither in England.

Wilhelm Dietl, geboren 1955 in Kötzting, schrieb eine Reihe von Büchern, u. a. »Die Agentin des Mossad« (1992) und zuletzt eine Biographie des Terroristen Carlos (1995).

*

Staatsaffäre

Hinter den Kulissen der Geheimdienste

Erschienen 1997 bei der Deutschen Verlags Anstalt, Stuttgart.

Tauziehen um die deutschen Geiseln im Libanon **ca. 320 Seiten** , mit ca. 40 Abbildungen Format 13,2 x 20,5 cm Gebunden mit Schutzumschlag

Die Tat: 1987 wurden der Hoechst-Manager Rudolf Cordes und der Siemens-Techniker Alfred Schmidt in Beirut entführt. Der Grund: Die nur wenige Tage zuvor erfolgte Verhaftung des libanesischen Luftpiraten Mohammed Hamadi auf dem Frankfurter Flughafen. Später wurden fünf weitere Deutsche als Geiseln genommen. Daraus entwickelte sich eine Staatsaffäre: Sie sollte bis zum Sommer 1992 dauern. Die deutschen Behörden - gezwungen, mit dem Hamadi-Clan und den Terroristen der Hisbollah zu sprechen - bedienten sich arabischer und iranischer Mittelsmänner, die Firmen des umstrittenen Privatdetektivs Werner Mauss. Was immer geschah, es passierte in der Grauzone der Geheimdienste und der Regierungen in Teheran, Damaskus und Beirut. Dabei gab es zahlreiche Pannen, die verhinderten, dass die Geiseln früher frei kamen.
Wilhelm Dietl sprach weltweit mit mehr als 70 Politikern, Geheimagenten, Unterhändlern, Fahndern, Anklägern und Geiseln. Sie alle waren in den Fall Hamadi verstrickt und erstmals bereit, ihr Schweigen zu brechen. Anhand streng vertraulicher Dokumente, die dem Autor zugespielt wurden, ist es möglich geworden, die Tätigkeit der deutschen Sicherheitsbehörden und Diplomaten minuziös zu beschreiben. Erstmals erfährt die Öffentlichkeit, dass es drei Treffen mit den Entführern der Deutschen gab und was dabei herauskam; erstmals werden alle Einzelheiten der Arbeit von Werner Mauss bekannt. Es geht um Erfolge, Pannen und

politische Deals: Vor allem aber geht es um die größte Herausforderung durch den internationalen Terrorismus, den die Bundesrepublik je zu bestehen hatte.
Wilhelm Dietl, 1955 in Kötzting geboren, arbeitete im Laufe der Jahre für alle namhaften politischen Magazine, ab 1993 für »Focus«. Seine Spezialgebiete
sind Terrorismus, Geheimdienste und der Nahe Osten. Dazu verfasste er eine Reihe von Büchern, unter anderem »Die Agentin des Mossad" (1992), »Carlos — Das Mythos« (1994) und,mit dem ehemaligen Mossad-Agenten Aharoni, »Der Jäger - Eichmann: Was wirklich geschah« (1996).

*

Die BKA – Story

Erschienen 2000 im Droemer Verlag, München.

Die BKA-Story ist ein faszinierendes Buch über die Geschichte des BKA von den Anfängen bis zum Jahr 2000. Der Autor hat viele Informationen zusammengetragen, die ich vorher so noch nicht kannte. Er bereitet Daten, Fakten und Fälle rund um das BKA zu einer spannenden Story rund um das BKA auf. Er zeigt Erfolge genauso, wie Misserfolge. Auch sehr wichtig: Der Autor schreibt für Laien, die vom Thema Geheimdienste nicht viel verstehen; das Resultat sind einfache Sprache, kaum Fachwörter!

Wenn Beamte Elite-Cops spielen SPIEGEL-Affäre, RAF und Bad Kleinen - Triumph und Tragik liegen beim BKA dicht beieinander. Die erste umfassende Darstellung des obersten Amts für
Verbrechensbekämpfung, akribisch recherchiert, packend wie ein Polit-Thriller, präsentiert aus erster Hand von dem Geheimdienstspezialisten Wilhelm Dietl.

Schwankend zwischen schwerfälligem Apparat und Big Brother - so bewegt sich die ungewöhnlichste deutsche

Behörde in ihrer 50-jährigen Geschichte. Terrorismus, organisiertes Verbrechen, Undercover-Agenten, High-Tech-Kriminalisten sind Stichworte, zu denen Dietl spektakuläre Informationen liefert.

Bei seinem Blick hinter die Kulissen der Top-Fahnder stand ihm der oberste »Herold« selbst Rede und Antwort.

Wilhelm Dietl, geboren 1955, ist Journalist mit Spezialgebiet Geheimdienste und Terrorismus. Unter seinen vielen Veröffentlichungen erwarb er sich mit dem Eichmann Buch besondere Meriten.

*

Schwarzbuch Weißes Haus

Erschienen 2004 im area Verlag, Erftstadt.

Dieses aufschluss- und kenntnisreiche Sachbuch des langjährigen Polit-Journalisten Wilhelm Dietl wirft einen Blick hinter die Kulissen US-amerikanischer Außenpolitik von den fünfziger Jahren bis heute und dokumentiert die Verstrickungen des Weißen Hauses mit der Weltpolitik. Vom Sturz des iranischen Premierministers Mossadegh durch die CIA im Jahre 1953 über die Stellvertreterkriege der USA in Nicaragua und Afghanistan, die Interventionen der US-Regierung in Chile bis zum Irakkrieg sowie zum Sturz Saddam Husseins und dessen Folgen liefert Dietl scharf umrissene, gut recherchierte Argumente, die Manipulation und Täuschung als die bestimmenden Elemente im Weißen Haus aufzeigen. Dabei bedient sich der Geheimdienstexperte vor allem in Deutschland noch nicht bekannter CIA-Protokolle, stellt provokante Fragen und bringt auf unprätentiöse wie unterhaltsame Art und Weise historische Quellen und aktuelle Dokumente erstmals in einen logischen Zusammenhang.

"Der Friedensnobelpreisträger als Kriegsverbrecher?" Unter der unprätentiösen Federführung Wilhelm Dietls wird die auf den ersten Blick provokante Frage nach dem ehemaligen Außenminister Henry Kissinger genau und sachlich diskutiert. Mit Berufung auf erst kürzlich freigegebene Akten des State Department beschreibt Geheimdienstexperte Dietl ausführlich Kissingers Intrigen und zeigt, wie tief dieser in die Konflikte in Indochina, Chile, Osttimor, Bangladesch und auf Zypern tatsächlich verwickelt war. Die Außenpolitik des Weißen Hauses von den fünziger Jahren bis zu den aktuellen Ereignissen im Irak - Amerikas Kriege und Stellvertreterkriege, US-Interventionen und Polit-Skandale - findet im "Schwarzbuch Weißes Haus" ihre Dokumentation. Dabei präsentiert Dietl ein erstmals in dieser Form zusammengestelltes Material, das die manipulativen Elemente des Weißen Hauses in einen klaren und scharf umrissenen Zusammenhang zu den Ereignissen der Weltpolitik stellt. Dietl erhellt beispielsweise die Interventionen der US-Regierung in Chile 1973, die schließlich zum Sturz der Regierung und zum Stelbstmord Salvador Allendes führten, oder belegt klar, dass ausschließlich ökonomische Gründe den Irakkrieg im Jahr 2003 bestimmten.

*

Bedingt dienstbereit

Im Herzen des BND – die Abrechnung eines Aussteigers

Erschienen 2004 im Ullstein Verlag, Berlin.

Norbert Juretzko, Jahrgang 1953, war Bundeswehrsoldat und wurde 1984 Berufsoffizier. Bis Ende 1999 war er für den BND tätig. Er lebt heute mit seiner Familie bei Celle und war dort

SPD-Vorsitzender.

Wilhelm Dietl, Jahrgang 1955, arbeitete unter anderem für Stern, Spiegel und Focus. Er war stellvertretender Leiter des Essener Instituts für Terrorismusforschung und Sicherheitspolitik.

Unzensiert! Erstmals erzählt ein Insider von der Arbeit des Bundesnachrichtendienstes: Mit schonungsloser Offenheit berichtet Norbert Juretzko über seine Tätigkeit bei der wichtigsten deutschen Spionagebehörde. Er enthüllt nicht nur skandalöse politische Verflechtungen des BND in den 90er Jahren sowie atemberaubende Pannen, sondern schildert auch, wie er mit seinem Partner Informanten der ehemaligen sowjetischen Streitkräfte angeworben hat - und wie ihnen ihre ehrenhafte Dienstauffassung letztlich zum Verhängnis wurde.

*

Im Visier

Ein Ex-Agent enthüllt die Machenschaften des BND

Erschienen 2006 im Heyne Verlag,München.

Norbert Juretzko, Jahrgang 1953, war ab 1984 Berufsoffizier und bis Ende 1999 beim BND tätig. Er wurde mehrfach für seine Dienste ausgezeichnet und trat am 1. Januar 2000 aus gesundheitlichen Gründen in den frühzeitigen Ruhestand. Juretzko lebt mit seiner Frau und seinen drei Kindern in der Nähe von Celle.

Einblicke in die verborgene Welt der Geheimdienste — spannender als jeder Agententhriller!

Der Bundesnachrichtendienst ist ein elitärer Geheimdienst, der nach Ansicht des Ex—Agenten Norbert Juretzko keine wirkliche Existenzberechtigung mehr hat. Mit großer Offenheit enthüllt der Insider Details über das Innenleben der wichtigsten deutschen Spionagebehörde, die sich als »Staat im Staat« regelrecht verselbstständigt hat: Er zeigt auf wie sich Agenten mit inkompetenten, dilettantischen Aktionen oft am Rande der Legalität bewegen und letztendlich ihren gesellschaftlichen Nutzen vollkommen aus den Augen verloren haben. Eine schonungslose Bestandsaufnahme......

Bereits in seinem Bestseller „Bedingt dienstbereit“ hat Juretzko Aufsehen erregende Informationen über Spionageoperationen, Pleiten, Pech und Pannen der BND-Agenten ins öffentliche Bewusstsein katapultiert. In seinem neuen Buch nimmt er nun die Behörde selbst ins Visier und gibt Einblick in die sonst verborgenen Strukturen und Arbeitsweisen eines der wichtigsten deutschen Geheimdienste Anhand zahlreicher unglaublicher Fallgeschichten und bizarrer Diensterlebnisse aus dem Agentenalltag macht er unmissverständlich klar, dass der BND inzwischen zu einer Art Abenteuerspielplatz geworden ist, dessen Eigenleben groteske Formen angenommen hat.

Wilhelm Dietl, Jahrgang 1955, Redakteur und freier Autor, war in den vergangenen 25 Jahren unter anderem für Stern, Spiegel, Quick und Focus tätig. Er ist Mitbegründer und stellvertretender Leiter des Essener Instituts für Terrorismusforschung und Sicherheitspolitik und hat bereits zahlreiche Bücher mit den Themenschwerpunkten Naher und Mittlerer Osten, Südasien, Geheimdienste und Terrorismus veröffentlicht.

*

Spy Ladies

Frauen im Geheimdienst

Erschienen 2006 im Ullstein Verlag, Berlin.

Gibt es eine Jane Bond? Auf der ganzen Welt sind Frauen in der Spionage tätig. Bestsellerautor Wilhelm Dietl enthüllt die bislang von Mythen und Legenden verschleierte Welt aktiver Agentinnen.

Das Bild von Frauen in geheimen Diensten ist von Mata Hari bis Josephine Baker dominiert vom Klischee der Verführerin. Doch es braucht kein Messer im Bikini, um eine geachtete oder gefürchtete Agentin zu sein. Wilhelm Dietl, einer der führenden Geheimdienst-Experten, hat über Jahre hinweg ehemalige oder noch aktive Agentinnen getroffen und sie von ihrem Leben erzählen lassen. Sein Fazit: Ob mit Instinkt, mit Geduld oder mit List - Geheim- agentinnen kommen an ihr Ziel, und das heute mehr denn je. Wilhelm Dietl gibt Einblicke in die verborgene Welt der Frauen in den legendären Geheimdiensten CIA, M15, KGB, Mossad und BND - Geschichten von Triumph und Niederlage, von Liebe und Verrat.

*

Das Terrorismus-Lexikon

Täter, Opfer, Hintergründe

Erschienen 2006 im Eichborn Verlag, Frankfurt.

Dieses Buch ist eine Entwicklungsgeschichte
des modernen Terrorismus, von gestern bis morgen.

Von der RAF bis zu Bin Laden und den globalisierten Terroristen des 21.Jahrhun'h derts: Zum ersten Mal beschreibt ein Buch alle Aspekte des internationalei Terrorismus, seine Geschichte, seine Akteure.
Killerkommandos und Selbstmordattentate, Entführung von Repräsentanten de
Staatsmacht und von Zivilisten, Staatsterror, Bürgerkrieg, Befreiungskampf: Dei
Terror ist international und allgegenwärtig und erhält durch politische, soziale
und religiöse Konflikte stets neue Nahrung.
Drei der renommiertesten Terrorismusexperten Deutschlands analysieren in diesem Lexikon alle Formen des Terrorismus. Sie zeigen, daß man terroristische Aktivitäten nicht isoliert betrachten darf, und verknüpfen die Geschichte des. Terrors mit den wichtigsten Entwicklungen und Konflikten der letzten sechzig Jahre. Ihr Buch beschreibt Ideologien und die Krisenzonen der Erde, die Gefahren'. der Zukunft und die Abwehrmethoden von heute. Es handelt von Opfern und Tätern, Führern und Verführten. Wer die tödliche Logik des Terrors verstehen will, braucht dieses Buch.

Wilhelm Dietl, geb. 1955, freier Journalist und Autor zahlreicher Bücher zu den Themen Naher und Mittlerer Osten, Südasien, Geheimdienste, Terrorismus, Mitbegründer und Stv. Direktor des Essener Instituts für Terrorismusforschung und Sicherheitspolitik (IFTUS), lebt bei Regensburg. 2004 veröffentlichte er mit Norbert Juretzko den Bestseller Bedingt dienstbereit, im Frühjahr 2006 folgte Im Visier.

Dr. Kai Hirschmann, geb. 1965, stv. Direktor des Instituts für Terrorismusforschung und Sicherheitspolitik und Lehrbeauftrsgter am Seminar für Politische Wissenschaft der Universität Bonn, ist seit 1993 in verschiedenen leitenden Funktionen im sicherheitspolitischeri Bereich tätig. Er lebt in Essen.

Rolf Tophoven, geb. 1937, seit 2003 Direktor des Instituts für Terrorismusforschung und Sicherheitspolitik. Er beschäftigt sich seit mehr als 30 Jahren mit dem Phänomen des politisch und religiös motivierten Terrorismus. Er war 1986 Gründungsmitglied des ersten deutschen »Instituts für Terrorismusforschung» in Bonn und lebt in der Nähe von Düsseldorf.

Wilhelm Dietl, Kai Hirschmann, Rolf Tophoven
Das Terrorismus-Lexikon, Täter, Opfer, Hintergründe.
448 Seiten, 15 X 22 cm. Mit ca. 30 Fotografien und einem umfangreichen Personen- und Sachregister
Gebunden mit Schutzumschlag
ISBN 3-8218-5642-4, Eichborn Verlag.

*

Deckname „Dali“

Ein BND-Agent packt aus

Erschienen 2007 beim Eichborn Verlag, Frankfurt.

"Ich fühle mich von meiner Schweigepflicht entbunden."

Eine der schillerndsten Figuren aus der Grauzone um die nahöstlichen Geheimdienste und Terrororganisationen packt aus.

Der Journalist, Geheimagent und Bestsellerautor Wilhelm Dietl gibt einen nie da gewesenen Einblick in eine abgeschirmte

Welt.

Er jagte Terroristen, Waffenhändler und die Rauschgiftmafia. Elf Jahre, von 1982 bis Ende 1992, gehörte Wilhelm Dietl dem Auslandsnachrichtendienst an, führte hochrangige Informanten, drang in Terrororganisationen und Geheimdienste ein, traf Khomeini und andere hohe Ayatollahs, Arafat und alle weiteren Führer der Palästinenser und pflegte Kontakte zu den afghanischen Mudschaheddin sowie anderen hochrangigen islamischen Fundamentalisten.

Rasch lernte er, die tödlichen Gefahren richtig einzuschätzen und ihnen zu begegnen. Er ermittelte Rüstungsgeheimnisse und andere hochbrisante politische Nachrichten und erlebte mehrere Kriege aus allernächster Nähe.

Nachdem der BND, der seinen Mitarbeiter seinerzeit zum Stillschweigen verpflichtet hatte, diesen im vergangenen Jahr selbst enttarnte, spricht der geoutete Agent nun über seine geheime Tätigkeit. Er beschreibt die spannendsten Sonderoperationen, aber auch den stets heiklen Alltag seiner Aufklärungsarbeit im Krisenbogen zwischen Kaschmir und Tunesien.

Der erste wahre deutsche Geheimdienstthriller.

Erschienen im Verlag Eichborn. ISBN-13: 978-3821856704
Gebundene Ausgabe: 256 Seiten.

*

Fachgespräch

Internationale Medienberichte, die sich seit Ende 2005 mit mir und meinem „Fall" beschäftigten, waren ausgesprochen professionell und einfühlsam. Das lässt sich von den meisten Arbeiten deutscher Journalisten nicht sagen.

Ein Beispiel aus Österreich:

An der Universität Graz befasst sich das angesehene *„Austrian Center for Intelligence, Propaganda and Security Studies*" (ACIPSS) mit der Historie und dem Wirken der Nachrichtendienste. Die Historiker geben zweimal jährlich eine hochwertige Zeitschrift heraus. Ende 2007 druckten sie ein langes Gespräch mit mir:

Vom „Juwel“ zum Zielobjekt des Bundesnachrichtendienstes.

Interview mit dem Ex-BND-Agenten „Dali“ Wilhelm Dietl,

Interview geführt von Verena Klug und Ron Kenner

Der deutsche Bundesnachrichtendienst (BND) sieht sich nach einer kurzen Zeit der Konsolidierung derzeit wieder im Mittelpunkt öffentlicher Kontroversen. Neben der operativen Tätigkeit von zwei BND-Agenten während des Irak-Krieges untersucht eine Kommission des Deutschen Bundestags vor allem den Themenkomplex „Führen“ von Journalisten als Qellen des BND. Es geht dabei um die Ermittlung von undichten Stellen in den Reihen des BND. So sollen mehrere Redakteure sowie freie Autoren, die kritisch über den BND berichtet hatten, mit unverhältnismäßigem Aufwand und teilweise rechtsstaatlich bedenklichen Mitteln observiert worden sein. Als einer der Verdächtigen, der seine Journalisten-Kollegen ausgespäht haben soll, wird der bayerische Ex-Reporter, Buchautor sowie Mitbegründer und stellvertretender Leiter des „Essener Institutes für Terrorismusforschung und Sicherheitspolitik“ Wilhelm Dietl genannt. Dietl hat zwar tatsächlich jahrelang für den BND gearbeitet, nicht jedoch als „Spitzel“ innerhalb der Medienlandschaft, wie er betont, sondern als einer der wahrscheinlich besten Außendienstagenten, die der BND jemals hatte. Von 1982 bis Ende 1992 hatte Dietl unter seiner Journalistenlegende im Auftrag des BND Nachrichten über Terrororganisationen, Waffenhändler und die Rauschgiftmafia beschafft. Er konnte hochrangige Informanten in Terrororganisationen und Geheimdiensten gewinnen, traf Khomeini und andere hohe iranische Geistliche, Arafat und alle weiteren Führer der Palästinenser. Stabile Kontakte zu den afghanischen Mudschaheddin sowie weiteren hochrangigen islamischen Fundamentalisten konnte Dietl ebenso aufbauen wie eine solide Gesprächsbasis mit „international men of mystery“ wie etwa Monzar al-Kassar. Seine Erfahrung in diesen Zirkeln ist immer noch anerkannt und gefragt: Im derzeit in Wien anhängigen Verfahren über die hier gebunkerten Gelder der Abu Nidal Organisation (ANO) wurde Dietl von einem Wiener Gericht als sachverständiger Zeuge geladen. Zur Zeit ist Dietl aber mehr damit beschäftigt, mit gerichtlichen Mitteln seinen beschädigten Ruf als Journalist wieder herzustellen. Des weiteren bemüht er sich nach seiner Enttarnung durch den BND auf publizistische Weise um eine korrekte Darstellung seiner Rolle als „reisender Gesprächsaufklärer“ (BND-Jargon) und vormaliges „Juwel im Quellenstand des BND“. Für JIPSS schlüpfte Wilhelm Dietl in die ungewohnte Rolle des Interviewten und nimmt zu seiner nachrichtendienstlichen Arbeit für den BND, dem geänderten Rollenbild von Krisenberichterstattern, Israel und die Abu Nidal Organisation, den Schwierigkeiten beim Anwerben und Führen von Quellen, der Rolle Zyperns als mediterraner Tummelplatz für Agenten, den tatsächlichen Hintergründen des Lockerbie-Anschlags und den Grabenkämpfen innerhalb des BND Stellung.

JIPSS: Herr Dietl, sie waren schon vor der „Journalistenaffäre“ vielen Leuten als Vertreter der schreibenden Zunft bekannt. Wie sind sie eigentlich in diesen Bereich gelangt?
Dietl: *Ich habe mich schon immer für Journalismus interessiert und auch frühzeitig begonnen, Zeitungen zu lesen. Ausschlaggebend war jedoch der Besuch bei einem Freund, der – etwas älter als ich – nach der Schule gleich zur Zeitung meiner Heimatstadt gegangen war. In seiner Lokalredaktion gewann ich schnell einen Eindruck über die Tätigkeit von Journalisten. Das hat mich ungemein fasziniert und ich habe dann bereits als 14-jähriger eine Stellung als freier Mitarbeiter angenommen.*

Meine erste Tätigkeit war die des Lokal- und Polizeiberichterstatters.

JIPSS: Und wie gelang Ihnen dann der Sprung zum Nahost-Reporter?

Dietl: *Ich war stets an Zeitgeschichte und an den Entwicklungen in weit entfernten Ländern interessiert und hatte – typisch deutsch – ein durch die Karl May-Romane generiertes Fernweh. Im Journalismus sah ich die Möglichkeit, meinen Traum vom Reisen und meine Neigung zum Schreiben miteinander zu verbinden. Ich habe dann den Sprung von der Provinzredaktion zur ‚Süddeutschen Zeitung' und 1979 dann zur ‚Quick' geschafft. Ich kannte Leute bei ‚Quick' und als sie einen weiteren Reporter suchten, habe ich die Gelegenheit ergriffen.*

JIPSS: 1979 war ja ein außenpolitisch interessantes Jahr!

Dietl: *Genau, im Februar kam völlig überraschend die triumphale Rückkehr von Ayatollah Khomeini in den Iran und am Jahresende folgte der Einmarsch der Sowjetarmee in Afghanistan. Ich habe für Quick über diese beiden – und andere – Krisenherde berichtet.*

JIPSS: Sie haben damals schon Interviews mit den Führern der Kriegsparteien geführt. Wie haben Sie diese Leute zum Reden gebracht?

Dietl: *Es hat meistens spontan die Chemie gestimmt. Irgendwie haben sich da keine Mauern aufgebaut, es entstand immer schnell ein Kontakt. Ich muss aber auch daran erinnern, dass es damals etwas „lockerer" war als heute. Zu dieser Zeit wurden Journalisten in den jeweiligen Krisenregionen noch von allen Fraktionen geschätzt. Heute werden sie gejagt, entführt und ermordet.*

JIPSS: Hatten Sie nie Schwierigkeiten, wenn Sie parallel mit der anderen Seite gesprochen haben?

Dietl: *Nein, ich kann mich an keinerlei Vorbehalte erinnern. Journalisten waren wie gesagt sakrosankt und konnten sich erlauben, beim Recherchieren „die Seiten zu wechseln". Die Krieg führenden Parteien haben den Journalismus als eine Fortsetzung des Kampfes mit anderen Mitteln betrachtet. Ich habe mich allerdings nie zum „Sprachrohr" einer Partei machen lassen.*

In der Regel fühlt man sich aber ganz automatisch einer Seite geistig näher. Ich habe ja beispielsweise den libanesischen Bürgerkrieg sehr intensiv erlebt und da war es völlig klar, dass die Mehrzahl der Journalisten aus dem Westen den Christen im Libanon, etwa den Vertretern der Falange, kulturell und weltanschaulich näher stand. Das brachte mit sich, dass wir versucht haben, deren Position stärker zu erklären, als die der Schiiten und Sunniten. Gerade der Libanon hat ungemein polarisiert. Der Konflikt wurde häufig auf herausragende Köpfe wie Walid Dschumblat von den Drusen auf der einen Seite und Nabih Berri von den Schiiten oder besonders Jassir Arafat von den Palästinensern auf der anderen Seite abgestimmt! In meiner Erinnerung war das keine graue, namenlose Masse. Wir konzentrierten uns auf höchst charismatische Figuren, die dann natürlich in den Medien eine dementsprechend führende Rolle spielten. Hinzu kam noch, dass der Libanon für Europa aufgrund seiner geografischen Nähe und seiner vielfältigen Allianzen eine große politische Bedeutung hatte. Wenn ich jetzt als Gegenbeispiel den aktuellen Konflikt in Darfur im Sudan bringen darf: Sie werden mir aus dem Stegreif keine Führungspersönlichkeit nennen können. Man liest zwar den einen oder anderen Namen der Anführer, aber die bleiben weder in Erinnerung noch werden sie im Tagesgeschehen interviewt. Der Konflikt im Sudan ist absolut tragisch, aber den Leuten bei weitem nicht so bewusst wie damals der Libanon.

JIPSS: Hatten Sie damals schon Kontakte zu den Nachrichtendiensten der Konfliktparteien?

Dietl: *Natürlich gab es den einen oder anderen Kontakt, ohne dass man sich dessen sofort bewusst war. Man darf auch nicht vergessen, dass jeder ausländische Journalist im Nahen Osten ganz automatisch ins Visier der Dienste gelangte. Die Dienste sind dort mit dem Staat gleichzusetzen. Sie beherrschen alles, steuern alles und man kommt mit ihnen ganz zwangsläufig in Kontakt, ob man das will oder nicht. Ich nenne den Irak als Beispiel: Im Irak des Saddam Hussein war man immer in der Hand der Dienste, die „Betreuer“ der Journalisten,* *die sogenannten „minder", gehörten automatisch der Staatssicherheit an. Das waren alles andere als gewöhnliche Beamte.*

JIPSS: Hatten Sie aufgrund Ihrer kritischen Berichterstattung jemals Schwierigkeiten mit den Diensten?

Dietl: *Vor Ort nie, aber beispielsweise mit der iranischen Botschaft in Bonn! Ich gehörte der Delegation von Außenminister Genscher an. Knapp vor der Abreise in den Iran, wir saßen bereits im Flugzeug, wurde mein Visum zusammen mit den Visen dreier weiterer Kollegen für ungültig erklärt, weil wir den Iranern nicht devot genug waren. Genscher erwies damals außerordentlich starkes Rückgrat, verneigte sich nicht vor den Mullahs, sondern stellte sie beinhart vor die Alternative: entweder fliegen alle oder keiner! Ein Grund für das Nachgeben der Iraner mag gewesen sein, dass sich auch der Tübinger Theologe [Hans] Küng in der Delegation befand. Küng genoss bei den Mullahs hohes Ansehen, wurde als „Kollege" betrachtet. Bizarrerweise war der Korrespondent der FAZ, dessen Visum auch für ungültig erklärt worden war, bereits vor Ort. Das hatten die Iraner in den damaligen Wirren völlig übersehen.*

JIPSS: Haben Sie damals schon für den Bundesnachrichtendienst gearbeitet?

Dietl: *Ab August 1982 war für den Bundesnachrichtendienst tätig.*

JIPSS: Wie wurde der BND auf sie aufmerksam?

Dietl: *Ich hatte jahrelang für die ‚Quick' aus dem Nahen Osten berichtet nicht nur über den Iran und den Libanon, sondern auch über Afghanistan, Ägypten und Syrien. Dann wollte die ‚Quick' aus innerbetrieblichen Gründen die Nahost-Berichterstattung wieder herunterfahren. Reportagen, wie etwa über die Oscar-Preisverleihung, wurden dann erneut wichtiger als jene aus Krisengebieten. Ich konnte diesem Wechsel nichts abgewinnen, da mich die Internationalen Krisen mehr interessierten und ich mir ja in diesen Gegenden viele Verbindungen und Kontakte aufgebaut hatte. Ich publizierte 1982 das Buch „Heiliger Krieg für Allah", das bald als Pioniertat anerkannt wurde.1 Damals*

gab es im Unterschied zu heute nur wenige Publikationen zu diesem Thema, sieht man von Peter Scholl-Latours „Allah ist mit den Standhaften" ab, das zufälligerweise fast zeitgleich mit meinem auf den Markt kam.2 Ausschlaggebend für meine Anwerbung durch den BND waren, denke ich, zwei Aspekte: Zunächst meine Berichterstattung von der militärischen Niederschlagung eines Aufstandes gegen das Assad-Regime in Hama, Syrien. Ich hatte mich in diesem Gebiet illegal, trotz eines konkreten Verbots der Behörden, aufgehalten. In Hama wurde ich vorübergehend festgenommen. Die syrische Staatssicherheit versäumte es aber, mir die Kamera und den darin befindlichen Film abzunehmen. Ich konnte also letztlich zwei Dutzend Bilder herausbringen. Der Geheimdienst ließ mich wieder laufen, weil ich dem Vernehmer ein Tonband vorspielen konnte, auf dem mir der Informationsminister Reise- und Recherchefreiheit versprach.3
Das dürfte dem BND von der Methodik her gefallen haben. Darüber hinaus bestand bereits ein Kontakt zum deutschen Auslandsnachrichtendienst, weil ich ihn mehrfach zu Hintergrundgesprächen über verschiedene Krisengebiete getroffen hatte.
JIPSS: Ist das denn üblich?
Dietl: *Ja, das ist eine für Journalisten völlig übliche Vorgangsweise! Man bittet die Pressestelle des Bundesnachrichtendienstes um ein Gespräch. Wird dem stattgegeben, dann trifft der Journalist Fachleute von der Auswertung. Das funktioniert auf einer quid-pro-quo-Basis, das heißt, der Dienst interessiert sich natürlich auch für die Erkenntnisse der Journalisten. Das war anfangs ein echtes Geben und Nehmen. Und ich muss sagen, dass mir der Sachstand des BND zu den Konflikten überwiegend kompetent erschien. Den BND zu treffen, war damals noch etwas Besonders, weil der Dienst noch nicht so öffentlich war, wie heute. Jetzt veranstaltet der BND jährliche Konferenzen, empfängt Journalisten in großer Zahl. Damit steht er auch unter*

einem wesentlich höheren Leistungsdruck. Unsere Gesprächspartner waren früher entspannter und in gewisser Weise auch unabhängiger in ihrem Urteil als heute.
JIPSS: Fühlten Sie sich dadurch irgendwie benutzt oder „eingespannt"?
Dietl: *Nein, in keiner Weise! Der BND war ja nur eine von mehreren Quellen, die ich angehört habe. Es lief auch nicht so, dass der Journalist in jedem Fall gleich angeworben wurde. Jeder wusste von seinem Gegenüber, wo er stand und welche Positionen er vertreten musste, da gab es ganz klare Grenzen und Regeln, die jeder respektiert hat.*
JIPSS: Wie geschah dann die tatsächliche Anwerbung durch den BND?
Dietl: *Ich erhielt kurz nach der „Hama-Reportage" einen Anruf des Pressesprechers des BND, der anfragte, ob ich gewillt wäre, zwei Kollegen aus seiner Behörde zu treffen. Natürlich hatte ich Interesse. Jeder einschlägige Journalist wollte Kontakte zum BND pflegen. Bei einem Meeting im Münchner Sheraton wurde ich ganz konkret gefragt: „Hätten Sie nicht Lust für uns zu arbeiten"?*
JIPSS: Was waren Ihre Motive dafür, hatten Sie Bedenken?
Dietl: *Nein, Bedenken hatte ich keine, im Gegenteil. Da, wie gesagt, bei der ‚Quick' die Nahost-Reportagen zurückgefahren wurden und die interessanten Stellen beim ‚Stern' und beim ‚Spiegel' schon besetzt waren, und ich mich immer stärker auf den Nahen Osten spezialisieren wollte, habe ich das Angebot des BND als Möglichkeit gesehen, auf diesem Gebiet noch stärker arbeiten zu können. Das war für mich ein ganz spezielles Berufsbild. Ein Motivenbündel aus professioneller Neugier, Abenteurertum und wohl auch aus Patriotismus. Denn der BND stand durch meine Berichte jahrelang gut da und ich konnte dazu beitragen, dass das internationale Standing des BND in der Intelligence Community erhöht wurde. Ich habe das damals als ideale Möglichkeit gesehen, voll bezahlt und gewissermaßen ohne Grenzen im Nahen Osten zu recherchieren. Das musste ich einfach wahrnehmen.*

Ich habe ja schließlich nicht für die Stasi gearbeitet. Der BND gehörte zum weltanschaulich korrekten Lager.

JIPSS: Wurden Sie vom BND in irgendeiner Weise ausgebildet?

Dietl: *Ich wurde nicht auf der BND-Schule ausgebildet, wie ein normaler Angehöriger des Dienstes, der nach einer Beamtenlaufbahn in Pension geht. Es war im Grunde eine sehr rasche Schulung, eine Art „Katzenwäsche". Das meiste kam durch*

„learning by doing". Bei der ersten Unterweisung erfuhr ich Grundsätze und Verhaltensweisen der Konspiration, sprich das Sich-nicht-Erwischenlassen, die Legendenbildung und das Auftreten vor Ort. Eine Legende hatte ich ja, ich war Journalist, das hatte ich drauf. Ein Angehöriger des BND hätte das von Grund auf lernen müssen. Wie heißt der und der in dieser und jener Redaktion, welche Auflage hat der ‚Stern' usw. In meinem Fall ging es weniger um unsichtbare Tinten, sondern um die alltägliche Beschaffungstätigkeit. Irgendwelche gadgets brauchte ich nicht. Wenn auf meinem Schreibblock militärische Angaben entdeckt wurden, dann konnte ich immer sagen, ich habe das als Journalist recherchiert, was ja auch stimmte. Ich muss aber auch sagen, dass damals noch keine flächendeckende „Spionitis" wie heute herrschte, und man als Journalist viel stärker respektiert wurde. Wir wurden in den Zielländern nur wenig kontrolliert. Außerdem reiste ich immer offiziell ein, mit ministerieller Akkreditierung und Aufenthaltserlaubnis. Ich wurde als Journalist erwartet, als solcher behandelt und hatte einen entsprechenden Spielraum. Jedenfalls einen größeren als ein BND-Mann, der sich etwa als Tiefbauingenieur oder Handelsvertreter ausgibt. Der hätte mit dieser Legende größte Schwierigkeiten, etwa eine Raketenstellung oder die Front eines lokalen Krieges zu besuchen.

JIPSS: Ist der BND in irgendeiner Weise seiner Fürsorgepflicht nachgekommen, gab es Notfallpläne für den Fall, dass Sie in Schwierigkeiten geraten wären? Oder eine Einweisung in das Thema „Verhalten in Gefangenschaft und Verhören"? Bekamen Sie für solche Lagen eine Art Notfallnummer?

Dietl: *Nein, eigentlich nicht! Wir gingen immer davon aus, dass nichts passiert und es ist ja tatsächlich nichts passiert. Im echten Notfall hätte ich mich einfach an die jeweilige deutsche Botschaft gewandt ohne anzugeben, dass ich im Auftrag des BND tätig bin. Die Auslandsvertretungen sind in solchen Fällen verpflichtet, ihren Bürgern zu helfen. Über den Botschafter wäre sicherlich der dortige BND-Mann eingeschaltet worden. In einigen Fällen kannte der jeweilige BND-Resident, wie z.B. in Damaskus, meine tatsächliche Identität. In anderen Fällen wiederum wurde der BND-Vertreter außen vor gelassen. Der BND-Resident in Damaskus wusste beispielsweise nicht, woran ich konkret arbeitete. Dadurch ergab sich letztlich ein recht ungezwungenes Verhältnis. Unsere jeweiligen Berichte wurden erst in der Auswertungsabteilung in Pullach miteinander verglichen.*
JIPSS: Betrachtet man die Fragenkataloge,4 mit denen Sie der BND ins Feld geschickt hat, dann drängt sich einem die Vermutung auf, dass ihre Tätigkeit nicht unbedingt im genuinen Interessens- und Aufklärungsbereich des BND angesiedelt war. Hatten Sie nie den Verdacht, dass Sie eigentlich für einen befreundeten Dienst Informationen beschaffen? Oder war das Tauschmaterial, mit dem der BND dann von Partnerdiensten andere Informationen bekam?
Dietl: *Ich denke, dem BND lagen viele Anfragen vom „Großen Bruder" in Washington und von den Israelis vor. Ich habe aber darüber nicht weiter nachgedacht, weil das nur verwirrt. Mein Auftraggeber war für mich klar erkennbar, und für den habe ich auch gearbeitet.*
JIPSS: Hatten Sie nicht Bedenken wegen Ihrer Quellen, wenn das Material dann zu einem anderen Dienst gelangte? Denn mit der Gefährdung Ihrer Quellen wäre ja eine Gefährdung Ihrer Person Hand in Hand gegangen.
Dietl: *Nein, es gab keinerlei Rückschluss auf die Quellen. Das Rohmaterial wurde von der Beschaffungsabteilung in der Regel an niemanden weitergereicht, nicht mal an die Auswertung im eigenen Hause, geschweige denn an das Kanzleramt als Abnehmer oder einen Partnerdienst! Denn im Rohmaterial wurden häufig Klarnamen genannt. Die Namen*

vieler Informanten waren nur mäßig verschlüsselt und ließen Rückschlüsse zu.

JIPSS: Vertrauen Sie noch darauf, dass Ihre Quellen nach wie vor geschützt sind? Zu erinnern ist ja, dass im Fall Juretzko der BND die Klarnamen der russischen Kontakte von Juretzko an die Justiz weitergegeben hat.

Dietl: *Im Moment habe ich keinen Anlass, das Gegenteil anzunehmen!*

JIPSS: Wie erfolgte eigentlich die Abrechnung mit Ihren Informanten?

Dietl: *Da gab es einen völlig klaren Ablauf: der Informant hat geliefert, das Material ging zur Beschaffung und von dort zur Auswertung. Die Auswertung hat nicht nur die Seriosität der Meldung anhand einer Tabelle beurteilt, sondern auch, was sie objektiv wert war und in Geld umgerechnet. Klar ist aber auch, dass die Informanten oftmals mehr wollten, als der BND zu zahlen bereit war. Allerdings nivelliert sich das im Laufe eines kontinuierlichen Arbeitsverhältnisses, dann werden die Quellen bescheidener und stellen sich eher auf regelmäßige Zahlungen ein, als einmal einen überzogenen Betrag zu verlangen. Zum „Ankobern", wie das in Österreich heißt, ist manchmal ein Geschenk oder auch ein Vorschuss geleistet worden, um die Ernsthaftigkeit des Dienstes zu belegen, aber im Laufe der Zeit wurde immer nur im Nachhinein abgerechnet.*

JIPSS: Sie schreiben in Ihrem Buch, dass der BND in einem Fall nicht willens war, für eine Spitzenquelle zu bezahlen.5 Betrachtet man die für Ihre Informanten bezahlten Beträge, dann sind diese in ihrer Größenordnung doch verschwindend gering, wenn man sie etwa mit denen für nachrichtendienstliche Technik, SIGINT usw. vergleicht.

Dietl: *Stimmt und trotzdem ist gehandelt worden. Das war oft ein zähes Ringen, so wie wenn man einen Teppich kauft. Die Knauserei führte manchmal dazu, dass Quellen alles hingeschmissen haben. In diesem Fall musste ich dann zu ihnen fahren, die Sache bereinigen und wieder in Gang bringen, weil man in Pullach zu der Erkenntnis kam, wir brauchen die doch. Sie dürfen nicht die*

Konkurrenzsituation vergessen, denn es kamen ja dann auch die amerikanischen, britischen und französischen Dienste rein. Da wollte der BND nicht außen vor stehen. Das Interessante war allerdings, dass nicht immer der größere Geldbeutel den Vorzug bekam. Das erklärt sich dadurch, dass der Informationsträger ja nicht alle Dienste anlaufen konnte. Schließlich musste er immer vor der eigenen Staatssicherheit auf der Hut sein, damit er nicht auffliegt. Und Quellen fliegen vor allem durch auffälligen Kontakt mit Ausländern auf.

JIPSS: Mussten Sie Quellen in jedem Fall anwerben oder gab es auch Selbstanbieter?

Dietl: *Ich hab da jetzt keine Statistik, möchte aber sagen, das Verhältnis war fifty:fifty. Natürlich gab es Selbstanbieter, aber in vielen Fällen war es so, dass der Dienst wusste, diese Person hat Informationen, dann war es eben meine Aufgabe, sie anzuwerben und als Quelle zu kultivieren. Hier war mein Status als Journalist ideal, weil ein unter der Legende eines Staubsaugervertreters auftretender Agent wäre gar nicht so weit gekommen. Als Journalist konnte ich damals sogar das Vertrauen von Islamisten gewinnen, die mich auch zu sich nach Hause eingeladen haben. Man bekam zwar die weiblichen Familienangehörigen nie zu Gesicht, aber die Gastgeber waren daheim sehr gesprächig. Das wurde in Pullach von den oberen Etagen oft nicht entsprechend gewürdigt. Meine unmittelbaren Führungsoffiziere standen zwar stets hinter mir, nicht aber die Bedenkenträger des BND und schon gar nicht die Erbsenzähler. Das waren die, die nie an der Beschaffungsfront waren, höchstens mal eine Dienstreise ins Zielland machten und dann auch nur die dortige Botschaft besuchten.*

JIPSS: Haben Ihre Quellen eigentlich gewusst, dass Sie in Wahrheit für einen Nachrichtendienst arbeiten?

Dietl: *Viele nicht, manche schon, die konnten es aufgrund meiner konkreten Fragen erraten. Wenn ich etwa von einer Quelle verlangte, die Seriennummern gewisser Rüstungsgüter zu beschaffen und zwar in Kopie, dann musste dem Informanten einfach klar sein, dass das nicht für eine Zeitung interessant sein würde. Vor allem und gerade dann nicht, wenn ich später keinen einschlägigen Zeitungsbericht*

verfasst habe.
JTPSS: Gab es da nie irgendwelche gefährlichen Entwicklungen?
Dietl: *Nein, denn mein Schutz war natürlich auch das Geld. Das betrifft eben den Bereich der menschlichen Schwächen, denn die Informanten wollten Geld und in diesen Ländern ist die Korruption der Handlungsstrang Nummer 1. Ich meine, es gab schon ab und zu eine bedenkliche Situation, aber diese Leute haben dann sogar für meinen Schutz gesorgt. Ich habe solche Lagen dem BND oft gar nicht gemeldet, weil man in Pullach immer sehr schreckhaft war. Sobald ein Lüftchen geweht hat, das sich in deren Augen zu einem Sturm entwickeln konnte, hätte man mich für eine Zeit mit einem Reiseverbot in dieses Land belegt. Aber ich wollte dort ja auch und vor allem als Journalist arbeiten und das hätte dann nicht in meine Pläne gepasst.*
JIPSS: Sie hatten auch Kontakte zur Abu Nidal Organisation (ANO). Es gibt Gerüchte, Abu Nidal hätte in Wahrheit für die Israelis gearbeitet. Wie sehen Sie das?
Dietl: *Ich neige immer mehr dazu, daran zu glauben, wenngleich Abu Nidal nicht wissentlich für den Mossad gearbeitet haben dürfte. Die standen da sicher in keinerlei direktem Auftragsverhältnis .Nidal war sich ganz gewiss nicht bewusst, für die Israelis gearbeitet zu haben, da muss es irgendwelche andere Mechanismen gegeben haben. Ich vermute da einen anderen, vielleicht sogar westlichen Dienst, eventuell eine false-flag-operation, so etwas in der Art. Vielleicht stecken auch die Israelis direkt dahinter, die führen im Gaza-Streifen auch palästinensische Extremisten, welche meinen, eigentlich für den jordanischen oder syrischen Dienst zu arbeiten. Als einzelner Aktivist lässt sich das oftmals schwer nachprüfen und die tatsächliche Verbindung ist schwer nachzuvollziehen. Stellen Sie sich einmal vor, da wird ein Angehöriger einer Jugendorganisation von jemandem angesprochen, der vorgibt für den libyschen Dienst zu arbeiten und ihn auffordert, darüber ja den Mund zu halten. Wenn er dem Jungen dann 1.000 Dollar und eine Bombe gibt und ihn auffordert, diese ins örtliche Büro der Fatah zu legen, dann tut der Heißsporn das auch. Er wird aber nie erfahren, für wen er*

wirklich tätig war. Neben vielen Ungereimtheiten im Zusammenhang mit der ANO stimmt mich gerade die Tatsache bedenklich, dass es bei den israelischen Diensten keinen ANO-Experten geben soll, nach dem Motto: „Der hat uns nie etwas getan, den müssen wir nicht nachrichtendienstlich bearbeiten!“ Die von Abu Nidal durchgeführten Anschläge auf die Synagoge und die Flughäfen in Wien und Rom könnte man unter der Rubrik „Wo gehobelt wird, fallen auch Späne!“ ablegen, denn über so eine lange Zeit lässt sich eine derartige Operation nicht exakt und problemlos durchführen. Aber es hat hier gar keinen Sinn nachzurecherchieren, die Israelis würden das in hundert Jahren nicht zugeben, wenn die Theorie der „ANO-Israei-Connection“ wirklich stimmen sollte.

JIPSS: ACIPSS ist in Österreich angesiedelt, das sich mit seiner Lage an der Schnittstelle zwischen Ost und West als „Tummelplatz für Spione“ etabliert hat. Hier gibt es eine Parallele zu Zypern, wo Sie ja auch recherchiert haben.6

Dietl: *Ja, das sehe ich auch so. Zypern war der Abenteuerspielplatz par excellence! Dort sind alle Dienste präsent, die mit dem Nahen Osten zu tun haben. Es liegt geografisch nahe. Man kann unter mannigfaltigen Legenden dorthin fahren. Es gibt viele Araber, die dort Konten besitzen, und wenn sie sich mit ihren Geliebten auf ein Wochenende treffen wollen, dann fliegen sie halt schnell von Beirut nach Larnaca, das fällt nicht weiter auf. Ganz gleich wie in Wien gibt es in Zypern eine Menge Touristen, unter die man sich unauffällig mischen kann. In Zypern passierten wie in Österreich verhältnismäßig wenig Anschläge, so als wollte man den Ort als Ruheraum für alle Parteien schützen.*

Es dürfte ein Gentleman-Agreement geben, Zypern ist unser aller Ruhezone, dort bunkern wir unser Geld, dort treffen wir auch mal den Feind, dort tauschen wir uns in aller Ruhe aus. Man glaubt es nicht, aber in Zypern haben sich heimlich, still und leise auch Israelis und Palästinenser immer wieder an einen Tisch gesetzt. Ebenso wie in Ihrer Heimat ist in Zypern die Polizei auch nicht dumm, die weiß erstaunlich gut Bescheid. Die Zyprioten sind bestens informiert und schauen einfach weg, ähnlich wie die Österreicher.

JIPSS: Herr Dietl, Sie hatten bei der diplomatisch-wirtschaftlichen Annäherung von Syrien und Südkorea ganz wesentlichen Anteil und haben so ein kleines, wenig bekanntes Kapitel Weltgeschichte geschrieben. In Ihrem Buch ist diese Sequenz nicht so ausführlich beschrieben.7 Wie war das denn genau?
Dietl: *Ich kenne nicht alle Einzelheiten und weiß auch bis heute nicht über alles Bescheid. Zu mir kam 1989 ein langjähriger Kontakt, der in Damaskus ein etabliertes Medienbüro unterhielt, beste Beziehungen zur dortigen Regierung hatte und bei uns den Spitznamen „King Louis" trug.8 Er meinte sinngemäß, dass Jordanien doch gute, auch wirtschaftlich lukrative, Syrien hingegen überhaupt keine Kontakte zu Südkorea hätte, ja nicht einmal diplomatische. „Louis" hatte vom syrischen Außenminister, so vermute ich, den Auftrag bekommen, diesbezüglich ganz diskret etwas zu unternehmen und so fragte er mich, ob ich da nicht helfen könne. Ich solle doch versuchen, einen Anfangskontakt herzustellen, den die Syrer dann im Erfolgsfalle weiterbearbeiten könnten. Ich wurde also in semioffizieller Mission vorgeschickt, damit im Extremfall beide Seiten ihr Gesicht wahren konnten. Man sollte das damals auf allen Seiten vorherrschende Blockdenken nicht außer Acht lassen, Syrien war mit den Sowjets verbandelt und im Kontext mit dem sich eindeutig im westlichen Lager befindlichen Südkorea kam sogleich der Aspekt Nordkorea zum Tragen. Es gab da eben noch keine „übergreifenden" Linien. „Louis" und ich haben das Ansprechen des südkoreanischen Botschafters in Bonn als die geeignetste Vorgehensweise erachtet. Dort wurde ich schließlich vorstellig. Ich habe ihm von einem interessanten Herrn aus Damaskus erzählt und gefragt, ob er ihn nicht mal treffen wolle. Es gehe um Politik, Geld, Handel und Wandel. An einem Samstag kam es dann tatsächlich zu einem Treffen mit „Louis" in der südkoreanischen Botschaft in Bonn. Wir hörten einige Zeit nichts mehr, bis ich unmittelbar vor den Olympischen Spielen eine persönliche Einladung der Südkoreaner nach Seoul erhielt. Sie hatten dieses Gespräch auch konspirativ abgedeckt und zwar auf kreativste Weise: Einer internationalen Journalistenrunde wurden*

die Ginseng-Felder gezeigt! Während dieser Woche wurde ich kurz von meinen Kollegen abgezogen und ins Außenministerium gebracht, wo mir ein Gremium altehrwürdiger Herren genaue Fragen über Syrien stellte.

JIPSS: Was wollten sie wissen?

Dietl: *Alles. Zunächst habe ich wiedergegeben, was ich schon beim Botschafter in Bonn erzählt hatte. Weiters erklärte ich ihnen Syrien als Staat und die mir bekannten Umstände auf innen- und außenpolitischer Ebene. Ich kann mich heute nicht mehr an jede Einzelheit erinnern, weil der BND in diesen Vorgang nicht eingebunden war, ich somit keinen Bericht vorlegte und heute darüber auch nichts mehr in meinen Akten habe. Meine Zuhörer erschienen mir jedenfalls sehr interessiert zu sein. Die Ausführungen wurden fleißig mitgeschrieben. Am Ende hat man mir herzlich gedankt und mich wieder zu den Ginseng-Feldern gebracht. Außerdem spendierte man mir den Rückflug über Tokio in der ersten Klasse! Nach meiner Rückkehr nach Deutschland berichtete ich „Louis“ mittels Fernschreiber über das Treffen, wobei ich einen streng journalistischen Stil verwendete und „Louis“ verstand sofort, worum es ging. Jeder andere aber musste unsere Korrespondenz für einen gewöhnlichen journalistischen Dialog halten. „Louis“ erzählte mir noch kurz vor seinem Tod, dass unsere anfängliche Initiative auf die Ebene der Botschaften der beiden Staaten gehoben wurde, alles weitere lief dann über die koreanische Vertretung in Jordanien.*

JIPSS: Wir möchten Sie noch zu einem weiteren, ehemals sehr exponierten Syrer mit ausgesprochenem Österreichbezug fragen: Monzer al-Kassar, um den es ja lange Zeit still gewesen ist.

Dietl: *Ja, das dachte ich auch, wurde jedoch eines Besseren belehrt, weil er vor drei Monaten auf Betreiben der Amerikaner in Spanien verhaftet wurde. Die Amerikaner verdächtigen al-Kassar, die Aufständischen im Irak zu unterstützen.*

JIPSS: Wurde hier eventuell eine alte Rechnung, vielleicht wegen seiner Involvierung in das Lockerbie-Attentat oder wegen der Ermordung eines amerikanischen Staatsbürgers im Achille Lauro-Fall beglichen?

Dietl: *Ich muss sagen, ich habe keine Ahnung! Aber so wie ich ihn persönlich einschätze –ich habe ihn mehrfach getroffen, er ist ein ganz charmanter Bursche und ich habe mich gut mit ihm unterhalten – hat er es bei einem kolportierten Vermögen von 300 Millionen Dollar einfach nicht mehr nötig,etwas zu riskieren. Außerdem weiß er nur zu gut, wie ein Gefängnis von innen aussieht. Meine Meinung ist, dass er sich heute aus kriminellen Risiken raushält. Er will ja in Spanien leben. Was seine Rolle im Lockerbie-Fall betrifft, so ist das bis jetzt nur ein Gerücht. Bei Lockerbie gibt es viele Geschichten aus Tausendundeiner Nacht, und al-Kassar betrifft nur eine davon.*
JIPSS: Was sagen Sie zu der Erkenntnis des schottischen Gerichtes, Libyen sei der Drahtzieher hinter dem Lockerbie-Anschlag?
Dietl: *Ich war von Anfang an der Meinung und mit meiner Meinung stehe ich nicht alleine, Libyen und einige Palästinenser waren ausführendes Organ und der Iran Auftraggeber, aber eben nicht die Libyer. Das Äußerste, was ich annehme, ist, dass die beiden Libyer, die in Malta stationiert gewesen waren, irgendjemandem eine möglicherweise gut bezahlte Gefälligkeit getan haben und so in die Sache hineingerutscht sind.*
JIPSS: Und was motivierte al-Gaddafi im Lockerbie-Fall dann Schadenersatzzahlungen, immerhin 2,7 Milliarden Dollar, zu leisten?
Dietl: *Erstens hat al-Gaddafi niemals zugegeben, dass Libyen hinter dem Anschlag steckte. Zweitens hat das Embargo über die Jahre sehr wohl Wirkung gezeigt. Nicht etwa, weil es in Libyen keine dänische Butter zu kaufen gab, sondern weil die lebenswichtigen Ersatzteile für die Ölförder- und Transportanlagen nicht mehr geliefert wurden. Das sind Präzisionserzeugnisse, die kann man wirklich gut überwachen. Die Herkunftsfirmen sind alle bekannt, ebenfalls die genaue Anzahl der erzeugten Teile und es lässt sich leicht feststellen, wohin diese Erzeugnisse geliefert werden. Mit fehlenden, kleinsten Schräubchen kann man die gesamte Ölindustrie eines Landes lahm legen.*

Wenig bekannt ist allerdings, dass Amerikaner mit kanadischen Pässen während des gesamten Embargos die libyschen Anlagen irgendwie am laufen hielten. Die Schadenersatzzahlungen waren also keinesfalls ein Schuldeingeständnis, sondern nur ein gangbarer Weg, die Zwangsjacke des Embargos loszuwerden. Ich meine, das Verfahrensende war ja schon spektakulär: Der eine Verdächtige, al-Megrahi, wurde verurteilt und der andere, Fhimah, freigesprochen! Ich sage Ihnen heute schon, ohne Hellseher zu sein, dass al-Megrahi nächstes Jahr in der Berufungsverhandlung auch frei kommt! Wenn das passiert – und ich bin überzeugt davon – dann erlebt Schottland und damit Großbritannien das größte Gerichtsfiasko, das sie jemals hatten. Und das nur, weil die Amerikaner sie hineingetrieben haben. Die Amerikaner haben vor und während des Gerichtsverfahrens hinsichtlich der Täterschaft der beiden ausgelieferten libyschen Geheimdienstler mit allen Mitteln getrickst und ungeheuren Druck auf die Schotten ausgeübt, weil man während des Kuwait-Krieges nicht nur die Syrer in der Allianz brauchte, sondern auch das Wohlwollen des Iran, z.B. wegen Überflugsrechten usw. Die Täterschaft Libyen anzuhängen, war das Produkt eines kalten strategischen Kalküls. Auch im La Belle-Fall werden die Libyer noch zahlen. Die exakten Summen werden immer noch ausgehandelt. In diesem Fall ist aber die Täterschaft Libyens zweifelsfrei erwiesen.

JIPSS: Kommen wir zurück zum Bundesnachrichtendienst. Sie haben 1982 bis 1993 für den BND gearbeitet. Wie kam es dann zum Aus, zu Ihrer Entpflichtung?

Dietl: *Nach all den Jahren war ich sicher etwas ausgebrannt und bei manchen Operationen lagen die Nerven schon blank. Ich hatte auch das unmittelbare Gefühl für Gefahren verloren und immer öfter etwas auf die leichte Schulter genommen. Damit bestand die Gefahr, dass man in den Ländern, in denen ich tätig war, langsam misstrauisch geworden ist. Es entstanden auf jeden Fall zunehmend Legendenprobleme. Wenn ich für den BND unter der Legende, für ein Buch zu recherchieren, Informationen beschaffte und das Buch erschien nie, dann muss das einmal auffallen. Ich hatte ja eine* *strikte Trennung zwischen meiner journalistischen Tätigkeit und meiner Arbeit für den BND vorgenommen. Die Recherchen für meine Reportagen wurden auf ganz gewöhnliche Weise, etwa durch die Befragung von Taxifahrern oder anderen, ganz normalen Bürgern, durchgeführt. Die Arbeit für den BND betraf jedoch hochgeheime Nachrichten, die dann logischerweise nie in der Zeitung erschienen sind. Das war immer ein Drahtseilakt.*

JIPSS: Davon abgesehen, gab es irgendeinen Anlassfall für Ihren Ausstieg?

Dietl: *Wir hatten uns die letzten fünf Jahre meiner Tätigkeit beim BND intensiv mit den deutschen Geiseln im Libanon beschäftigt. Wir haben ein Riesennetz von Quellen geführt, die uns etwa berichteten, dass die Geiseln noch am Leben waren. Allerdings wurde auch ein Haufen Geld für Falschinformationen bezahlt. Das kann man aber im Vorhinein nie wissen. Die Bundesregierung bzw. der Krisenstab haben die Entführungen sehr ernst genommen und jede Möglichkeit in Betracht gezogen. Einmal wurde die GSG9 sogar für einen eventuellen Zugriff nach Zypern verlegt, dazu ist es aber dann nicht gekommen, weil die Aktion als zu riskant beurteilt worden war. Worauf ich hinaus will ist, dass von den Fachleuten aller Ebenen wirklich viel getan wurde. Ein paar Monate vor dem Ende der Affäre kam ein neuer Staatsminister im Kanzleramt, Bernd Schmidbauer, der Geheimdienstkoordinator. Blitzschnell riss er die ganze Sache politisch an sich und kidnappte ganz einfach den Erfolg der Freilassung der letzten beiden deutschen Geiseln. Er reklamierte alles für sich. Bei der Abholung der beiden in Beirut erweckte er den Eindruck, als habe er sie befreit. Dabei war es eindeutig das Verdienst von Außenminister Genscher und Giandomenico Picco von den Vereinten Nationen. Die arrogante Vorgangsweise von Schmidbauer sorgte zwar in den Reihen des BND für einigen Unmut. Keiner traute sich aber, den Geheimdienstkoordinator in der Öffentlichkeit zu kritisieren. Ich war da etwas unabhängiger und habe dann auf einer Terrorismuskonferenz in Budapest die tatsächlichen Hintergründe erzählt, nämlich, dass Schmidbauer nur Taxi gespielt und nichts wirklich Substantielles zur Befreiung beigetragen hat. Ich legte mit der*

Rückendeckung anderer ganz klar dar, wer hier vom BND völlig unbedankt jahrelang verdienstvolle Vorarbeit geleistet hat.

JIPSS: Und wie hat der Bundesnachrichtendienst reagiert?

Dietl: *Meine Veröffentlichung dürfte für böses Blut gesorgt haben. Nach einigen Diskussionen und weiterem Druck aus Bonn wurde mir gesagt, es wäre besser, wir trennten uns. Ich muss aber betonen, dass meine Einsatzleiter voll hinter mir standen, sie wollten auch nicht, dass ich gehe, aber sie waren eben auch weisungsgebundene Beamte. Es gab dann bei meinem Ausscheiden eine Sicherheitsbelehrung, die aus zwei Aspekten bestand. Der eine betraf gewissermaßen ein Reiseverbot in bestimmte Länder, das habe ich auch akzeptiert. Das zweite, eine Art Schweigegebot, habe ich nicht unterschrieben, weil ich das für eine Selbstverständlichkeit erachtet habe.* Das *sorgte für eine gespannte Stimmung, obwohl wir uns damals gewissermaßen „unter uns" fühlten.*

JIPSS: Sie haben sich ja auch ohne schriftliche Verpflichtung 13 Jahre an die Verschwiegenheit gehalten!

Dietl: *Stimmt, nicht mal meine Familie wusste, dass ich für den Bundesnachrichtendienst gearbeitet habe.*

JIPSS: Wodurch sind Sie dann beim BND in Ungnade gefallen? War es Ihr Buch „Die Staatsaffäre"?9

Dietl: *Ja, „Die Staatsaffäre" von 1997 war mein Ringen um die Wahrheit über unsere Geiseln im Libanon. Ich sah das als einen Akt der ausgleichenden Gerechtigkeit. Ich wollte aufzeigen, was damals wirklich geschehen ist. Wenn man die „Staatsaffäre" gründlich liest, dann merkt man, dass sich mein Buch keineswegs gegen den BND als solchen richtet, sondern gegen einige erwiesenermaßen unfähige Beamte, deren dilettantisches Vorgehen in einem Fall die Freilassung unserer Geiseln um zwei Jahre verzögert hatte. Trotz allen Wirbels und aller Ermittlungsverfahren hat bis heute keiner gesagt: „Das stimmt nicht!" Denn ich hatte die Akten, ich habe sie ja heute noch! In den BND-Untersuchungen nach dem Zuträger dieser Akten kam dann auch prompt ein absolut Unschuldiger ins Visier. Aber es stimmt: „Die Staatsaffäre" war das erste Zerwürfnis!*

JIPSS: Und dann folgte 2004 das Juretzko-Buch!10

Dietl: *Juretzko, ein ehemaliger BND-Mitarbeiter, dem der Dienst auch übel mitgespielt hatte, kam 2003 im Jänner mit dem Anliegen zu mir, ich möge ihm bei seinem Buchprojekt helfen. Wir haben uns relativ schnell darauf geeinigt, sein Buch zusammen zu verfassen. Das Werk hat bei seinem Erscheinen erhebliche Verstimmung im BND ausgelöst, was in weiterer Folge dazu geführt hat, dass der damalige BND-Präsident August Hanning im Herbst 2005 beim Fest des ‚Focus'-Magazins in Berlin dem Chefredakteur Uli Baur sagte: „Ach übrigens, der Dietl hat für uns gearbeitet." Baur verbreitete diese Information dann schnurstracks bei der nächsten Redaktionsbesprechung von ‚Focus' in München. So wurde das Ganze dann erst wirklich öffentlich!*
JIPSS: Warum hat BND-Präsident Hanning die Verbindung zu Ihnen bloßgestellt?
Dietl: *Das war eine pure Racheaktion, weil er wegen des Juretzko-Buches stinksauer war. Ich muss sagen, ich habe zwar mit Gegenwind gerechnet, aber nicht damit, denn eine solche Enttarnung verstößt gegen die ureigensten Prinzipien eines Geheimdienstes. Ich habe das nicht erwartet, denn es gab nichts, was man mir hätte vorwerfen können! Ich habe für den BND stets korrekt gearbeitet, nichts veruntreut, keine Operation in den Sand gesetzt. In den Akten des Untersuchungsausschusses werde ich wörtlich als „Juwel im Quellenbestand des BND" bezeichnet. Dem Juretzko hat man Geheimnisverrat bzw. Verrat von Dienstgeheimnissen vorgeworfen, aber davon ist er im Berliner Strafverfahren freigesprochen worden. Ich habe ursächlich erst recht nichts verraten, ich habe nur sein Insiderwissen zu Papier gebracht. Für den technischen Vorgang des Schreibens kann man ja nicht wirklich belangt werden. Und so sah der BND wohl die einzige Chance, mir etwas anzuhaben, indem er jenen unbekannten Teil meines Lebens aufgedeckt hat. So erkläre ich mir das!*
JIPSS: Gibt es denn noch andere Theorien?
Dietl: *Ja, z.B. glaubt Ewald Riethmüller von der Berliner Webseite ‚R-Archiv', der Grund für meine Enttarnung liege darin, dass ich diverse Artikel über die Rüstungsfirma Telemit, ein BND -Tarnunternehmen, geschrieben habe.11 Telemit*

hatte bis zu ihrer Liquidation militärische Kommunikationstechnologie hergestellt, wobei die Firma insgeheim Libyen gehörte! Es klingt ziemlich kompliziert, ist aber eher einfach. Telemit war also ein trojanisches Pferd des BND, mit dem der Dienst in Libyen operieren konnte. Die Münchner Techniker lieferten während des ersten Golfkrieges Funkanlagen sowohl in den Iran als auch in den Irak! Nach meiner Berichterstattung stornierte die deutsche Bundeswehr, die für immerhin 60 Prozent des Umsatzes gesorgt hatte, ihre Aufträge. In Bonn hatte man nämlich keine Ahnung über den geheimdienstlichen Hintergrund von Telemit gehabt, weil alle Geschäftsführer Deutsche gewesen waren! Riethmüller sieht in diesem Vorfall das Motiv für meine Enttarnung. Ich selbst glaube das nicht, denn selbst der damalige BND-Präsident Wieck, dem ich durchaus persönlich berichtet habe, hat mir die Geschichte nie vorgeworfen.

JIPSS: Sie glauben also, die Juretzko-Affäre war der Auslöser?

Dietl: *Davon bin ich überzeugt! Ich habe aufgrund meiner Enttarnung gegen die beiden BND-Präsidenten Ernst Uhrlau und August Hanning Anzeige wegen Geheimnisverrats erstattet. Man kann den Dienst nämlich nicht direkt klagen oder anzeigen, sondern nur konkrete Personen. Meiner Anzeigeschrift beigefügt war ein Präzedenzfall aus dem Jahre 1955, wo es ebenfalls um Geheimnisverrat eines Verfassungsschützers gegen eigene Kollegen ging und es 1965 auch zu einer endgültigen Verurteilung durch den Bundesgerichtshof in Karlsruhe kam. Grundtenor dieses Erkenntnisses war, dass nicht nur Akten Geheimnisse sein können, sondern auch Menschen als Angehörige eines Dienstes. Denken Sie nur an den aktuellen Fall der Valery Plame, die in den Vereinigten Staaten als CIA-Agentin enttarnt worden war. Dort sieht man das als ganz klaren Fall von Geheimnisverrat. Beide Fälle habe ich in meiner Anzeige angeführt und trotzdem hat die Staatsanwaltschaft München meine Anzeige drei Mal zurückgewiesen. Da jetzt alle Rechtsmittel ausgeschöpft sind, muss ich feststellen, dass Hanning und Uhrlau in diesem Land nicht zu belangen sind. Das wirft ein bedenkliches Licht auf Justiz und Politik.*

JIPSS: Die bis jetzt geschilderten Vorgänge betrafen Ihre Enttarnung durch den BND. Wie kam es aber zu den Vorwürfen, Sie hätten im Auftrag des BND Journalisten-Kollegen ausgespäht?
Dietl: *Anfang November 2005 erschien in der ,Berliner Zeitung' eine Geschichte des Kollegen Andreas Förster, den ich sehr schätze und der über meinen Fall stets objektiv berichtet hat, dass der BND den Kollegen [Josef] Hufelschulte vom ,Focus' und den Historiker [Erich] Schmidt-Eenboom in den Jahren 1993 und 1994 ausspioniert hat. Beide waren damals vom Observationsreferat QB3O überwacht worden. Hintergrund war, dass sie immer wieder kritisch über BND und BKA berichtet hatten und mit Akten aus beiden Häusern versorgt worden waren. ,Focus' hat dann den Tenor der Berichterstattung schnell gedreht, und berichtet, Journalisten hätten auch für den BND gearbeitet, z.B. der Dietl. Diese Berichterstattung erfolgte derart rasch auf den Artikel des Kollegen [Andreas] Förster, dass ich davon ausgehe, dass das gezielt lanciert wurde. Da sind dann alle Medien aufgesprungen.*
JIPSS: Das eine, die Ausspähung von Journalisten durch den Bundesnachrichtendienst, hat doch mit dem anderen, der Arbeit von Journalisten für den BND, nichts zu tun. Das ist doch kein logisches Argument! Und im ersten Fall muss man doch das Interesse des BND, mögliche leaks und den Abfluss von geheimen Akten zu untersuchen, anerkennen.
Dietl: *Ich stimme Ihnen zu, aber in der öffentlichen Berichterstattung war das eben kein Gegenargument, sondern die Erweiterung des Skandals! Denn Förster hat in der ,BZ' nur die Ausspähung von Hufelschulte und Schmidt-Eenboom erwähnt und nicht mich. ,Der Spiegel', NDR und 'Focus' haben dann nachgelegt und meinen Namen als „ Spitzel" für den BND ins Spiel gebracht! Ich habe das damals dementiert, denn ich musste ja dementieren und dachte, damit sei die Sache erledigt. Obwohl diese Medien ihre Quellen für die Behauptungen nicht aufgeschlüsselt haben, gehe ich davon aus, dass Ex-BND-Präsident [August] Hanning ein Informant des Kollegen Hufelschulte ist, der immer über eine Quelle aus diesem Bereich, so eine Art „deep throat" verfügte. Er sprach*

in diesem Zusammenhang immer nur vom „Handelsreisenden". Auf Hanning treffen weitere Faktoren und Eckdaten zu! So kommt er geographisch aus der unmittelbaren Nachbarschaft von Hufelschulte. ‚Focus' wurde zwei Jahre vor den anderen Medien, also im November 2003, von einem abtrünnigen BND-Mann über die 1993/94 laufenden Observationen unterrichtet. Da war Hanning noch Präsident. Mir liegt das entsprechende Protokoll des ‚Focus'-Anwalts Söder vor. Mit dieser Information hat man seinerzeit bis zum Ausscheiden von Hanning als BND-Präsident gewartet.

JIPSS: Und wie passt die Berichterstattung durch Förster hinein?

Dietl: *Dem Kollegen Förster wurde das Material gegeben, damit es von woanders kommt und man es mit rotglühender Empörung zitieren kann. Das ist eben die ‚Focus'-Taktik, die ich in mehreren Fällen erlebt habe. Die Vorgehensweise des ‚Spiegel' hingegen ist es, so etwas selbst an die Öffentlichkeit zu bringen.*

JIPSS: Und wie kam es dann zum Schäfer-Untersuchungsausschuss?

Dietl: *Durch die Behauptung, es gäbe so ehrlose Journalisten, die für den BND spioniert hätten, geriet die Bundesregierung unter Druck. In weiterer Folge beauftragte der Deutsche Bundestag das Parlamentarische Kontrollgremium (PKG), alles zu untersuchen. Das PKG beauftragte den ehemaligen Bundesrichter Gerhard Schäfer und zwei weitere Mitarbeiter, also ein ganz kleines Team, diesen Vorwürfen von Jänner bis Mai nachzugehen und einen Bericht zu verfassen. Schäfer wiederum veranlasste den BND, ihm das Material mundgerecht aufzubereiten! In diesen BND-Akten schienen dann die Namen von fünf Journalisten auf und ich behaupte, vier von denen haben tatsächlich ihre Journalisten-Kollegen bespitzelt, aber nicht ich! Ihr Auftraggeber Volker Foertsch war nach seiner Tätigkeit als Leiter der Beschaffung des BND von 1994 bis 1998 Leiter der Abteilung V (Sicherheit). In dieser Funktion erklärte er die Jagd auf die BND-internen Informanten der Journalisten zur Chefsache. Ich betone aber ausdrücklich, dass ich niemals Journalisten-Kollegen* *ausspioniert habe. Es stimmt, dass ich Kontakt mit Foertsch hatte, denn ich musste mich im Zuge meiner Recherchen für mein Buch „Die Staatsaffäre" im BND bewegen können. Ausgerechnet in der Phase, wo wegen der „Staatsaffäre" zwei Ermittlungsverfahren liefen und ich im BND zum Feind erklärt worden war, soll ich für ihn Journalisten bespitzelt haben? Das ist doch absolut unlogisch! Entlastend kommt noch hinzu, dass es im geheimen Teil des Schäfer-Berichtes eine exakte Tabelle mit all meinen Bezügen gibt! Und in dieser Tabelle findet sich nicht ein einziger Hinweis auf eine Bespitzelung von Journalisten! Alle meine BND-Gelder flossen ausnahmslos für meine Tätigkeit im Nahen Osten. So hat es der Schäfer-Bericht ja auch festgehalten! Es gibt den allseits anerkannten Grundsatz: Der BND zahlt für alles, was man für ihn tut! Das ist in genauen Berichten festgehalten. Über jede Auszahlung werden akribisch Belege gesammelt. Fazit: Es gibt von mir keine Berichte Journalisten betreffend und auch keine Belege für Zahlungen wegen solch einer Tätigkeit! Die Leute, die die Rufmordkampagne gegen mich eröffnet haben, können also entweder den Schäfer-Bericht nicht korrekt wiedergeben oder wollen das nicht!*

JIPSS: Wie erklären Sie sich dann die Medienhetze gegen Sie?

Dietl: *Alte Rechnungen, Brotneid, Konkurrenzdenken und vielleicht auch, dass man manche meiner Handlungen missverstanden hat! Schmidt-Eenboomn behauptet nach wie vor, absurder Weise, ich hätte das Manuskript seines ersten Buches „BND-Schnüffler ohne Nase", dem gegenüber ich sehr positiv eingestellt war, der ‚Stern'-Redaktion verkauft! Bei manchen Kollegen ist es sicher so, dass sie sich in einer Form vorauseilenden Gehorsams beim BND beliebt machen wollen. Sie möchten ja auch weiterhin mit verwertbaren Neuigkeiten beliefert erden.*

JIPSS: Der Bundesnachrichtendienst hat nicht nur Ihren Namen als ehemaliger BND-Mitarbeiter publik gemacht, sondern im Verfahren gegen Juretzko auch die Klarnamen mehrerer seiner russischen Quellen, darunter auch solche, welche die russische Spionageabwehr noch gar nicht enttarnt hatte!

Dietl: *Der BND ist in diesem Fall sprichwörtlich über Leichen gegangen, um seine eigene Zielsetzung, im gegenständlichen Fall die Verbesserung der eigenen Position im Verfahren gegen Juretzko, zu erreichen! Da wurden alle anderen Aspekte, wie z.B. der Quellenschutz, zur Seite gekehrt, nach dem Motto: „Wir zünden das Haus an, wenn wir zu erkennen glauben, Juretzko und Dietl sind drinnen!“ Von den Schwierigkeiten einer möglichen Anwerbung neuer Quellen rede ich da gar nicht!*
JIPSS: Gibt es da nicht eine deutliche Parallele zu Richard Tomlinson, den MI6 wegen einer Nichtigkeit auch mit absolut unverhältnismäßigen Maßnahmen verfolgt? Tomlinson hatte seinem ehemaligen Arbeitgeber auch lange die versöhnliche Hand gereicht!
Dietl: *Ja, so kann man es sehen! Ich habe mein Buch „Deckname Dali“ erst verfasst, als zu erkennen war, dass der BND kein klärendes Gespräch mit mir führen würde. Ich sah es als einzige Möglichkeit, die Angelegenheit so darzustellen, wie sie wirklich war. Ich hätte „Dali“ nie veröffentlicht, wenn der BND klargestellt hätte, dass ich für ihn niemals Journalisten bespitzelt habe. Grundsätzlich: Ich habe drei Mal über einen Anwalt um einen Aussprachetermin beim BND-Präsidenten Uhrlau gebeten und erhielt zwei Mal als Antwort, der Präsident sehe keinen Grund dafür.*
JIPSS: Es ermitteln jetzt die Russen wegen der Juretzko-Quellen, aber auch ihre Informanten aus dem Nahen Osten sind in Gefahr. Fühlen Sie sich deswegen auch körperlich gefährdet?
Dietl: *Im Moment nicht, ich höre da aktuell nichts! Aber dem BND war meine Sicherheit egal! Ich kann jetzt in diese Länder nicht mehr fahren, die sind dicht für mich! Es stimmt auch: Alle Dienste im Nahen Osten gleichen nach meiner Enttarnung ihre Daten mit meinen damaligen Reisebewegungen ab und versuchen auf meine Quellen zu stoßen, die sich inzwischen teilweise in verantwortungsvollen, hohen Positionen befinden. Aber auch das war dem BND egal!*
JIPSS: Gibt es keine Clearingstelle für solche Zerwürfnisse, die allen nur schaden?

Dietl: *Nein, im Gegenteil, die Sache geht weiter. Ich denke, der Bundesnachrichtendienst unterschätzt, dass ich auch in Zukunft viel Energie und Zeit investieren werde, um seinem Rufmord zu begegnen. Das habe ich mir im Nahen Osten angeeignet. Ich setze mich in die Ecke und warte. Das kann nächstes Jahr sein oder erst in fünf, dann sind zwar alle Verantwortlichen pensioniert, aber es wird einer kommen und sich entschuldigen oder darauf verweisen, dass seine Vorgänger die Fehler begangen haben. Ich habe, wie gesagt, Zeit und befinde mich auch nicht am Rande meiner Existenz! Das betrifft auch die laufenden Medienverfahren. Ich habe gegen fünf Medien geklagt, die faktenwidrig über mich berichtet haben. Im Besonderen geht es um die ‚Süddeutsche Zeitung', ‚Focus' und den ‚Spiegel'. Inzwischen habe ich in erster Instanz drei Mal verloren. Das geschah jeweils mit völlig unhaltbaren Begründungen. Ein klassischer Fall von Rechtsbeugung. Unschuldsvermutung und Beweislast haben in diesen Verfahren keine Rolle gespielt! Aber ich bin verletzt und akzeptiere nicht, dass man sich der Wahrheit derart verschließt! Es geht mir auch gar nicht so sehr um Schadenersatz als vielmehr um Widerruf und Unterlassung der Behauptungen. Also gehe ich in Berufung. Ich gebe da nicht auf!*
JIPSS: Woran arbeiten Sie derzeit?
Dietl: *An einem neuen Buch mit dem Arbeitstitel „Muchabarat – Bei den Geheimdiensten des Nahen und Mittleren Ostens". Es soll im Oktober 2008 bei Eichborn erscheinen. Darin werde ich Hintergründe berichten, die bei „Dali" noch ausgespart wurden.*
JIPSS: Abschließend noch eine Frage: Was sagen Sie dazu, dass Ihnen der BND manchmal ins Wohnzimmer fotografiert haben soll?
Dietl: *Wenn es der Wahrheitsfindung gedient hat!*

Anmerkungen:

1 Wilhelm Dietl, *Heiliger Krieg für Allah. Als Augenzeuge bei den geheimen Kommandos des Islam* (Berlin: Kindler Verlag, 1983).
2 Vgl. die aktuelle Auflage: Peter Scholl-Latour, *Allah ist mit den Standhaften. Begegnungen mit der islamischen Revolution* (München: Deutsche Verlags-Anstalt, 2002).
3 Siehe dazu auch: Wilhelm Dietl, *Deckname Dali. Ein BND-Agent packt aus* (Berlin: Eichborn, 2007), 17.
4 Ibid., 84, 204, 208.
5 Ibid., 70.
6 Ibid., 90.
7 Ibid., 95.
8 Ibid., 74.
9 Wilhelm Dietl, *Staatsaffäre. Hinter den Kulissen der Geheimdienste. Das Tauziehen um die deutschen Geiseln im Libanon* (München: Deutsche Verlags-Anstalt, 1997).
10 Norbert Juretzko und Wilhelm Dietl, *Bedingt dienstbereit. Im Herzen des BND – die Abrechnung eines Aussteigers* (Berlin: Ullstein Hc, 2004).
11 Ewald Riethmüller, „BND-Journalistenaffäre späte Rache?," R-ARCHIV.de, Kommentar gepostet am 24. Juli 2007, http://www.r-archiv.de/modules.php?name=News&fi le=article&sid=2846 (letzter Zugriff: 22. Oktober 2007)

Cover story

By Yossi Melman

I was a spy but not a traitor," insists Wilhelm (Willy) Dietl, a German journalist and writer, who was revealed to have operated for years in the service of his country's intelligence community. An adventurer, Dietl knows the streets of Hamma, in Syria, as well as the lanes of the market in Peshawar, Pakistan, and he has paid many visits to other countries in the region as well, including Lebanon and Israel. This interview with him took place three weeks ago in Israel. Then he flew to Austria, where he served as an expert witness in a trial centering around a treasure that belonged to the Palestinian terror organization of Abu Nidal.

A Vienna court is trying to determine the identity of the owner of about $7 million, which was deposited in a bank account the Austrian government froze a few years ago, under suspicion that it was connected with the regime of Saddam Hussein. Some time ago, a Palestinian woman bearing a Jordanian passport who lives in Libya, turned up and claimed that the account belonged to her and her partner, businessman Nazir Najamin. However, during the court proceedings a new suspicion arose: that Najamin belonged to the Abu Nidal organization and that the money in the account had accumulated with the aid of front companies established in East Berlin, Warsaw and Budapest during the communist era.

Although he is focused on this new goal, Dietl finds it difficult to forget the scandal that tarnished his name, ruined his reputation and is jolting the media world in Germany. In November 2005, he (along with four other journalists) was exposed as having been an informer for the Federal Intelligence Service (BND) against his journalist colleagues. The weekly Der Spiegel branded him a "traitor," as someone who betrayed his profession and his colleagues by providing information about them; other media outlets published similar accusations.

Shock waves

The scandal began with the revelation by the daily Berliner Zeitung that the BND had for years spied on German journalists. The story sent shock waves through Germany, not least because by doing so the BND exceeded its authority and broke the law. Like the Israeli Mossad and the American CIA, the BND is empowered to collect intelligence only outside the country and is barred from operating on German soil. Now it turned out that not only had the BND been active in Germany, but its targets had been dozens of journalists.

The media reports spawned a parliamentary commission of inquiry. The BND responded with lame explanations: Yes, we spied on journalists, but we did it not to hurt them, but to protect ourselves and state security; neither the journalists nor their opinions nor their political leanings interested us, only their sources. Our only goal, the BND maintained, was to find out who was leaking classified information to journalists.

In order to persuade the inquiry commission, placate public opinion and demonstrate that it was contrite, the BND did the unthinkable for an intelligence organization. Its chief at the time, August Hanning, authorized the BND to give the commission the names of five journalists whom the organization used in missions against their colleagues to uncover the sources of the leaks.

It wasn't long before the names of the five were leaked to the media. One of those on the list was Willy Dietl. "It was shocking to read in the papers and hear my name echoing in the broadcasts of radio and television stations," he says. "The whole reputation I had built for myself in decades of professional work collapsed instantly."

How did you react?

"I had no choice but to admit to it. But not to what I was accused of. I never spied against my journalist colleagues. I never provided information about them. I admitted that for 11 years I was a paid agent of the BND."

You were a spy?

"Yes. I was a spy. I was what you in Israel call a collection officer, I was a handler. I collected information and ran agents. I bribed army officers. I traveled throughout the Middle East - Syria, Lebanon, Jordan, Egypt - and in doing so I risked my life for Germany."

If so, you were not really a journalist. Was your work only a cover?

"No. I was also a full-fledged professional journalist. I wrote articles, I published books, but the press gave me an excellent cover and many possibilities to execute my other mission: to report on what I saw, to compile reports, to recruit agents and to run them for the BND."

Did you also operate against Israel? After all, you visited here many times and also wrote books about the Mossad.

"In no way. I was never asked to do that, and if I had been I would have refused. I love Israel. I have many friends here and I feel a great commitment to your country. I have always tried to help Israel."

How?

"For example, I once organized a meeting in Turkey between a Lebanese source of mine and Israelis, as part of the efforts to locate Ron Arad [the missing Israel Air Force navigator]."

Who were the Israelis?

"I don't really want to talk about that subject. They presented themselves as people working for a private company who were very interested in the fate of Ron Arad."

Were you present at the meeting?

"Yes."

What were the results?

"The bottom line - nothing. The fact is that Ron Arad was not found and what happened to him is not known."

Female agents

Wilhelm Dietl wrote a book about an agent named "Erika Chambers" and also devoted a chapter to her in another book. "Her character fascinated me," he says. "I was in Beirut and met PLO people, and they always talked about the operation she took part in. Chambers was the Mossad agent who in 1979 killed Ali Hassan Salameh, who was one of [Yasser] Arafat's assistants - a Palestinian playboy and the operations officer of [the militant Palestinian organization] Black September. He was one of the planners of the murder of the Israeli athletes at the Munich Olympics. She pressed the button of the remote control that set off the bomb, which had been placed along the route Salameh was driving."

According to Dietl, Chambers was a British citizen who studied hydrology in Australia, arrived at the Hebrew University of Jerusalem at the age of 20 or 21 to continue her studies, was recruited by the Mossad and became one of the organization's stars. "The investigation carried out by the PLO found that she had left behind her a trail of addresses in Geneva and Germany, and therefore thought she had done so deliberately so the PLO would believe, mistakenly, that the action was perpetrated by the BND, or that the BND was an accomplice to it, in revenge for Munich."

Did you meet her?

"No. I met members of her family, but not her."

You also wrote extensively about Aliza Magen, who was the deputy chief of the Mossad under Shabtai Shavit in the 1990s.

"Yes. She and Erika appear in a book I wrote about female agents around the world. I met twice with Aliza Magen while researching the book. She told me about her childhood in [the Jerusalem neighborhood of] Rehavia and about her work in the Mossad, when she was sent in the 1960s to Salzburg to recruit a German scientist, who was working for Nasser's armament project in Egypt. Afterward she worked in the Mossad station in Germany. She was a field agent and held the highest rank of any woman in the Israeli intelligence community."

Childhood fantasy

Dietl was born in 1955 in Bavaria. His parents, he relates, were simple people: His father was a butcher, his mother a housewife. His father was born in 1928, he emphasizes, and was therefore a teenager during World War II. There were no Nazis in his close family: "The region was isolated and so the Nazi influence on everyday life was small. Of course, everyone knew what was going on far from them, but all told, history passed by the region in which I was born."

He took an interest in politics from a young age, he says, and always identified with the Social Democratic Party. His boyhood heroes were chancellors Willy Brandt and Helmut Schmidt. His interest in politics led him to journalism at the young age of 17, while he was still in high school. At first he worked for small provincial papers, reporting on events related to police activity, and on the birthdays of residents of local villages and towns. He soon grasped the triviality of what he was doing, and dreamed of becoming a real reporter, one who covers tumultuous events of global importance.

The inspiration for this fantasy came from the books of Karl May (1842-1912), the German writer who described splendidly Indian warriors without ever having set foot in the Wild West. What attracted Dietl even more were May's adventure stories that were set in the Middle East. "I was a bookworm from a young age," he explains. "I read May's books voraciously, and after my parents made me turn out the light in my room, I kept reading under the blanket with a flashlight."

A few years later, Dietl found a more respectable journalistic home in the firm of the daily Suddeutsche Zeitung, and from 1979 in the weekly "Quick" (which shut down more than 10 years ago). The weekly assigned him to write about foreign affairs and sent him to cover wars, crises and international intrigues. "That was the chance of my life, to realize my dream and be a person of the big wide world and of the fantasies I had read about in Karl May," he says.

In 1979, the magazine sent him to Iran, where he covered the Islamic Revolution and met with the man behind it: Ayatollah Khomeini. He was the first Western journalist to reach, clandestinely, the northern Syrian city of Hamma shortly after then president Hafez Assad's security forces seized control there. Dietl was able to get horrifying testimonies about the massacre perpetrated by the security forces in the wake of an uprising led by the Muslim Brotherhood. He also went back and forth in Lebanon while it was riven by civil war, in order to interview Yasser Arafat and meet with American and German hostages that were held by Hezbollah.

Dietl also frequently visited Afghanistan, reporting on the guerrilla war being waged by Islamic insurgents against the Soviet occupation army. His private album contains many photographs from those tumultuous days. He is seen in the company of Gulbuddin Hekmatyar, a Mujahideen commander and ally of the CIA, who years later became prime minister of Afghanistan and then an ally of the Taliban, and is now wanted by the United States. Another photo shows him riding a donkey and holding a Kalashnikov rifle, and in yet another he is seen interviewing captive Russian soldiers.

In the 1980s, his knowledge and experience of the war in Afghanistan led to a book entitled "Holy War" in English. Dietl thus became one of the first experts anywhere to identify the dangers lurking in Islamic fundamentalism. However, the only ones who paid attention to him were officials of the BND: They suggested that he work for them.

Test missions

The BND was established at the initiative of a general, Reinhard Gehlen, an intelligence officer who served the Nazi regime faithfully and was responsible for running spy networks in Eastern Europe and, particularly, in the Soviet Union. After the war, the Americans decided to utilize his skills and his services. Gehlen brought with him in the service of the United States and the West his web of agents in Eastern Europe. Following the creation of West Germany, Gehlen and his staff became the infrastructure on which the BND was founded. Gehlen headed the organization until 1968. During his tenure the relations between the BND and the Mossad were consolidated, and ever since then, the BND has been the friendliest intelligence organization to Israel.

Dietl's first contact with the BND came at his initiative, as part of his journalistic work. He asked to meet with the BND spokesman. "This was in the era in which the BND was a top-secret organization," he notes. "The public didn't really know about it, and journalists, too, had hardly any contact with it. I asked the spokesman to meet with me for a background briefing, in order to get information about Afghanistan. My request was quite unusual. The spokesman agreed."

The meeting took place in 1982 in the lobby of the hotel in the Munich suburb of Pullach, where the BND's headquarters were located. Shortly afterward, Dietl got a call from the spokesman, who said something alone the lines of, "I have friends who would like to meet with you."

"They suggested that I work for them," he says. "Their proposal was that I go on being a journalist and at the same time report to them." Dietl accepted the offer and his life changed radically. He was given the code name "Dali" and his liaisons were members of the BND's Middle East department.

Did you not have any doubts?

"Of course I did. I hesitated, but in the end decided to agree, thinking that in this way I would serve my country."

This new shadowy world was very alluring to him. In one of his books he quotes a remark made by the Robert De Niro character in "The Good Shepherd" - De Niro's film about the birth of the CIA - who is smitten by the magic of a world where things hidden from the eye take place.

As is customary in the espionage world, Dietl was given test missions. He was asked to draw up a report on Ahmed Ben Bella, the deposed president of Algeria, who was living in exile in Paris, and on the headquarters of the PLO, which was set up in Tunis after the organization's expulsion from Lebanon. "I wrote reports of about 10 pages for each mission, and in return received my first payment as a spy."

How much did you get?

"I don't remember any longer exactly. Something like 1,000 marks per report, plus expenses."

That sounds like a pretty good arrangement.

"Absolutely. I lived quite well. First-class flights, expensive hotels, good meals. In addition to my salary, I was reimbursed for expenses in exchange for receipts."

Dietl relates that during his years as a spy he had three handlers: "The trust they placed in me was unlimited, and likewise the money."

How much money did you receive all told?

"I worked for the BND for 11 years, from 1982 until 1993, and I think that overall I received 600,000 marks. A third was salary and two-thirds reimbursements for expenses."

He resigned from the magazine Quick and became a freelance journalist, though gradually spying became his main occupation. "My work as a journalist was an excellent cover, as it gave me access to information and people." Among his acquaintances were the Syrian defense minister, Mustafa Tlas, and Louis Fares, a Syrian journalist and a confidant of president Assad, who sent him to carry out various clandestine missions in France.

"I obtained a great deal of secret material," Dietl says. "I remember that one day the foreign minister of Iran, Ali Velayati, came to Damascus. My sources in Syria gave me information and documents about his visit. I had to find a way to get the material to Germany. After much thought and contemplation, I developed a method to send the documents via diplomatic mail."

German diplomatic mail?

"Absolutely not. That would have been too obvious and would have made me suspect. I became friends with an employee of an East Asian embassy. I bribed him so he would send my material in his country's diplomatic mail to Germany. It worked very well for years. In this way I sent a great deal of material to headquarters in Germany, including information about Syrian arms purchases from the Soviet Union."

For another operation, he collected information from agents and sources that he cultivated in Lebanon, who were close to

Hezbollah. They gave him information about hostages who were held in Lebanon in the 1980s.

Frayed nerves

Willy Dietl credits the crowning glory of his achievements to his running of two intelligence officers from a country that borders on Israel. He declines to name the country, because the two are still in active service. Dietl met a relative of the two, who was arrested in the country in question after he was falsely informed on. After the man's release, he moved to Germany, where Dietl helped him start life anew and became friends with him. His two relatives, the intelligence officers, were very impressed by Dietl's efforts and grateful to him.

"Over time I became friends with the two of them," he relates. "Only afterward did I discover that they were professional intelligence officers, who were in charge of collecting information and monitoring the activity of the Abu Nidal terrorist organization. After a while I recruited them for the BND. They gave me a complete list of Abu Nidal's operatives, their passport numbers, their code names, their travel plans to Europe and many other details. It was a gold mine. You have to remember that in the 1980s, Abu Nidal's organization was considered the most dangerous and most daring terrorist group in the world. They carried out many attacks against targets in Austria and Italy, against Israeli and Jewish targets and against the PLO. Now, suddenly, we had advance information about every trip of the organization's people to Europe."

Do you know whether the BND shared this information with other espionage organizations, including the Mossad?

"I don't know, but I have no doubt that they did. The Mossad is one of the closest organizations to the BND, and Israel was one of the targets for attacks by the Abu Nidal group."

Did the intelligence officers know that you, too, were an intelligence man?

"No. They truly believed I was a journalist. But after a time they understood that I was working for the BND, and they didn't care. They asked for $50,000. I sent the request to the BND, and after a while, when they had the chance, they went to Germany under the guise of a family visit and I set up a meeting for them with senior BND officials, who also paid them for their information and services."

But it was precisely the recruitment of these two agents, which Dietl views as his greatest accomplishment, that led to the severance of his ties with the BND. "The two were select agents, who supplied information of the first order," he says. "At one stage, representatives of a different BND department - a counterterrorist unit - entered the picture. They insisted that they be given responsibility for running the officers. The two agents - the intelligence officers - refused. They wanted to stay in contact with me. But bureaucratic stupidity won out. The decision was that they would be transferred to the unit that deals with the struggle against terrorism. That made me angry, and in the end, after 11 years, my relations with the BND ended."

Dietl adds that the difficulties involved in clandestine work helped him decide to leave: "I wanted to go on being in this world of mystery, but another voice told me it was enough. My nerves were frayed. I always operated by myself, a lone wolf. Life on the edge in Tehran, Amman or Damascus affected my health, so leaving was also a relief."

'No need to apologize'

Since slamming the door on the BND at the end of 1992, Dietl kept his secret to himself, despite the great temptation to publish his memoirs as a spy. "When I started to work for them, I undertook never to talk about it, and I upheld that commitment." He even kept the secret from an old friend, the former journalist David "Dudu" Halevy, who worked for Time magazine and other media outlets.

"I was surprised when the affair broke and it turned out that Willy was a full-fledged intelligence man, who received a salary and expenses. At most, I thought he was only a helper," says Halevy, adding that the disclosure did not affect his attitude toward Dietl.

"From the viewpoint of a journalist who covered and rubbed elbows with espionage agencies, a journalist is always into trading - give me and take from me," Halevy says. "The boundary between journalism and espionage is very blurred, and it's almost impossible to define when you are engaged in one or in the other, so that a journalist who works for an espionage service does not surprise me. The fact that Willy was a journalist and had journalistic skills and experience aided his ability as an intelligence man. It's the ability to cross borders, to wander about in the world and obtain legitimacy to collect information and recruit people. Journalists can approach sources without arousing suspicion. A journalist can pay for information and it looks natural."

What does Dietl think about the possible implications of his spying for the security of journalists in regions of conflict? "Today, in many areas of tension in the world, the belligerent sides are suspicious of journalists," he says. "It was different in my time. Times have changed. The reason is that nowadays espionage organizations send their people out in the guise of journalists: They are amateur spies posturing as journalists. I was a real journalist. The problem lies in the 'dosage.' In my time there were very few journalists who operated as I did, so there was less danger, both for us and in terms of not endangering other journalists. I am proud of what I did. I acted out of a belief in values and ideals. By my actions I exposed dangerous terrorists, thwarted their operations and saved human lives. I have no need to apologize."

After leaving the BND, Dietl continued to work as a journalist and wrote a number of books, including one about the Adolf Eichmann abduction, together with a former Mossad and Shin Bet security service man, Zvi Aharoni, who was part of the operational team that snatched the Nazi war criminal in Buenos Aires. The book, called "Operation Eichmann" in English, was published in 1996.

Real troubles

In some of his articles in the press Dietl was critical of his former employers in the BND, but his real troubles began three years ago, when he and a former BND officer, Norbert Juretzko, published a book about the organization. In his clandestine work, Juretzko had utilized many senior sources, particularly Russian army officers following the collapse of the Soviet Union. "Everything was for sale then in Russia - arms, documents - and Juretzko was very successful in his work," Dietl explains. In backrooms, but not in public, Juretzko also maintained that his most senior handlers were traitors and had worked for the Soviet KGB in return for payment. The BND set up a secret commission of inquiry, which not only rebuffed his allegations but accused him of disseminating false information, fabricating intelligence reports, extracting money fraudulently and falsely accusing his colleagues. Juretzko was tried behind closed doors, found guilty of some of the offenses and given an 11-month suspended sentence. Juretzko's response was the book he co-authored with Dietl about the affair.

Dietl maintains that the BND tried to prevent the book's publication by various means. Its agents broke into the publisher's offices and stole the manuscript. Emissaries approached Dietl and Juretzko with threats and tempting offers in an effort to dissuade them from publishing the book. Dietl is convinced that the BND - which he felt was incapable of forgiving him for joining forces with Juretzko and for his critical articles - decided to take revenge on him, and thus his name was added to the list of journalists who spied on their colleagues in the service of the BND.

Willy Dietl's own response-revenge was not long in coming. Last month he published his memoirs in German, entitled "Code Name Dali: The BND Agent Reports" - and filed a complaint with the justice ministry against BND chief August Hanning and his successor Ernst Uhrlau, for disclosure of state secrets: revealing his name as a former employee of the organization. Dietl, who denies outright the accusation that he spied on journalists, has also filed libel suits against Der Spiegel and other media outlets that published the BND claims and tarnished his reputation.

"I will continue to fight with all my might and with all the means at my disposal to clear my name," he declares at the end of the interview. "In Germany, in contrast to Israel, the public does not want to understand that intelligence work is necessary to protect the country's citizens and its democratic character. In Germany, the moment your name is mixed up in anything related to intelligence, you are considered odious, so you can imagine how badly the affair has hurt me."

Aus der israelischen Zeitung Haaretz,
Ausgabe vom 22. Juni 2007
Autor: Yossi Melman

Ausgewählte Vorträge

Bei der ersten öffentlichen Veranstaltung des „*Gesprächskreises Nachrichtendienste*“ (GKND), am 27. April 2004 in der Berliner Auferstehungskirche (Motto „*Geheimhaltung und Transparenz/Demokratische Kontrolle der Geheimdienste im internationalen Vergleich*“), sprach ich über

Öffentliche Medien als Kontrollinstanz der Geheimdienste

Ich möchte ganz bewusst ein Beispiel aus dem richtigen Leben wählen, das den Konflikt zwischen dem Drang der Dienste zur Geheimhaltung und der Aufgabe der Medien zur Vermittlung besonders spannender Sachverhalte zeigt. Als Journalist habe ich viele Jahre im Nahen und Mittleren Osten gearbeitet. Zu meinen bevorzugten Themen gehörten die libanesischen Geiseldramen der 80er Jahre.

Ganz kurz die Grunddaten unseres Fallbeispiels. Sie werden sich bestimmt noch daran erinnern, dass der Terrorist Mohammed Ali Hamadi 1987 bei der Einreise am Frankfurter Flughafen mit einer größeren Menge an hochexplosivem Sprengstoff gefasst wurde. Eine nähere Überprüfung ergab, dass Hamadi zwei Jahre vorher mit weiteren Komplizen an der Entführung einer Maschine der TWA beteiligt gewesen war. Während das Tauziehen um die mögliche Auslieferung Hamadis an die USA lief, wurden zwei Deutsche in Beirut entführt, ein Vertreter der Chemiefirma Hoechst und ein Siemens- Techniker. Sie kamen nach neun bzw. 21 Monaten wieder frei. Da sich die Bundesrepublik nicht erpressen ließ, und Hamadi weiterhin in Haft saß, wurden noch einmal zwei Deutsche, Mitarbeiter einer Hilfsorganisation, in den Jahren von 1989 bis 1992 durch die Familie des Terroristen im Libanon festgehalten.

Ich habe fünf Jahre nach der Freilassung der letzten Geiseln ein Buch mit dem Titel „Staatsaffäre“ geschrieben. Darin finden sich alle Details der Entführungen und der Bemühungen deutscher Behörden – allen voran der Bundesnachrichtendienst -, die Verschleppten freizubekommen. Diese exakte Rekonstruktion war deshalb möglich, weil ich von einem Mitarbeiter des BND die entsprechenden Akten erhalten hatte. Aus Sachstandsberichten und Fernschreiben ließ sich entnehmen, dass die beiden letzten Geiseln – sie hießen Strübig und Kemptner – deutlich eher hätten befreit werden können, wenn die deutschen Behörden flexibler auf syrische Angebote, die Entführer zu täuschen, reagiert hätten. Plötzlich stand der damalige Unterabteilungsleiter 16, Heinrich Hellmann alias Rosenlehner, der in Damaskus persönlich den Chef der Geiselnehmer - Abdul Hadi Hamadi - getroffen hatte, am Pranger.

Hellmann, bei Erscheinen des Buches Resident des BND in Washington und im eigenen Haus nur von wenigen Freunden umgeben, schmerzten Statements wie das folgende: *„Hellmann erhielt Strübig und Kemptner während seines Besuches in Damaskus auf dem Tablett serviert. Die beiden wären etwa zwei Jahre eher freigekommen, wenn die deutschen Behörden zugegriffen hätten. Statt dessen tauchte die deutsche Seite ab und ließ Hamadi, wie auch die syrischen Vermittler hängen. Eine echte Chance wurde vertan.“* Das stammte von einem ehemaligen Untergebenen des Herrn Hellmann.

Erzürnt über soviel Bosheit eilte der Gescholtene nach Hause und zeigte einen pensionierten Kollegen bei der Bundesanwaltschaft wegen mutmaßlichen Geheimnisverrats an. Es traf den einstigen Leiter des Nahostreferats 16a, Carl Hagemann alias Hausleiter. Nur Hagemann, gleichfalls ein schwieriger Charakter, könne der Verräter sein, behauptete

Hellmann. Der Staatsschutz im Landeskriminalamt Bayern wurde mit der Aufklärung des Falles beauftragt. Mehrere Ehemalige aus 16a mussten zur Vernehmung antreten. Hagemanns Haus wurde durchsucht. Dabei fand man alles Mögliche, nur nicht die zweckentfremdete Akte.

Für die Polizei bestand kein Zweifel, dass der Verdächtige und der Buchautor in Verbindung standen, weil sie einen Dreizeiler fanden, in dem ich mich verpflichtete, die Hagemann betreffenden Passagen von ihm gegenlesen zu lassen. Es waren interessante Abläufe. Mich fragte niemand nach der Akte, außer Herr Foertsch, der damals für die Sicherheit des BND verantwortlich war. Und das geschah eher inoffiziell. Dann kam der Vorgang zu einem schnellen Ende. Der bereits schwer kranke Hagemann starb, und das Verfahren gegen den großen Unbekannten wurde eingestellt.

In der Folge demonstrierte der BND, wie nachtragend er sein kann. Hatte ich unter der Amtszeit des Präsidenten Wieck, und auch eine Weile danach, exzellente Kontakte zur Pressestelle, so wurde ich nun bestraft. Höflich wie immer, nahm man meine Fragen entgegen, ohne später zurückzurufen, um sie zu beantworten. Ich wurde von der Gästeliste für Veranstaltungen des BND verbannt. Konnte man meinen Fragen irgendwann doch nicht ausweichen, dann bekam ich die Standardantwort, dazu dürfe man nichts sagen. Personalangelegenheiten, aktuelle Operation, Geheimhaltung etc.

Dann kam es zum Fall Hassan Essedine. So hieß einer der Komplizen von Mohammed Hamadi. Sein Gesicht ist auf Seite 95 des Buches „Staatsaffäre“ abgebildet. Das Foto stammt von einem Libanesen, der den BND regelmäßig mit den Konterfeis militanter Aktivisten versorgte. Auch der ehemalige Resident des Dienstes in Beirut war voll des Lobes für den Mann. Er organisierte die Beschaffung des Bildes. Nun meldete sich die Anwältin von Mohammed Hamadi und behauptete, das Foto zeige den falschen Hassan Essedine. Sie vertrete auch ihn und werde Schadenersatz beanspruchen. So begann im Juli 1997 ein Verfahren vor der 17. Zivilkammer des Landgerichts Stuttgart, das sich bis zum Herbst des Jahres 2000 hinzog. Am Ende wurden Verlag und Autor zu 35 000 Mark Schmerzensgeld verurteilt. Dazu kamen beträchtliche Verfahrenskosten.

Bereits Ende 1998 hatte meine Anwältin beim Präsidenten des BND, August Hanning, angefragt, ob der Lieferant des Fotos und langjährige Quelle des Dienstes als Zeuge aufgerufen werden kann, oder um jeden Preis geschützt werden muss. Der Bundesnachrichtendienst beantwortete das Schreiben an seinen Präsidenten sehr lapidar. Ausschließlich der Buchautor sei „in vollem Umfang für Auswirkungen seiner Veröffentlichungen auf betroffene Personen verantwortlich". Die Veröffentlichung des Sachverhalts sei im Nahen Osten „zwangsläufig mit der Gefährdung für Leib und Leben seines Informanten" verbunden. Im übrigen sei zu fragen, ob die Benennung des Informanten „dem journalistischen Berufsethos entspricht".

Der BND lehnte es ab, zu seiner eigenen Quelle Stellung zu nehmen, ihn beispielsweise dem Stuttgarter Landgericht als zuverlässig zu schildern. Ein solcher Schritt hätte sich, nach Ansicht der Anwälte, bei der Justiz zu meinen Gunsten ausgewirkt. Weder der BND, der sich bei jeder passenden Gelegenheit seiner guten Beziehungen zu Hisbollah rühmt, noch andere Sicherheitsbehörden wollten sich in diesen Zusammenhängen offiziell äußern. So kam es, dass erstmals ein Journalist in einem deutschen Gerichtsverfahren gegen eine Terrororganisation verlor. War das nicht eine bizarre Situation, wenige Monate vor dem 11.9?

In der Nachbereitung durch den GKND wurde dieses Referat totgeschwiegen.

Vortrag bei der Friedrich-Naumann-Stiftung:

"What does terrorism mean?"

Phenomenons of Terrorism

To all of us, the definition of terrorism seems to be one of the easiest tasks, because on a daily basis we are confronted with its ugly face – today more than ever before. But, scholarly speaking, it is very complicated to come to terms with a universally acceptable definition. In simple words, your freedom fighter, your hero of an armed resistance, could be somebody else´s terrorist and vice versa.

So many political bodies have tried to define what terrorism means to us. They have found many wise, emotional and also sober analytical words, but finally every one of us has to come to its own definition. It is both possible and necessary to specify certain features common to this phenomenon. This, in turn, makes it feasible to create an operational definition of this term. Acts possessing all of these attributes could then be identified as "terrorist" acts with some consistency. Without falling into the political trap of attempting to label individuals or groups as terrorist, certain types of action could be identified as terrorism, regardless of who commits them for however noble a cause.

Consider a loose definition of contemporary terrorism. It must be "loose" since its elements tend to form a wide variety of compounds that today fall within the classification of terrorism. For the purposes of this conference, terrorism will be defined as a synthesis of war

and theatre, a dramatization of the most proscribed kind of violence – that which is perpetrated on innocent victims – played before an audience in the hope of creating a mood of fear for whatever political purposes.

There are, in this description of terrorism, a number of crucial components. Terrorism, by this definition, involves an act of violence, an audience, the creation of a mood of fear, innocent victims, and political motives or goals. Each of these elements deserves some clarification in order to formulate a clear set of parameters for the frequently misunderstood and misused term.

Violence: It is important to note, that terrorism is fundamentally a violent act. Sit-ins, picket lines, blockades and other similar forms of protest, no matter how disruptive, are not terrorist acts. Violence – the threat of violence where the capacity and the willingness to commit violence are displayed – is endemic to terrorism. The violence need not be fully perpetrated, the bomb need not to be detonated or all of the passengers aboard an airliner killed, in order for it to be considered a terrorist act. But the capacity and the willingness to commit a violent act must be present.

Audience: This means, then, that it is the perception of the audience of that violent potential that is crucial to classifying an act of terrorism. Terrorism is, essentially, theatre, an act played before an audience, designed to call the attention of millions, even hundreds of millions, to an often unrelated situation through shock-producing situations of outrage and horror, doing the unthinkable without apology or remorse. Unlike similar acts of murder or warfare, acts of terrorism are neither ends in

themselves. They are simply crafted to create a mood of fear or terror in that audience.

Mood of fear: This mood is not the result of the numbers of casualties caused by the act of violence. Car accidents cause greater numbers of injuries and deaths each year all over the world without necessarily invoking a mood of terror among other drivers or pedestrians. Nor is it the deliberate nature of the death inflicted that causes the audience´s response. Individuals are murdered in non-political nonterrorist acts throughout the world each year, without provoking widespread fear.

Victims: Instead, the creation of this mood of intense anxiety seems to be specially linked to the nature of the victim of terrorist acts. We don´t have to be part of any group. We don´t have to be representatives of any side in a particular conflict. We need only to be in the wrong place at the wrong time. Terrorism is thus distinguished from guerrilla warfare by deliberate attacks upon innocent persons and the separation of its victims from the ultimate goal – the "playing to an audience" aspect of the terrorist act.

Until recently, it appeared that although most of the victims of terrorism were "innocent" of any crime, they were also relatively few in number. In those terrorist incidents recorded in the 1950s and 1960s, the actual number of casualties was relatively small. It has been speculated that perhaps the terrorists felt a need to avoid alienating certain groups of people or portions of society. Perhaps it was also true that terrorists want a lot of people watching, and not necessarily dead. Now, things are changing rapidly.

Violence becomes more randomised. Terrorism is no longer exclusively targeted at outstanding figures, politicians or – for instance – high ranking military officers.

<u>Political motivations</u>: A political motive may be termed necessary, but it is not sufficient to earn for an action a political offense status under international law. In history political assassinations by committed revolutionaries careful to cause as little harm as possible to innocent persons remained protected to some extend by the law or – you may call it public opinion. What distinguishes terrorism from purely political actions may be the illegality of the violence employed, primarily in terms of the victims of the offenses. To cut it short, you should not ignore the fact, that there are international laws who make it clear that, regardless of the motive, some acts of political violence are never acceptable.

Very recent examples come to our mind – the bombings of July 7 and the attempted bombings of July 21, both in London. Let´s create a picture of what was going on July 7. Early morning, four men met at London´s King´s Cross Railway Station. They must have looked ordinary enough to the thousands of commuters rushing to work. Three were British-born – a 30-year-old-grade-school teacher with a baby daughter and a reputation for devotion to his learning-disabled students; an 18-year-old described by friends as a "gentle giant", dressed that morning like the universal teenager, in denims and a sloppy jacket; a 22-year-old cricket fan who worked in his family´s fish-and-chip-shop in Leeds. The fourth was a 19-year-old Jamaican who had become a British citizen, married a British woman and had a young son. All of them were carrying military-style backpacks. After several minutes of calm

conversation, the men moved in different directions, in the full knowledge they were about to meet their deaths. And to cause the deaths of many innocent victims. At the end of the day, at least 55 passengers of subway trains and a London bus were killed by the self-made bombs, these four men were carrying in their backpacks. Hundreds more were injured. Modern day terrorism had come to Britain.

No doubt, the London incidents were closely connected to the British military engagement in Iraq and Afghanistan – like many other terrorist acts all over the world. Let´s face some realities. What is terrorism like in today´s Iraq and Afghanistan and similar areas of crisis? A simple question and a very complicated answer. We have to take a closer look.

Before 9/11 it was relatively easy. Saddam Hussein and his warriors were rogues, in 1984 or 1985 for instance, but they were our rogues. The Afghan mujahedin were terrorists – in the eyes of the Soviet army and the old men of the Kremlin. But they were our terrorists, and we used to call them freedom fighters. For Israel at least every second Palestinian is a terrorist. There was a time when the Palestinian Islamists were fighting the leftist nationalists, destroying their libraries and cinemas in the Gaza strip. Of course, the early Hamas terrorists were our terrorists, if I may say so. Before 9/11 everything was easier to handle and things were not as confusing as they are today. Or could you have imagined putting Saudi Arabia, the Land of the Clean, on the rogue list? Before 9/11 it was unthinkable, now we are quite close to the final step. By the way, even the Arabs have two words for something which in our language is increasingly limited to one: *fedayin* is what they

like to call their freedom fighters, *irhabiyin* are the terrorists. Right, even the Arabs have terrorists.

On September 11, 2001, a sunny and friendly autumn day, 19 of them were boarding American planes for domestic flights. 15 of the 19 originated from the Kingdom of Saudi Arabia. In short intervals they hijacked four commercial planes. Two of them they guided to New York City. They destroyed both towers of the World Trade Center, the more than 100 floors high symbol of American wealth.

American Airlines 77, a Boeing 757 with 64 passengers and crew, crashed into the western wing of the Pentagon. The fourth airliner, United 93, presumably exploded after a fierce fight between angry passengers and Islamists in a forest near Shanksville, Pennsylvania. On that tragic September 11, nearly 3000 people died, 2752 under the rubble of the World Trade Center.

Very quickly the enemy was identified, because the American terrorism investigators had been focusing on him for years: Osama bin Mohammed bin Awad bin Laden, born 1957 in Jedda, Saudi Arabia, the child of a very rich family. Osama bin Laden had lived in Afghanistan for years. He guided and financed the ultra-conservative Taliban militia. For a while the Americans tried half-heartedly to get hold of him. They fired Cruise Missiles on his training camps, watched the activities of his organisation, which is called "Al Qaida". American laws before 9/11 did not permit the extermination of Osama bin Laden directly and/or with American forces. Later, when the laws were adjusted, it was already too late.

Therefore they decided to set the house on fire, expecting Osama bin Laden to be in. October 7, 2001, a Sunday, everything was ready. At one o´clock in the afternoon Eastern Standard Time, President George Bush sat in the Treaty Room on the first floor of the White House. From there he addressed the nation on TV. Quote: "The U.S. military forces started the attack on terrorist training camps of Al Qaida and military facilities of the Taliban regime in Afghanistan. ... Our military activities are trying to clear the way for sustained, comprehensive and unyielding operations to remove the terrorists and bring them to justice." The name of the operation was "Enduring Freedom".

You know the whole story. The coalition forces were able to end the rule of the Taliban and their Al Qaida allies. Taliban leader Mullah Omar and his godfather Osama bin Laden went into hiding, and nobody has been able to find them since. So the Americans missed one of the most important targets of the war.

Today, things are increasingly complicated. Al Qaida has become more an idea or a concept than an organization, as Bruce Hoffman wrote in a recent analysis, quote "an amorphous movement tenuously held together by a loosely networked transnational constituency rather than a monolithic, international terrorist organisation with either a defined or identifiable command and control apparatus". You can compare it with the franchise concept in the world of business.

The situation is not just that. Hardly anything has improved in Afghanistan. The Karzai government is only

running Kabul, and the warlords have again taken over the countryside. In the south, the Taliban are gaining ground. There are still 8000 American elite troops in the country. Sometimes they are hunting Islamists and sometimes they find themselves on the other side, being hunted. Their military operations are very capable for the breeding of new terrorists, to adopt the American term.

On May 1, 2003 Bush and Rumsfeld declared the war on Afghanistan over. That does not mean very much, because on the same day they did it for Iraq, as well. But there, in Iraq, the war started after the war.

Iraq was the next target in the White House war against terror. Contrary to the deliberately false statements of the American leadership, there were no Weapons of Mass Destruction and – in contrast to Afghanistan – no terrorists. There was a desolate, impoverished regime which had tried to save itself in vain by empty threats. It would be far too simple to define this illegitimate war, which is not covered by international law, as an active revenge of the Bush-Clan. Maybe it is not even a question of occupying the world´s second largest oil reserves. Maybe it was just a messianic mission of a born again President who together with his crew wanted to change the world for the better without taking into account the fact that he was creating the basis for a new world war in the most sensitive region of the globe. The keyword could be Islam against the rest of the world.

You know the basic data of the war. On March 25, 2003 heavy sandstorms stopped the American columns on the way to Baghdad. Two days later U.S. airborne troops

established a northern front. On April 2 the American APC´s advanced 30 kilometers close to the capital. On April 5 the Marines moved into the city center of Baghdad. One day later British troops managed to take over Basra. On April 7 Kerbela fell, on April 9 the whole of Baghdad. Until April 12 the fighting continued in the north: Mossul, Kirkuk, finally Tikrit.

According to international definitions there was no terrorism in Iraq, before the war. Even Colin Powell's accusation about special links between the anti-religious Saddam regime and the fanatical Al Qaida have never been proven. The U.S. government connected Baghdad, against better knowledge, with the 9/11 attacks. 70 percent of the Americans believed it, at least for a long while.

Iraq 2003 was no longer a threat to the region, the regime - –of course – a threat to its citizens. But this is quite common in large parts of the world. The invasion created an invisible army of anti-western Iraqis. George Bush has succeeded in uniting hard-line Arab nationalists and devoted, death-seeking Islamists – unthinkable in the past. An enormous number of volunteers are travelling to Iraq to stop the new crusaders.

This country has become a new breeding ground for terrorism, as we saw it in Beirut of the Eighties. This is clearly a result of the military intervention. Experts of many countries expected it, only the Americans refused to believe. The superpower is again entrapped in a morass with no tangible and face-saving way out.

What are likely solutions to limit the fallout of the war against terror, to limit the worldwide spread of Islamist terrorism as such? Definitely, we can witness it every day, army, air force and navy are no recipes for the growing conflict with the Muslim world. This is a deadly-naïve illusion. The military is pouring kerosene onto the religiously motivated wildfire.

First of all, we need a great deal of compassion with the Muslims, who represent the poorest and the richest in the world. Both need compassion, because an awful lot of them are misguided by false prophets like Osama bin Laden.

Secondly, we need many more development programs for the needy in the Muslim world. Because their rich brothers are not able to help them in an effective manner. For them, it would not be a matter of financial resources, it is because they are selfish and egoistic. At this point one could also discuss the necessary reform of Islam. But this is a huge subject, enough for a whole new seminar.

And, finally - but not least important - , we have to replace the gigantic military deployments by very professional and highly dedicated intelligence and police work and – eventually – specialised hit teams to hunt down the hard core terrorists.

On October 17, 2002, in a testimony before the joint House and Senate select intelligence committee investigating the 9/11 attacks, CIA director George Tenet judged that, (quote) "we should have taken down that sanctuary (in Afghanistan) a lot sooner… there may have been lots of good reasons why in hindsight it couldn´t have been done

earlier …. But we let them operate with impunity for a long time without putting the full force and muscle of the United States against them". In other words, there was a time for covert operations, but the U.S. got past that point.

Charles Cogan has been a CIA field officer for 35 years, he covered the Middle East and finally in his last post he was Paris station chief. Later he joined the John F. Kennedy School of Government at Harvard University as a Senior Research Associate. During a recent German conference of the International Intelligence History Association, titled "Intelligence and Political Enemies, Intelligence and Terrorism in the 20th Century" Cogan unfolded his "Offensive Hunt Strategy".

He quoted the military analyst William M. Arkin who has argued that fighting terrorism in the twenty-first century is equivalent to the Cold War crusades against Communism, and that the magnitude of the threat requires new, aggressive and unorthodox tactics. Cogan came to the conclusion that the Pentagon or more particularly Secretary Rumsfeld and his closest advisers are interested firstly in freeing Special Forces operations from the authority of the geographic military commands; and secondly, in keeping these operations away from the oversight of the Congressional intelligence committees.

With regard to the issue of Congressional oversight, the larger problem is how to maintain the longstanding American principle of civilian control over the military. Modalities, states Cogan, have to be worked out between the Department of Defense and the CIA as to how such offensive hunt operations are to be carried out. DCI Tenet

is described as not opposed to a role for the military in this arena. Clearly the assets of the military have to be brought into play, as the threat is much too vast for an intelligence service to handle.

The juridical aspects of the symbiosis between Special Forces and the CIA are quite complicated, as the military and the CIA are governed by two separate legal statutes, Title 10 of the United States Code for the military and Title 50 of the United States Code for the CIA. Title 50, for example, covers the whole range of covert action as conducted by the CIA, the Presidential funding system, the reporting to the oversight committees of the Congress, etc. Title 10, the one dealing with the military, gives the President and the Secretary of Defense the authority to conduct special forces type operations such as counter-terrorism, but it does not specifically get into oversight by the Congress, whether by the Armed Services committees, which have jurisdiction over the military, or the intelligence oversight committees.

The Defense Science Board completed its study of the effects of 9/11 in late October 2002. The 78-page classified document of the 10-member board is entitled its "2002 Summer Study on Special Operations and Joint Forces in Support of Countering Terrorism". The study recommended that new special operations of an offensive nature world-wide should be planned by the National Security Council through a to-be-created "Proactive, Preemptive Operations Group", but the operations themselves would be executed by the military and/or the CIA, as the case may be.

Terrorism is a weapon of mass destruction for the weak. As it seems, we have only reached the beginning of a new massive wave which could last for decades to come. Therefore it is absolute necessary to find adequate means to counter the immanent danger. Military interventions of the medieval type –no contradiction to the use of the latest high tech armament - is definitely the wrong way.

Der neue Terrorismus – Hintergründe, Wirkungen, Lösungsmöglichkeiten

Seminar am Sambachshof, 9. Dezember 2004

Thema: Bedrohungsszenarien und Bekämpfungsstrategien gegen den islamischen Terrorismus

Alarmstufe Eins, das gab es in Deutschland schon lange nicht mehr. Letzte Woche wurde es jedoch akut, beim Besuch des irakischen Premierministers Ijad Allawi. Am Donnerstagabend wollte der Politiker eine Gruppe seiner Landsleute im Exil treffen. Es gab noch andere irakische Emigranten, die den Termin

gleichfalls vorgemerkt hatten. Nach Erkenntnissen der Bundesanwaltschaft, planten sie, Allawi bei dieser Gelegenheit zu ermorden. Also ließ der Generalbundesanwalt das offizielle Stelldichein kurzerhand absagen. Während die Polizei anschließend bei den Telefonaten dreier Iraker in Stuttgart, Augsburg und Berlin mithörte, da erlebte sie viel Hektik und Aufregung.
Die Männer waren verärgert und suchten aufgeregt nach einem neuen Anschlagsort, mutmaßlich beim Termin mit der deutschen Wirtschaft. „Wir haben für Allawi eine erhebliche Gefährdung gesehen“, erklärte Generalbundesanwalt Kai Nehm am Freitag. Inzwischen waren die mutmaßlichen Täter, Aktivisten der Terrorgruppe „Ansar al-Islam“ bei Polizeiaktionen festgenommen worden. „Ansar al-Islam“ gilt nach Auffassung des Verfassungsschutzes als „bedeutendste Gruppe“ islamistischer Extremisten in Deutschland und hat hier etwa 100 Mitglieder, die meisten in Süddeutschland.
Die Ideologie, die dem Islamismus zugrunde liegt, richtet sich vor allem gegen die westliche Welt. Ziel ist es, ein Gesellschaftssystem aufzurichten, das auf Koran und Scharia basiert. Kennzeichen sind unter anderem eine ausgeprägte Intoleranz gegenüber Andersgläubigen, ein Absolutheitsanspruch, verbunden mit aktivem Kampf gegen die vermeintlich Ungläubigen sowie eine kategorische Ablehnung der westlichen Werte- und Gesellschaftsordnung. Dazu gehört auch die Trennung von Staat und Kirche und die Gewaltenteilung.

Besonders gefährlich ist natürlich das Terrornetzwerk Al-Qaida als Speerspitze des islamischen Fundamentalismus. Wer ist Osama bin Mohammed bin Awad bin Laden? Die neuzeitliche Version des historischen „Alten vom Berge", der die Kreuzritter dezimierte und auch die eigenen Kalifen bedrängte, wurden 1957 im saudischen Dschidda geboren, unweit der heiligen Stätten des Islam, die er zu schützen vorgibt. Er ist das 17. von insgesamt 53 Kindern des Bauunternehmers Mohammed Awad bin Laden.

Osama bin Laden wuchs im absoluten Reichtum auf. Das Ölgeschäft boomte, und die Saudis konnten sich noch alles leisten. Während sein Vater die Moscheen von Mekka und Medina sowie königliche Paläste renovierte, wurde Osama von Privatlehrern betreut.

Bin Laden war erst 13 Jahre alt, als das Familienoberhaupt bei einem Flugunfall starb und ihm angeblich 80 Millionen Dollar hinterließ. In jenen Jahren passierten zwei historische Ereignisse, die den Zorn der islamischen Welt hervorriefen. Israel und Ägypten schlossen Frieden. Stichwort Camp David. Als Rache töteten die Islamisten Ägyptens Präsident Anwar al-Sadat. An Weihnachten 1979 marschierten die Sowjets in Afghanistan ein. Sie wollten das pseudo-kommunistische Regime retten und gerieten in einen zehnjährigen Abnutzungskrieg. Nebenan, im Iran, hatte inzwischen der Großayatollah Khomeini den Schah verjagt. Auch das schuf neue Realitäten beziehungsweise vermehrte die Probleme der

islamischen Welt, und langfristig natürlich auch unsere eigenen.
Osama bin Laden fing die regionalen Signale auf, schloss mit seinem bisherigen Luxusleben ab und eilte den Afghanen zu Hilfe. Er rekrutierte arabische Freiwillige und koordinierte den Einsatz dieser besonders stark motivierten Glaubensbrüder. Nach Jahren erbitterter Kämpfe zogen die Sowjets 1989 geschlagen ab. Für den schmächtigen Saudi war das der Beweis, dass eine mäßig bewaffnete Truppe von Analphabeten den Mythos einer Supermacht zerstören kann. Ganz klar: Der Heilige Krieg funktioniert! Mächtige Regime müssen nicht zwangsläufig anerkannt werden. Man kann jederzeit gegen sie vorgehen. Der Gotteskrieger beschloss, seine eigene Regierung in Riad in Frage zu stellen, das korrupte und in Wohlleben erstarrte Haus der Saud.
Gleich nach seiner Rückkehr nach Afghanistan attackierte bin Laden die Monarchie – eine Art irdische Gotteslästerung. An erster Stelle warf er der herrschenden Familie deren Loyalität gegenüber den Amerikanern vor. Damit hätten sie gegen die Grundregeln des Islam verstoßen. Die Folge: Der Multimillionär wurde vorübergehend festgenommen. 1991 verließ er das Land und fand neuen Unterschlupf bei den islamischen Hardlinern im Sudan. Damit hatte Osama bin Laden alle Brücken hinter sich abgebrochen. In den folgenden Jahren tauchte er immer wieder, schemenhaft, im Zusammenhang mit spektakulären Terroroperationen auf: Anschläge auf amerikanische GI´s in Saudi-Arabien und im Jemen,

die erste Bombe im World Trade Center von New York, ein Attentat auf Ägyptens Präsident Hosni Mubarak in Addis Abeba. Die Saudis nahmen die Verdachtsmomente gegen ihren Landsmann Ernst, entzogen ihm nun auch offiziell Gunst und Staatsbürgerschaft.

Auf amerikanischen Druck wiesen ihm schließlich auch die sudanesischen Brüder ihre Tür. Osama bin Ladens Exodus begann erneut. Mit 1000 grimmigen Gefolgsleuten, drei Ehefrauen und mehr als einem Dutzend Kindern traf er 1996 bei den afghanischen Taliban ein, den ultrareligiösen Nachfolgern der früheren Mudschahedin. Der exotische Saudi gründete seine Terrororganisation „Al Qaida" (Die Basis) und erklärte der – in seinen Augen – moralisch und religiös verdorbenen westlichen Welt den Krieg.

Innerhalb der folgenden Jahre knüpfte Osama bin Laden ein weltumspannendes Netz islamistischen Terrors. Es gleicht einer Holding, an der sich zahlreiche regionale und lokale Gruppen beteiligen, die nach Bedarf eingesetzt werden können, aber in der Regel auch ihre ganz eigenen Interessen verfolgen. Unter Bin Laden als einer Art „Vorstandsvorsitzendem" tummeln sich völlig unterschiedliche Kampfgefährten und Organisationen. Etwa 30 000 Muslime aus aller Welt sollen Bin Ladens Trainingscamps im Laufe von etwa 15 Jahren absolviert haben – und heute über 40 Länder verstreut leben. Das ist ganz wichtig: Hier handelt es sich um keine zentral gesteuerte Organisation mit straffen Befehlswegen und hierarchischen Strukturen. Die

Gruppen und Zellen operieren lose verbunden oder auch völlig unabhängig voneinander und mit sehr unterschiedlichen Strategien.
Indonesische Bin-Laden-Anhänger von der Jemaah Islamiya, zum Beispiel, zündeten im Oktober 2002 zwei Bomben auf der Ferieninsel Bali. 202 Menschen aus 21 Ländern starben, über 300 wurden verletzt. Im August 2003 attackierten sie das Marriott-Hotel in Jakarta. Auch hier mehr als zehn Tote und 150 Verletzte.
In gleiches Muster passte auch der verheerende Bombenanschlag im April 2002 auf die alte Al-Ghriba-Synagoge im tunesischen Djerba, wo 19 Urlauber ums Leben kamen, unter ihnen 14 Deutsche. Im Nachbarland Marokko detonierten am 15. Mai 2003 mehrere Bomben. Die Folge: 43 Tote, unter ihnen die zwölf Attentäter. Im selben Monat griffen Islamisten Wohnanlagen für westliche Ausländer in der saudischen Hauptstadt Riad an. 35 Menschen wurden getötet, unter ihnen neun Täter.
Der Vollständigkeit halber, möchte ich noch einmal daran erinnern, dass Bin Laden unter eigener Flagge im Laufe der Jahre immer spektakulärer zugeschlagen hat. Am 7. August 1998 griffen seine Selbstmordattentäter simultan die amerikanischen Botschaften in Nairobi und Daressalam an. In Kenia starben 213 Menschen, zumeist Beschäftigte in einem benachbarten Bürogebäude, in Tansania elf Personen. Bei beiden Anschlägen wurden rund 4500 Menschen verletzt. Am 12. Oktober 2000 verübte „Al Qaida" einen Sprengstoffanschlag auf das US-Kriegsschiff

„Cole“ im Hafen von Aden. Dabei kamen 17 amerikanische Soldaten und vier Täter ums Leben.
Der saudische Chefterrorist und seine Anhänger griffen am 11. September 2001 beispiellos in die Weltgeschichte ein. An diesem Tag entführten 19 Araber, unter ihnen 15 Saudis, in kurzen Abständen vier amerikanische Verkehrsmaschinen. Zwei von ihnen lenkten sie nach New York und rasten dort in die Türme des World Trade Centers. Die dritte Maschine rammte das Pentagon in Washington und die vierte zerschellte auf freiem Feld in Pennsylvania. Mit großer Wahrscheinlichkeit hatten sich die Passagiere gewehrt und das Flugzeug zum Absturz gebracht. Insgesamt starben beinahe 3000 Menschen.
Die politischen und militärischen Folgen dieses Tages kennen Sie selbst. In den drei Jahren seit dem 11. September 2001 überzogen die Amerikaner Afghanistan und Irak mit Zerstörung, begannen sie einen weltweiten „Krieg gegen den Terror“, der aber bisher vorwiegend neuen und noch größeren Terror auslöste.
Lassen Sie uns den Blick auf Europa verengen. Die Anschläge vom 11. März 2004 in Madrid mit 191 Toten und mehr als 1500 Verletzten haben gezeigt, dass auch Europa ins Fadenkreuz der Terroristen geraten ist. Sie wurden von überwiegend aus Marokko stammenden Tätern verübt, die nur lose Verbindungen zu „Al Qaida“ unterhielten und den sogenannten „Non-aligned Mujahedin“, also den „unabhängigen Mudschahedin“, zuzurechnen sind. Der Anschlag

wurde allerdings auch von „Al Qaida“ als Teil des gemeinsamen Kampfes bezeichnet.
„Al Qaida“ hat sich seit dem 11. September 2001 längst wieder neu erfunden. Die frühere hierarchisch strukturierte „Tafelrunde“ um Bin Laden existiert so nicht mehr. Der Saudi sieht sich mehr in der Rolle des Einpeitschers und Impulsgebers für den Krieg gegen die USA und ihre Verbündeten. Konkret sind es die Fronttruppen, die das operative Geschäft des Terrors betreiben, verbunden durch eine Art islamistischen Brüdergeist. Lokale und regionale Gruppen bilden derzeit jene Strukturen, denen das besondere Augenmerk der Sicherheitsbehörden gilt.
Die Vorbereitung und Planung von Terroranschlägen verläuft dezentralisiert. Es gibt keine oder nur eine geringe Rückkoppelung zur „Al-Qaida-Spitze“. Die alte „Al Qaida“ hat keine Kontrolle mehr über die globalen Kader und Zellennetzwerke. Erfahrene Drahtzieher des Terrors, oft von „Al Qaida“ am Hindukusch geschult, liefern den jeweiligen Akteuren einer Zelle das Know how, Logistik und Finanzen. Ausführendes Organ, wie bei den Anschlägen in Riad, Casablanca oder – vor einem Jahr – in Istanbul, ist dann die jeweilige lokale Terrorzelle. Die Gruppen arbeiten streng konspirativ. Es gibt kaum externe Bezüge. Wird der Organisator eines Anschlags festgenommen, dann kennt er in der Regel nur tatbezogene Details – das ganze Netz bleibt auch für ihn im Dunkeln.
Diese taktische Ausrichtung der neuen „Al Qaida“ oder mit ihr verbündeter Islamisten-Gruppen

erschwert natürlich die Arbeit von Nachrichtendiensten und Polizeibehörden. Dennoch gelingt es immer wieder in mühevoller Kleinarbeit ein „islamistisches Puzzle“ zu erstellen, in dem Namen, Verbindungen und Absichten deutlich werden. Geheimdienste wissen durch ihre Telefonüberwachung, dass militante Islamisten ihre Operationsbasis Europa in den vergangenen beiden Jahren ausgeweitet haben. Ein aktueller Strategiebericht des Londoner „International Institute for Strategic Studies“ kam sogar zu dem Ergebnis, dass mit „Al Qaida“ in voller Stärke zu rechnen sei. Bin Ladens Netzwerk präsentiere sich als „lebensfähig und effektiv“. „Al Qaida“ habe sich, was die Madrider Anschläge bewiesen, „völlig erholt“.

Nachrichtendienste beunruhigt besonders die Ausweitung islamistischer Terrorzellen in Länder Osteuropas. Die Zielrichtung verläuft nach Polen, Bulgarien, Rumänien sowie in die Tschechische Republik. Die Furcht geht um, in diesen Staaten könnte sich angesichts mächtiger Mafiastrukturen und entsprechender Korruption ein neues terroristisches Potenzial formieren. Zitate aus abgehörten Gesprächen des britischen Geheimdienstes MI6 lassen aufhorchen: *„In Polen und Bulgarien ist alles einfach. Hier sind viele korrupt. Für Dollars kannst Du sie einkaufen. Hier gibt es geringere Kontrollen als in den anderen europäischen Ländern.*“ Österreich gilt als zentrale Drehscheibe für die Kommunikation unter den muslimischen Extremisten. Frankreich wird als Schlüsselland für die Rekrutierung von Kämpfern für

Tschetschenien eingestuft. Ausnahmen bestätigen die Regel. Zwei im Kaukasus 2002 gefallene Mudschahedin waren deutsche Staatsangehörige tunesischer und türkischer Abstammung. Einer von ihnen kam aus Neu-Ulm.

Wichtigstes europäisches Land für militante Islamisten ist eindeutig Großbritannien. London gilt als zentrale logistische Basis und als ideales Versteck für manche „Masterminds" des neuen Terrors, aber ebenso als „Nervenzentrum für Rekrutierungen". Häufig wird England auch als Transferland für Geldverschiebungen, als Basis für Kreditkartenbetrug und Passfälschungen benutzt. Ein Großteil des Geldes kommt übrigens immer noch aus den arabischen Golfstaaten, wo auch die meisten Sympathisanten des Terrors leben. Angesichts der autonomen Konzeption europäischer Islamistenzellen rechnen die Ermittler künftig mit Operationen auf der so genannten „ad-hoc Basis". Das bedeutet: Zusammenkommen für eine bestimmte Aktion, sie durchführen und sich dann zerstreuen. Dies allein Al-Qaida zuzuschreiben, das wäre zu simpel, sagt eine Geheimdienstquelle.

Im Jahr 2002 flog in Deutschland eine Zelle der palästinensisch-jordanischen „Al-Tawhid-Gruppe" auf. Sie plante Anschläge, vornehmlich gegen jüdische Ziele. Viele ihrer Mitglieder sollen, nach Erkenntnissen europäischer Sicherheitsbehörden, noch unerkannt unter uns leben. Sie treffen sich in Moscheen und Islamischen Zentren, engagieren sich als Schleuser, besorgen für die Kämpfer gefälschte Pässe und Geld. In einem Fall, so die Polizei, gab es

Kontakte zu kriminellen Albanern, die Waffen liefern sollten. Bei Ermittlungen gegen algerische Islamisten wurden im Dezember 2000 in Frankfurter Wohnungen Waffen und Material für den Bombenbau sichergestellt. Daraus entstand der dringende Verdacht, dass die Araber einen Anschlag auf den Straßburger Weihnachtsmarkt oder auf die Synagoge der französischen Stadt verüben wollten. Ihr Handwerk hatten die Mitglieder der sogenannten Melliani-Gruppe in afghanischen „Al-Qaida"-Ausbildungslagern gelernt. Inzwischen wurden sie vom Oberlandesgericht Frankfurt zu mehrjährigen Haftstrafen verurteilt.
Ein aktueller Lagebericht, vorgetragen durch Bayerns Innenminister Günther Beckstein bei einem Expertengespräch zum islamistischen Terrorismus, am 12. November in München, kam zu folgenden Feststellungen: *„Auch Deutschland kann jederzeit vom Ruhe- und Vorbereitungsraum zum Ausführungsraum islamistischer Gewalttäter werden. Wir sind, ähnlich wie Spanien, im Blickfeld von Osama bin Laden…. Zwar liegen uns in Deutschland gegenwärtig keine konkreten Hinweise auf geplante Anschläge vor. Wir wissen aber, dass auch in Deutschland gewaltbereite Islamisten reagieren.*"
Selbstverständlich ist das eine absolute Grauzone. Beckstein nannte in diesem Zusammenhang trotzdem eine Zahl. In Bayern, sagte er, hätten seine Experten über 50 namentlich bekannte und gewaltbereite Islamisten ausfindig gemacht, die im Verdacht stehen,

Kontakte zu Personen und Organisationen des internationalen Terrors zu pflegen.
Zwei Tage vorher sprach BND-Präsident August Hanning in der Universität Erlangen. Er versicherte seinen Zuhörern, dass Deutschland derzeit von Terroristen nicht akut bedroht werde. Dem BND lägen bislang auch keine Hinweise vor, dass islamistische Terrorgruppen im Besitz von Massenvernichtungswaffen, etwa Atomsprengsätzen, seien. Möglich sei es, dass solche Gruppen „schmutzige Bomben" mit radioaktiven Beimengungen besäßen. Sein Kollege Jörg Ziercke, der neue Präsident des Bundeskriminalamts, versicherte in einem Interview, gleichfalls im November, dass es keine konkreten Hinweise gäbe, ob Deutschland derzeit verstärkt als Rückzugsgebiet der Terroristen genutzt werde. Ziercke wörtlich: *„Aber wir haben auch in Deutschland Informationen über Personen, die zu Terroristen ausgebildet wurden und jederzeit für Anschläge auch in Europa rekrutiert werden könnten."* In einem anderen Interview versicherte der Chef der größten deutschen Polizeibehörde: *„Wir müssen davon ausgehen, dass es auch in Deutschland noch unerkannte autonome Terrorzellen geben könnte."*
Zusammenfassend lässt sich zur aktuellen Lage in Deutschland sagen, dass im August 2004 rund 180 Ermittlungsverfahren liefen. Ziercke sprach im November von 150 Ermittlungsverfahren, davon 80 beim BKA und 70 bei den Ländern. Betrachtet man diese Fälle nach geographischen Gesichtspunkten,

dann lässt sich gut erkennen, dass die Islamisten keineswegs in den einschlägigen Ballungsgebieten leben, sondern beinahe flächendeckend auf Deutschland verstreut, vom Oberhavelland bis Lebach. Das Kerngebiet erstreckt sich von Hamburg über das Ruhrgebiet, nach Frankfurt und Nordbayern, nach Stuttgart und München. Und dazu kommt noch Berlin, der Schmelztiegel. Medienschätzungen gehen bundesweit von 270 „Gefährdern“ aus, also hartgesottenen Islamisten. Es sei weit weniger als die Hälfte, meint BKA-Chef Ziercke. Wie auch immer: Unter den drei Millionen Muslimen ist der Anteil an Radikalen außerordentlich gering. Endlich eine positive Nachricht.

An dieser Stelle eine kurze Behördenkunde für alle, die sich mit den Strukturen der Terrorismus-Abwehr schwer tun. Politischen Extremismus beobachten vorrangig die Zentralstellen der deutschen Polizei, also das Bundeskriminalamt mit rund 5000 Mitarbeitern und die 15 Landeskriminalämter. Zwischen ihnen herrschen häufig Rivalitäten und Meinungsverschiedenheiten.

Das BKA ist gegenüber den Ländern nicht weisungsberechtigt. Kooperation erfolgt seit 1950 über die sogenannte „AG Kripo“. Zweimal im Jahr tagen die Präsidenten der Landeskriminalämter unter der Leitung des BKA-Präsidenten. Dann besprechen sie Tendenzen der Kriminalität, die Sicherheitslage und auch aktuelle Gesetzesvorhaben.

Nach gleichem Muster läuft die Zusammenarbeit zwischen den Landeskriminalämtern und allen, in

ihren Ländern den Innenministern nachgeordnete Polizeidienststellen. Die Gesamtstärke der deutschen Polizei beträgt 270 000 Beamte, davon 200 000 in den alten Bundesländern und Berlin. Das letzte Wort in so sensitiven Bereichen wie der Terrorismusbekämpfung, hat stets der Innenminister, und damit die politische Führung. Dass in den letzten Wochen und Monaten soviel über das BKA gesprochen wird, liegt übrigens nicht nur am Streit über den ungeliebten Umzug nach Berlin, sondern auch daran, dass Innenminister Schily die Kompentenzen des Bundeskriminalamtes deutlich erweitern will, und die Länder sich dagegen wehren.
Übrigens war beim BKA der Umgang mit dem Terrorismus, früher ein Standbein des Hauses, vor dem 11. September 2001 stark zurückgegangen. Nach den Anschlägen in New York und Washington gründete das BKA die „Besondere Aufbauorganisation USA", die mit 600 Mitarbeitern größte Sonderkommission in der 50jährigen Geschichte des Hauses. Am Ende dieser Arbeitsphase wurde die Abteilung Staatsschutz organisatorisch umgebaut. Vor dem 11. September beobachteten nur 30 Beamte den islamischen Terrorismus. Heute existiert in diesem Bereich die Gruppe ST 3 mit vier Referaten und 130 Mitarbeitern.
Im Einsatzfall, zum Beispiel bei Zugriffen im Terrorismusbereich, werden Spezialeinheiten der lokalen wie auch der überregionalen Polizei losgeschickt. Sie heißen SEK („Spezialeinsatzkommando") oder MEK („Mobiles

Einsatzkommando"). Bei bundesweit bedeutenden Aktionen kommt in der Regel die GSG 9 des Bundesgrenzschutzes. Die Gruppe 9 entstand als Konsequenz des missglückten Einsatzes der Münchner Polizei bei der Olympiade 1972.
Zum 1. April 1996 wurde bei der Bundeswehr ein „Kommando Spezialkräfte" (KSK) gebildet. Zu den Aufgaben dieser Einheit zählt auch die Rettung und Evakuierung bedrohter deutscher Staatsbürger im Ausland. Viele Erfahrungen sammelten die KSK-Kämpfer bei gemeinsamen Einsätzen mit den Amerikanern in Afghanistan.
Nach dem neuen Luftsicherheitsgesetz kommt auf die Bundesluftwaffe die Aufgabe zu, von Selbstmordattentätern entführte Flugzeuge abzuschießen. Über Feinheiten und Befehlswege wird noch diskutiert.
Ein Bundesamt in Köln und 16 Landesämter für Verfassungsschutz tragen Erkenntnisse zur Terrorismusproblematik aus nachrichtendienstlicher Sicht zusammen. Sie werden vom Opportunitätsprinzip geleitet, können also strafrechtliche Tatbestände im Einzelfall zurückhalten, um die Szene weiter zu beobachten. Rund 80 Prozent seiner Informationen gewinnt der Verfassungsschutz aus offenen Quellen, also Medien, Verlautbarungen oder auch Gerichtsurteilen. Mit nachrichtendienstlichen Mitteln, wie Überwachung von Telefon und Post, Lauschangriffen oder dem Einsatz von V-Leuten erhält der Verfassungsschutz öffentlich nicht zugängliche Informationen. Ein

wichtiges Hilfsmittel ist das betagte und längst überholte Informationsnetz NADIS. Hier handelt es sich um ein automatisiertes Datenverbundnetz, an dem alle Verfassungsschutzämter im Online-Verfahren beteiligt sind.
Der Verfassungsschutz unterrichtet die Innenministerien der Länder beziehungsweise im Falle des BfV das Bundesinnenministerium. Er liefert ihnen Organisationsanalysen über extremistische Gruppen und Lagebilder. Darüber hinaus arbeitet er mit dem Bundesnachrichtendienst (BND) und ausländischen Geheimdiensten zusammen. Kenntnisse der Verfassungsschützer gelangen auch an Staatsanwaltschaften und Polizeibehörden. Wo es notwendig ist, kümmern sich diese dann um Festnahmen und Strafverfolgung.
Der Bundesnachrichtendienst in München-Pullach, eine Behörde mit über 6000 Mitarbeitern und einem Jahresetat von 350 Millionen Euro, befindet sich im Umbruch. Bis 2008 scheiden 25 Prozent seiner Kräfte aus und werden im Prinzip nicht mehr ersetzt. Bis 2011 soll der gesamte Dienst nach Berlin ziehen, in die Nähe seines Dienstherrn Bundeskanzleramt. Doch das ist ähnlich umstritten, wie beim BKA.
Die inhaltliche Neuorientierung des BND geht auch aus seinen Stellenanzeigen hervor. Politologen und Islamisten werden gesucht, Dolmetscher für Sprachen muslimischer Länder, aber auch Techniker aller Art.
Das ursprüngliche Engagement des deutschen Auslandsnachrichtendienstes im Terrorismusbereich begann mit einer Spendenaffäre. Unter dem

Präsidenten Klaus Kinkel (1979 bis 1982) trugen zehn deutsche Firmen rund 400 000 Mark zusammen, damit der Geheimdienst den Mörder des Arbeitgeberpräsidenten Hanns-Martin Schleyer suchen lassen konnte. Die Operation misslang und wurde 1985 publik. Vertreter aller Parteien distanzierten sich von der Fremdfinanzierung öffentlicher Sicherheitsaufgaben. Dem BND wurde untersagt, Industriegelder anzunehmen.
Das kleine und sehr aktive Referat 16C kümmerte sich bis Anfang der 90er Jahre um den internationalen Terrorismus – und schwand schließlich dahin. Als die Amtsleitung des BND nämlich den Eindruck bekam, dass der Arbeitsanfall bei der Erforschung der Terroristen zurückging, verteilte sie die Aufgabe ohne lange zu überlegen auf die Länderreferate. So kam es, dass sich zahlreiche Länderexperten ohne Erfahrungen im sehr speziellen Bereich des internationalen Terrorismus auf fremdem Terrain einarbeiten mussten. Der Aufwand war groß und verfehlte zumeist sein Ziel.
Der BND rückte, wie beispielsweise auch der große Bruder CIA, von den menschlichen Quellen ab und ging auf den High-Tech-Trip. In den 90er Jahren bastelte man vorwiegend am Ausbau der Abhörkapazitäten. Um die relative Vollbeschäftigung nach dem Wegfall des Ostblocks, den 80 Prozent der BND-Kräfte bearbeiteten, zu sichern, trat der Dienst im Bereich der Organisierten Kriminalität in Konkurrenz zu den Polizeibehörden und zum bayerischen Landesamt für Verfassungsschutz. Der

Terrorismus war längst zum Stiefkind geworden, und so schaltete der BND Anfang 1998 auch die 500 einschlägigen Begriffe in der Suchwortbank der elektronischen Aufklärung ab.

Erst im August 2001 startete der BND die Reform der Reform. Ein neues Terrorismusreferat nahm mit dem Grundstock von 50 Mitarbeitern Gestalt an. Die Wiederbelebung der TE-Experten gelang rechtzeitig zum 11. September. Danach gab es erst einmal 50 Millionen Mark aus dem Berliner Drei-Milliarden-Füllhorn für die innere Sicherheit. Der BND war im Terrorismusbereich rein behördentechnisch erneut arbeitsfähig.

Seit neuestem versucht übrigens auch der „Militärische Abschirmdienst" (MAD) in diesem Sektor Fuß zu fassen. Befasste er sich bislang mit Neonazi-Umtrieben in den Kasernen und der Abwehr von Ostspionen, so stellt sich der MAD jetzt auf die globalen Interessen der Bundeswehr ein. Er will die Auslandseinsätze vor Terroristen schützen. Das erledigte früher wenn überhaupt, alleine der BND. Eine neue Konkurrenzsituation.

Viel ist passiert, seit die deutschen Behörden mit der harten Wahrheit konfrontiert wurden, dass die führenden Täter der Anschläge des 11. September jahrelang relativ unauffällig in Hamburg lebten und studierten. Die Bundesregierung antwortete auf die neue Bedrohung durch islamistischen Terror mit zwei Sicherheitspaketen. Das erste „Anti-Terror-Paket" wurde bereits am 19. September 2001 vom Bundestag verabschiedet. Es brachte verstärkten Schutz gefährdeter Einrichtungen und des Flugverkehrs, eine Verschärfung des Vereinsrechts, vor allem im Hinblick auf extremistische islamische Vereinigungen, und eine Erweiterung des Anti-Terror-Paragraphen 120 im Strafgesetzbuch. § 129b erfasst nun auch ausländische Organisationen. Finanzminister Eichel arbeitete damals schon an der zunehmenden Lockerung des Bankgeheimnisses, um die Geldflüsse der Terroristen besser überwachen zu können. Von Anfang an umstritten war die wiederbelebte Rasterfahndung. Zum einen wurde sie in mehreren Bundesländern per Gerichtsurteil für rechtswidrig erklärt, zum anderen blieben die erwünschten Erfolge auf der Suche nach den „Schläfern“ ohnehin aus.

„Anti-Terror-Paket II“ sieht unter anderem folgende Maßnahmen vor: Biometrische Daten, wie Fingerabdrücke, Handform oder Augeniris im Ausweis, Sonderüberprüfungen für Angestellte von sicherheitsrelevanten Einrichtungen. Der Verfassungsschutz darf künftig von Banken, Fluglinien und der Post Kundendaten anfordern, der BND auch im Inland ermitteln. Das neue Gesetz sieht erweiterte Kompetenzen für das BKA vor, den Einsatz von sogenannten „Sky Marshalls“ aus den Reihen des BGS und ein strengeres Ausländerrecht. Im Januar 2005 wird das neue Zuwanderungsgesetz in Kraft treten, ein weiteres Instrument nicht zuletzt im Umgang mit Islamisten.

Auch die Länder haben individuell auf die neue Terrorismusbedrohung reagiert. Beispiel Bayern. In

München wurde ein Sicherheitspaket mit 650 zusätzlichen Stellen bei der Polizei und 50 Planstellen beim Verfassungsschutz geschnürt. Dazu entwickelten die Bayern ein Konzept zur Aufklärung krimineller islamistischer Strukturen, kurz „Akis“. In allen Polizeipräsidien entstand die „Besondere Aufbauorganisation AKIS“. Ihre Ermittler versuchen deliktsübergreifend Verbindungen und Strukturen von Islamisten aufzudecken. Dabei greifen sie auch auf Informationen aller Sicherheitsbehörden auf Bundesebene zurück. Die Beamten bedienen sich des neu aufgebauten „Strategischen Innovationszentrums der Bayerischen Polizei“ (SIZ), das sowohl Islamkundler als auch Experten für Sicherheitstechnik beschäftigt.

Ganz aktuell beginnt in Berlin im Dezember die Arbeit der neuen Anti-Terror-Zentrale. Das Analyse- und Lagezentrum soll mit zunächst 100 Mitarbeitern das Netzwerk der Daten von BKA, Bundesnachrichtendienst und Verfassungsschutz noch enger machen. Nach letzten Informationen wird die geplante Islamistendatei auf alle Bereiche des politisch motivierten Extremismus ausgeweitet werden.

Beim BKA in Meckenheim und beim Kölner Bundesamt für Verfassungsschutz laufen interessante Untersuchungen an. Dafür wurden bereits sogenannte Informationsboards beim BKA und Analyseboards beim BfV eingerichtet. Im Rahmen des Projekts „Ausbildungslager Arabische Mudschahedin“ gelang die eindeutige Identifizierung von Trainingscamps.

Ein genaues Bild über Struktur, Inhalte und Abläufe der Ausbildung und die Zuordnung von Personen zu Lagern und Ausbildungsinhalten wurde gewonnen. Diese Lager sind inzwischen weitestgehend zerstört.
Ein weiteres Projekt der beiden Bundesbehörden beschäftigt sich mit den „Islamkonvertiten in Deutschland". Rund 11 000 Personen wurden dokumentiert. Insgesamt sollen es jedoch über 40 000 sein. Eine besonders auffällige Gruppe ist von großem Interesse. Sie sucht nach jahrelangen Islamstudien Sicherheit, Rückhalt und neue Orientierung. Dabei zeigt sich dieser Kreis für radikales Gedankengut zugänglicher als anders motivierte Konvertiten. Die Aussicht auf eine bedeutungsvolle Tat, auf Anerkennung und den Ruhm des Märtyrers scheint insbesondere verlockend für jene zu sein, die sonst nur schwer einen Sinn im Leben erkennen können. Der Anteil von Konvertiten ist statistisch gesehen gering. Bei zwei von ihnen kennt man aber inzwischen eine islamistische Karriere, die sie bis in die Audienz bei Bin Laden führte.
Islamistische Terroristen bedienen sich mit großer Selbstverständlichkeit des Internets als Plattform ihrer Propaganda. Über dieses Medium werden Bekennerschreiben und Strategiepapiere verbreitet. Also befasst sich ein weiteres Langzeit-Projekt von BKA und BfV mit der Auswertung der entsprechenden Internet-Seiten. Im Team arbeiten Terrorismusexperten, Islamwissenschaftler und Muttersprachler. Sie erfassen alle relevanten Seiten, aktualisieren Linklisten, erarbeiten Prognosen und

Trends. Das Ziel sind natürlich, wie in allen Fällen, neue Ermittlungsansätze.
Im Rahmen des international ausgerichteten Projekts „Verdachtschöpfungsindikatoren Islamistischer Terrorismus“ gab die EU das Ziel vor, auf der Basis bereits vorliegender Ermittlungsergebnisse gemeinsame Terroristenprofile und Verdachtsindikatoren zu erarbeiten. Auf einer Datengrundlage von 60 Beschuldigten hat das BKA bereits umfangreiche Lebensläufe rekonstruiert und eine Funktionstypologie (zum Beispiel Attentäter, Anwerber, Finanzier, Logistiker mit der Differenzierung religiös motiviert oder profitorientiert) erarbeitet. Diese Profile werden mit den Erkenntnissen anderer Sicherheitsbehörden abgeglichen. BKA-Präsident Ziercke stellte dieses Projekt bei der jüngsten Herbsttagung seines Hauses vor. Er versicherte den versammelten Spitzen der deutschen Polizei: *„Darauf aufbauend werden wir Fahndungsmaßnahmen im Rahmen unseres ganzheitlichen Ansatzes, insbesondere im Hinblick auf Gefährder und sogenannte relevante Personen, gezielter einleiten können.“*
In einer weiteren Untersuchung versuchen die BKA- und BfV-Spezialisten herauszufinden, welcher Personenkreis wo, wie und durch wen zur Teilnahme am Dschihad rekrutiert wurde. Damit will man erkennen, welche Gruppierung und welche Persönlichkeitsstrukturen besonders anfällig für Rekrutierungsansprachen der Islamisten sind. Die Ermittler wollen auch wissen, an welchen Orten und

mit welchen Mitteln diese Kontakte angebahnt werden, und ob das Internet dabei eine Rolle spielt, ob dabei auch gemeinsame Aufenthalte in deutschen Haftanstalten eine Rolle spielen.

In jüngster Zeit wurde immer wieder spekuliert, ob Innenminister Otto Schily sein drittes Anti-Terror-Paket, auch dieses von Insidern als „Otto-Katalog“ bezeichnet, bereits in der Schublade liegen hat. Angeblich steht darin, dass das BKA ähnlich wie ein Geheimdienst Personen observieren, abhören und befragen darf, bevor sie etwas Strafbares getan haben. Das nennt sich im Fachgebrauch „Präventivermittlungskompetenz“. Das Bundesamt für Verfassungsschutz soll ein Weisungsrecht gegenüber den Landesverfassungsschützern erhalten, der Katastrophenschutz bei länderübergreifenden Gefahrenlagen dem Bund unterstellt werden. Verfassungsschutz und Bundesnachrichtendienst würden mehr Abhörbefugnisse bekommen, die 2001 beschlossenen und 2007 auslaufenden erweiterten Zuständigkeiten von BKA und Geheimdiensten verlängert werden. Bis jetzt fehlt bei allen Maßnahmen noch die weitestreichende Überwachung des Geldverkehrs und der einfachere Zugriff auf die Daten der Bürger.

Mit allen bislang erlaubten Instrumenten wollen Europas Geheimdienste seit dem 11. September 2001 insgesamt 30 geplante Großanschläge verhindert haben. Wenn ihnen die Politik freie Hand lässt und weitere Sicherheitspakete genehmigt, dann glauben sie alle Terroroperationen stoppen zu können.

Es gibt ein geflügeltes Wort, das der nordirischen IRA zugeschrieben wird. „Wir müssen nur einmal Erfolg haben“, soll ein Terror-Stratege von der grünen Insel den englischen Feinden erklärt haben, „Ihr dagegen immer!“ Das haben sich die Terrorismusbekämpfer auf die Fahne geschrieben. Sie wollen solange an neuen Konzepten und Strategien tüfteln, bis sie immer Erfolg haben.

Konrad-Adenauer-Stiftung

Der Trialog von Experten aus Russland, Deutschland und den USA zu Maßnahmen gegen den internationalen Terrorismus

Moskau, 17./18.November 2002

Thema: Probleme der internationalen Zusammenarbeit

Internationale Kooperation im Sicherheitsbereich, gerade in und mit Deutschland, ist seit jeher problembeladen. Lassen Sie mich gleich mit einem prominenten Beispiel beginnen, das zunehmend in Vergessenheit gerät. Im März 1979 gab es

Spannungen zwischen der Palästinensischen Befreiungsorganisation, kurz PLO, und der Bundesrepublik Deutschland. Mehrere Terrorkommandos wurden in Marsch gesetzt. Acht Täter gingen der Polizei in Berlin ins Netz. Sie sollen beauftragt gewesen sein, ein Treibstofflager in die Luft zu sprengen und ein Flugzeug der El Al in Frankfurt anzugreifen. Zwei palästinensische Aktivisten wurden mit 40 Kilogramm Sprengstoff und elf falschen Pässen an der österreichischen Grenze ergriffen, zwei andere Männer an der holländischen Grenze. Die entscheidenden Hinweise für die deutschen Behörden waren in jedem Fall vom israelischen Partner-Geheimdienst Mossad gekommen.

Das zuletzt inhaftierte Quartett wurde in Bayern vernommen, so gut es sprachlich ging. Die Terroristen behaupteten, dass sie kein deutsches Objekt, sondern nur ein israelisches Schiff im Hamburger Hafen in die Luft jagen wollten. Dem Bundeskriminalamt lag jedoch eine Information vor, dass als Anschlagsziele die Raffinerie von Ingolstadt und ein Tanklager in Hamburg dienen sollten. Die Gefangenen wurden solide untergebracht , zwei von ihnen in der Justizvollzugsanstalt Straubing und die anderen beiden in München-Stadelheim.

Nun tauchten erste technische Probleme auf. Die deutschen Sicherheitsbehörden verfügten damals über keine Dolmetscher und auch nicht über Ermittler, die sich im nahöstlichen Dschungel auskannten. Es wurde sozusagen alles über einen Kamm geschoren. Da half bis auf weiteres auch nicht weiter, dass der Bundesnachrichtendienst Mitte 1978 seine eigene Antiterrorabteilung formierte.

Also ließen BND und Landeskriminalamt Bayern den Mossad ran. Ein Skandal nahm seinen Lauf. Arabisch sprechende israelische Agenten durften die Fatah-Aktivisten in den Gefängnissen und im Münchner LKA besuchen und mit der ihnen eigenen Unerbittlichkeit ausfragen. Die Terroristen fühlten sich, so schrieb später die Wochenzeitung *„Die Zeit"*, „als befänden sie sich in israelischer, nicht in deutscher Gefangenschaft". Die Amtshilfe durch die Israelis sah so aus: Der Mossad verhörte, fertigte Protokolle an und teilte den überforderten bayerischen Kollegen mit, was er für wichtig hielt. In der *„Zeit"* hieß es dazu: „Kein Beamter des bayerischen Landeskriminalamtes weiß, ob die Protokolle der Mossad-Helfer die Gespräche mit den Terroristen exakt wiedergeben – oder nicht."

Kurze Zeit später standen die Palästinenser vor Gericht. Sie wurden wegen des Sprengstoffbesitzes und ihrer falschen Pässe zu Strafen zwischen vier Monaten und zweieinhalb Jahren verurteilt. Die PLO setzte die deutsche Regierung unter Druck. Bomben explodierten vor deutschen Einrichtungen im Libanon. Das Bundeskriminalamt lud PLO-Vertreter nach Wiesbaden ein. Sie durften auch ihre Leute im

Gefängnis besuchen. Dabei erfuhren sie von der israelischen Amtshilfe. Es war auch die Rede von Folter mit Psychopharmaka. In Beirut meldete die PLO, der inzwischen freigelassene Häftling Mohammed Yussif sei von den Israelis mit Bildern seiner Angehörigen aus dem Westjordanland erpresst worden. Man habe versucht, ihn zu zwingen, den palästinensischen Sicherheitschef Abu Ijad zu ermorden. Im Weigerungsfall werde seine Familie die Folgen zu tragen haben.

Am 18. Oktober 1979 soll sich Yussif in einem Anfall von Verzweiflung erschossen haben, mit 18 Schuß aus einer Kalaschnikow. Und, seltsamerweise, in Anwesenheit von sieben Freunden. Womöglich war der sensible Yussif auch nur ein Bauernopfer. Exakt vier Wochen später wurden seine Komplizen aus deutscher Haft entlassen und durften nach Damaskus in die Freiheit fliegen. Auch die Berliner PLO-Terroristen mussten eine sechsmonatige Hauptverhandlung über sich ergehen lassen, und wurden wenig später ausgewiesen. Heimlich und leise war eine neue Partnerschaft entstanden, zwischen den deutschen Behörden und der PLO. Das Ziel war eine Art Nichtangriffspakt, Gewaltverzicht der Palästinenser auf deutschem Boden. Es funktionierte eine Weile, und dann erfuhr der Deal eine Beerdigung erster Klasse, weil sich die Deutschen über den Tisch gezogen fühlten, und die Palästinenser nur nach eigenen Vorteilen strebten.

Dieses Beispiel zeigte wie es kommen kann, wenn demokratisch und rechtsstaatlich strukturierte Sicherheitsbehörden mit Regimen kooperieren, deren Unrechtsbewusstsein eine sehr hohe Hemmschwelle hat. Eine Zeitlang, vor allem unter der Ära Kohl, schien dies völlig normal zu sein. Der Bundesnachrichtendienst, dessen Residenten in allen wichtigen Staaten der Erde vertreten sind, pflegte . und das ist unser zweites Beispiel aus der Praxis – innige Kontakte mit dem syrischen Auslandsnachrichtendienst. Das erwies sich als besonders wichtig in den Jahren, als unschuldige deutsche Geiseln in libanesischen Verliesen einsaßen, um möglicherweise gegen zwei in Deutschland inhaftierte Brüder aus der Hamadi-Familie ausgetauscht zu werden. Eines Tages reiste eine hochrangige Delegation des BND nach Damaskus. In den Gesprächen mit den Deutschen verhehlten die Syrer nicht, dass sie jederzeit bereit seien, die Entführer zu täuschen, um ihnen ihre Tauschobjekte ohne Gegenleistung abzunehmen. Das wollten die deutschen Geheimen, die damals von einem Unterabteilungsleiters namens Heinrich Hellmann angeführt wurden, nicht riskieren.

Im Gegenzug war man auch in Deutschland nie geizig mit Gefälligkeiten. Während der 80er Jahre stieg ein wendiger Syrer von einem kleinen Waffen- und Drogenschieber zum sogenannten „Prinzen von Marbella“ auf: Monzer al-Kassar. Das Bundeskriminalamt bezeichnete ihn als „einen der gefährlichsten Männer der Welt". Zusätzlich zu den beiden, bereits genannten Geschäftszweigen, transportierte er Hochtechnologie über die Fronten des Kalten Krieges und unterstützte befreundete Terroristen, wie den „Achille-Lauro"-Entführer Abu Abbas. Auch mit Lockerbie wurde er zeitweilig in Verbindung gebracht.

Der Dreh- und Angelpunkt von Al Kassars europäischen Aktivitäten war Österreichs Metropole Wien. Dort betrieb er eine Tarnfirma namens Alcastronic. Auf der einen Seite dealte er mit den staatlichen Waffenhändlern des Ostblocks, mit Firmen wie Cenzin in Polen, Kintex in Bulgarien, Omnipol in der CSSR, auch mit den DDR-Außenhändlern von IMES. Den Managern der österreichischen Rüstungsschmiede Noricum besorgte er falsche Zertifikate für Scheingeschäfte mit Libyen, Argentinien und Brasilien. Beim Großreinemachen der österreichischen Regierung gegen kriminelle Strukturen im Einzugsbereich der eigenen Regierung kam dies alles ans Tageslicht.

Monzer al-Kassar wurde zu Haftstrafen verurteilt, musste sie aber seltsamerweise nur einmal, in ganz jungen Jahren, antretren. 1986, beispielsweise, wollte ihn das Pariser Schwurgericht, wegen Mitgliedschaft in einer terroristischen Vereinigung und der Beteiligung an der Vorbereitung von rechtsextremen Attentaten auf jüdische Ziele für acht Jahre hinter

Gitter schicken. Zu dumm, dass er bei der Urteilsverkündung nicht anwesend war.

Der smarte, groß gewachsene Syrer, seit Dezember 1985 mit einem Einreiseverbot für Österreich belegt, kam im Mai 1988 von Genf nach München. Nachdem er seine bayerischen Geschäfte erledigt hatte, fuhr er am 21. Mai, Pfingstsamstag, zusammen mit einem österreichischen Begleiter in Richtung Wien. Am Grenzübergang Baden Reichenhall entdeckte die längst vorgewarnte bayerische Polizei in seinem Gepäck einen falschen brasilianischen Pass, Kontoauszüge und Angebote zu einschlägigen Waffengeschäften. Er wurde festgenommen und saß für zehn Tage in Münchner Untersuchungshaft.

Nun war das erste Wunder fällig. Die Franzosen wurden von den Deutschen offiziell gefragt, ob sie den Grosskriminellen aus dem Morgenland überstellt haben möchten. Sie lehnten dankend ab. Auch sonst wollte ihn niemand haben, und deshalb hob der Syrer am 1. Juli 1988 mit einer österreichischen Privatmaschine vom Flughafen München-Riem in die Freiheit ab. Das BKA reagierte als einzige deutsche Behörde verbittert.

Wunder Nummer zwei geschah vor dem Amtsgericht Laufen. Dort, in der tiefsten Provinz, wurde Monzer al-Kassar wegen eines schnöden Passvergehens angeklagt. Zuerst sollte er 600 000 Mark Strafe zahlen, dann 400 000 Mark. Vor dem Landgericht

Traustein, der übergeordneten Instanz, beantragte er Armenrecht und kam im November 1994 schließlich mit 100 000 Mark Geldbuße davon. Die Hälfte davon ging an den bayerischen Landesverband für Gefangenenfürsorge und Bewährungshilfe.

Was das mit den Problemen der internationalen Zusammenarbeit zu tun hat? Monzer al-Kassar hat eine Art Ziehvater, der über seine Tochter und einen Bruder von Monzer auch wirklich mit ihm verwandt ist: Ali Duba. General Ali Duba. Eine Generation lang war er der mächtigste General im Geflecht der sich gegenseitig belauernden syrischen Geheimdienste. Er kommandierte die Krake des Staatssicherheitsdienstes. Ali Duba galt stets als eine graue Eminenz im weiten Feld arabischer Agenten, von Waffenschiebern, Terroristen und Drogenbaronen. Er war in eine Reihe von versuchten Anschlägen auf israelische Ziele, unter anderem El-Al-Maschinen, verwickelt.

Und doch schätzte sich der BND glücklich, Ali Duba zu kennen, und mit ihm eine Art Partnerschaft zu pflegen. Das ging soweit, dass ihm der BND eines Tages einen Freiflug 1. Klasse nach München spendierte. Am Flughafen wartete auf ihn BND-Präsident Wieck. Ali Duba hatte wichtige Neuigkeiten über die Anwesenheit deutscher Terroristen in Damaskus angekündigt. Man munkelte, er werde möglicherweise frisch eingefangene RAF-Terroristen mitbringen. Auch BKA-Ermittler warteten voller

Ungeduld. Nun landete Ali Duba mit einer syrischen Sondermaschine und erklärte, dass er sich nur vergnügen wolle.

Eine weitere Visite des damals zweitstärksten Mannes in Damaskus, nach Präsident Assad, folgte im Januar 1988. Die Syrer hatten ein streng geheimes Treffen mit oppositionellen Landsleuten, die im Pariser Exil lebten, organisiert. Der BND übernahm die Abwicklung und den Personenschutz und quartierte alle Beteiligten am idyllischen Tegernsee ein.

Die Gespräche mit den Dissidenten liefen erfolglos, weil sie sich aus begreiflichen Gründen weigerten, schutzlos in die alte Heimat zurückzukehren und Frieden mit einem blutrünstigen Regime zu schließen, dem sie nur durch glückliche Umstände entronnen waren. Ali Duba und seine Begleiter mussten sich ihre Erfolgserlebnisse im zwischenmenschlichen Bereich suchen. Natürlich wurde auch gearbeitet. Der Mächtige aus Damaskus besuchte den BND-Präsidenten Wieck und die Abteilung „Auswertung“. Als ihn Wieck zu einem seiner anspruchsvollen Kaminabende laden wollte, meldete sich General Duba krank. Am selben Abend tauchte er zu später Stunde in der Spielbank von Bad Wiessee auf, an seiner Seite General Hassan Sulaiman vom Auslandsdienst mit einem kleinen Alukoffer. Darin befanden sich 500 000 Mark, angeblich ein Präsent des abwesenden Monzer al-Kassar.

Die Nacht endete unglücklich für die syrischen Staatsdiener und überaus erfolgreich für den bayerischen Staat. Die Zocker aus Damaskus verloren nämlich 480 000 Mark.

Weder Frauen noch Spiel noch Alkohol wurden gewünscht, wenn Vertreter der iranischen Nachrichtendienste auf ihre deutschen Partner trafen. Sie interessierten sich stets für Internas aus der vielköpfigen persischen Exilszene, wurden in diesem Bereich aber angeblich nicht bedient. Zu einem denkwürdigen Besuch kam im Herbst 1993 der iranische Geheimdienst-Minister Ali Fallahian nach Bonn. Obwohl eines seiner Killerkommandos ein Jahr vorher in Berlin eine Gruppe von Exilkurden überfallen und dabei vier Politiker ermordet hatte, wurde er von Staatsminister Bernd Schmidbauer, dem Aufseher des BND im Kanzleramt, freundlich empfangen. Der Chef der iranischen Staatsterroristen dinierte bei Schmidbauer, besuchte das Bundesamt für Verfassungsschutz und den BND zu Arbeitsgesprächen. Sein Hauptanliegen war klar. Fallahian wollte die Deutschen überreden, das Verfahren gegen seine Leute zu verschieben oder gar abzusetzen. Wenn es derart unangenehm wird, reagiert der deutsche Partner regelmäßig mit diplomatischen Ausreden, verschenkt als Trostpflaster neueste Technik und Ausbildungshilfe. Auch in diesem Fall soll es so gewesen sein.

Am 13. November 1995 verfügte die Bundesanwaltschaft ein Ermittlungsverfahren wegen des Verdachts des Mordes und des versuchten Mordes gegen den iranischen VEVAK-Chef Ali Fallahian. Das BKA wurde mit Ermittlungen und natürlich der Festnahme des mutmasslichen Täters Fallahian beauftragt. Das Verfahren läuft nach wie vor.

Nachdem die Gefahr besteht, dass mein Referat den falschen Eindruck hinterlässt, die deutschen Sicherheitsbehörden würden nur mit Killern und Despoten aus dem Nahen und Mittleren Osten verkehren, ist jetzt ein Schwenk zu den natürlichen Alliierten vonnöten.

Mit den westeuropäischen Verbündeten, und vor allem auch den USA, gibt es eine mehr als 50jährige, enge Zusammenarbeit im Bereich der Sicherheit. Das wird über kurze, persönliche Kommunikationswege, seit dem 11. September auch über Standleitungen aufrechterhalten. Vor 50 Jahren waren Briten und Amerikaner die Geburtshelfer von deutschen Kriminalämtern, auch des BKA und des BND. Anfangs konnte jeder den Einfluss spüren, den Sieger auf Besiegte nehmen. Beide deutschen Staaten standen lange unter dem Einfluss der großen Brüder. Das mag ein Grund sein, warum es heute nicht immer einfach ist, der einzigen Supermacht zu zeigen, dass sie es mit einem anderen, selbstbewussten, selbständigen Deutschland zu tun hat. Wo ernste Verstimmung Bundeskanzleramt und Weißes Haus spaltet, kann es durchaus auch auf der Arbeitsebene zu professionellen Differenzen kommen.

Ein Beispiel für das taktische Vorgehen der Amerikaner war der Fall des sudanesischen Terroristen Mamduh Mahmud Salim im September 1998. Der angebliche Finanzchef von Osama bin Laden und Al Kaida war kurz nach den Anschlägen von Ostafrika nach Deutschland gekommen, um Freunde zu besuchen, und angeblich Autos zu kaufen. Auf Schritt und Tritt wurde er dabei von den deutschen Terrorermittlern beobachtet. Am 16. September folgte der Zugriff auf dem Gelände eines Autohändlers in der Nähe des Münchner Flughafens.

Schon Stunden später trafen zwei FBI-Sonderfahnder und ein US-Staatsanwalt mit eigener Maschine in München ein. Sie waren sehr aufgeregt und wollten Salim sofort mitnehmen. Die Notwendigkeit eines ordentlichen Auslieferungsverfahrens ignorierten sie erst einmal. Ein leitender Beamter im BKA, der alles miterlebte, fühlte sich an eine „Besatzungsmacht" erinnert, und bezeichnete seine amerikanischen Kollegen als „Cowboys, die Salim am liebsten eigenhändig festgenommen hätten". Der bayerische Justizminister Leeb fühlte sich daraufhin veranlasst, bei einer Pressekonferenz die Voraussetzungen für eine Auslieferung zu erklären. Vor allem mahnte er die USA, alle notwendigenUnterlagen vorzulegen. Es scheint überraschend schnell gegangen zu sein, weil

Salim bereits drei Monate später in die USA ausgeflogen wurde.

In Salims Fall wurde sicherlich auch ein Hindernis aus dem Weg geräumt, das frühere Auslieferungsverfahren erheblich belastete. Deutschland darf keine Straftäter übergeben, die in den USA möglicherweise zum Tode verurteilt und hingerichtet werden könnten, weil es in Deutschland keine Todesstrafe gibt. Das spielte eine Rolle, als die USA 1987 den libanesischen Flugzeugentführer Mohammed Hamadi haben wollten. Er wurde nicht übergeben, was zum Teil mit den deutschen Geiseln in Beirut zu tun hatte, aber auch mit den gesetzlichen Vorschriften. Die Amerikaner lernten daraus: 1991 zogen sie Selbstbedienung vor. Sie entführten in Berlin den ehemaligen Geheimdienstoffizier Jeffrey Carney, ohne dies mit den deutschen Behörden abzustimmen. Carney war Jahre vorher in die DDR übergelaufen und hatte seinen früheren Kollegen erheblich geschadet.

Als der Al-Qaida-Terrorist Ramzi Binalshib am 11. September 2002 in Karachi festgenommen wurde, schien sich eine Konfrontation zwischen den Amerikanern und den Deutschen abzuzeichnen. Schließlich forderten beide seine Überstellung. Das Problem löste sich im Eiltempo. Bevor die Deutschen genügend Informationen hatten, befand sich Binalshib bereits in amerikanischer Hand, vermutlich auf einem Kriegsschiff im Arabischen Meer. Die Deutschen zogen großzügig ihr Auslieferungsersuchen zurück. In Wirklichkeit fiel ihnen ein Stein vom Herzen, weil sie sich ein neues, aufwändiges Terrorverfahren ersparten, und die mögliche Auslieferung des Jemeniten von Deutschland in die USA später wegen der drohenden Todesstrafe nicht blockieren mussten.

In diesem Zusammenhang muss man auch die Zusammenarbeit der amerikanischen Special Forces und der deutschen KSK in Afghanistan sehen. Sollten die Deutschen einen gesuchten Terroristen fangen, und ihn den Amerikanern übergeben, so wäre dies nach deutschem Recht nicht unproblematisch. Also wünscht sich so mancher Bundeswehrkommandeur, den Testfall vermeiden zu können.

Seit den Anschlägen des 11. September befinden sich etwa 100 amerikanische Terrorismus-Ermittler in Deutschland. Zum Teil arbeiten sie offiziell mit ihren Kollegen zusammen, zum Teil kennt man sie nicht. Sie bildeten Arbeitseinheiten mit der größten Sonderkommission, die es jemals beim BKA gegeben hat, der „Besonderen Aufbauorganisation USA“. Ihr gehörten zeitweise 600 von 4500 BKA-Beamten an. Zusammen gingen sie mehr als 20 000 Hinweisen aus der Bevölkerung nach. Wer die Staatsschützer des BKA trifft, und ihr Vertrauen genießt, muss auch heute noch Klagen hören. Die Vertreter des FBI und der CIA würden häufig die klar definierten Grenzen ihrer Kompetenzen überschreiten. Mehr als einmal habe man ihnen im Einzelfall die Festnahme angedroht, falls sie ihre exekutiven Aktionen nicht einschränken würden. Aber das, wie gesagt, ist das Extrem. Die Normalität will, dass die stellvertrende FBI-Chefin Mary McChesney ein Jahr nach den Anschlägen durch deutsche Polizeipräsidien tourt, und sich persönlich für die kollegiale Hilfe bedankt. Das glättet die Wogen. Eine wirkliche, gleichberechtigte Kooperation schafft es nicht, weil der Austausch von Informationen nach wie vor einer Einbahnstraße ähnelt. Die besten aktuellen Beispiele sind die Fälle Binalshib und Zammar. Der schwergewichtige Deutsch-Syrer Zammar sitzt in Damaskus im Gefängnis und wird von seinen Landsleuten nach ihren eigenen Regeln und Methoden verhört. Dem Vernehmen nach, sollen nur die amerikanischen Terrorermittler davon profitieren.

Die Kooperation der Geheimdienste vollzieht sich, wie schon gesagt, auf der Ebene von Partnerdiensten. 56 Verbindungsbeamte des BKA arbeiten weltweit mit befreundeten Polizeibehörden zusammen, schwerpunktmäßig im Drogenbereich. Der Bundesgrenzschutz hat inzwischen 13 Vertreter ausserhalb Deutschlands stationiert. Die Zahl der Verbindungsbeamten steigt.

Bei den Polizeien muss häufig immer noch das quälend langsame Interpol dazwischen geschaltet werden. Ein gewichtiges Handicap bei der Terrorismusabwehr findet sich in den Interpol-Statuten. Da heißt es wörtlich: „Jede Betätigung oder

Mitwirkung in Fragen oder Angelegenheiten politischen, militärischen, religiösen oder rassischen Charakters ist der Organisation strengstens untersagt." Man versteht den Satz, wenn man weiß, dass zahlreiche Interpol-Mitglieder jene für Freiheitskämpfer halten, die von anderen Mitgliedsstaaten als Terroristen gesucht werden.

Auf europäischer Ebene nimmt die Bedeutung des in Den Haag angesiedelten Polizeiamtes Europol immer mehr zu. Das gilt auch für den Terrorismusbereich. Grosses Interesse an Europol haben gerade auch die Beitrittskandidaten der EU. Mit ihnen wird bereits heute viel Entwicklungsarbeit betrieben. Ob bilateral oder gesamteuropäisch, noch nie waren die Kontakte der westlichen Sicherheitsorgane und ihrer Kollegen im ehemaligen Ostblock enger als heute. Nur manchmal kommen noch Bedenken durch. In der Praxis äußert es sich so, dass die Zentralstellen der westlichen Polizeien ihre Computerbestände wie den Gralsschatz hüten, weil sie Angst vor östlichen Sicherheitslücken im OK-Bereich haben. Das wird sich aber in der Praxis eines zusammenrückenden Europas geben. Was die Polizei ermittelt hat, muss die Justiz noch abarbeiten. Langsam entsteht eine europäische Kooperation, genannt Eurojust.

Und dann existiert ganz am Rande noch der kleine Dienstweg, der auch das Europa von Morgen überleben wird. Ein letztes Beispiel. Der Hamburger CDU-Bürgerschaftsabgeordnete Gerd Löffler lieferte in den 70er Jahren dem Aufklärungsdienst der Nationalen Volksarmee der DDR öffentlich zugängliche Elektronik-Unterlagen. Er sympathisierte mit dem anderen Deutschland. „BRD und DDR waren eine Schicksalsgemeinschaft“, begründet er noch heute seine Haltung, „und der Grundlagenvertrag von 1972 war eine Chance, dass dies nicht völlig den Interessen der Großmächte zum Opfer fiel.“ Als Abgeordneter habe er sich streng an das Grundgesetz gehalten, und die DDR als Inland behandelt.

Nach der Wende wurde Löffler, wie so viele andere Spione, enttarnt. Die Bundesanwaltschaft erließ einen Haftbefehl. Der Hamburger flüchtete nach Österreich, wo seine politische Tat nicht verfolgt wurde, und wo keine Auslieferung nach Deutschland drohte. Dann kam der 25. Juli 1994. Der studierte Physiker begab sich zur österreichischen Grenzstation Großgmain, um Formalitäten seiner Übersiedlung in die Alpenrepublik abzuwickeln.

Es passierte alles ganz schnell. Als der Computerexperte das Büro der Österreicher verließ, sah er einen bayerischen Polizeibeamten aus der Nachbartür des gemeinsam genutzten Grenzgebäudes treten. Sekunden später hingen drei kräftige Polizisten an ihm, rissen ihn zu Boden und zerrten den schmächtigen, sich lautstark wehrenden Mann auf die bayerische Seite.

Im November 1994 wurde der ehemalige Agent vom Hanseatischen Oberlandesgericht in Hamburg zu 30 Monaten Haft verurteilt Die Festnahme in Österreich, so stellten die Richter kategorisch fest, sei rechtens gewesen. Löffler musste die Strafe zur Hälfte absitzen und durfte dann wieder nach Österreich zurückkehren, wo er heute noch lebt. Er hat es sich zur Lebensaufgabe gemacht, die drei deutschen Polizeibeamten wegen Kidnapping hinter Gitter zu bringen. Die österreichische Justiz ist doppelgesichtig, geht auf seine Strafanzeigen und juristischen Anregungen ein und versichert den deutschen Behörden gleichzeitig, dass ihren Polizeibeamten – die übrigens noch an der Grenze arbeiten – nicht passieren wird. Das ist eine internationale Zusammenarbeit ohne Probleme.

Hanns Seidel Stiftung

Expertengespräch / Workshop
„Terrorismusforschung –
Suche nach neuen Ansätzen“
„Research on Terrorism. Need for New Paradigms?“
München, 9. Dezember 2003
Referat „Fördern militärische Interventionen den Terrorismus?
Are Military Interventions Increasing International Terrorism?
Case Study: Iraq, Afghanistan.

What exactly is terrorism? A ridiculous question, you might say, after all the impressive lectures we heard today. Has he not been listening to what the others had to tell? Of course, and the answer is quite easy. Take a case like this: some fanatics bomb a discotheque in a very popular tourist area. It blows the whole place up. 200 people die immediately and some hundreds have to suffer from their wounds, most of them for a lifetime. In this case, the culprits have died in the rubble, in other cases they simply disappeared and went underground. This was a soft target, these were terrorists, this is terrorism. But basically the definition is not as easy as it looks. What is terrorism like in today´s Iraq and Afghanistan? A simple question and a very complicated answer. We have to take a closer look.

Before 9/11 it was relatively easy. Saddam Hussein and his warriors were rogues, in 1984 or 1985 for instance, but they were our rogues. The Afghan mujahedin were terrorists – in the eyes of the Soviet army and the old men of the Kremlin. But they were our terrorists, and we used to call them freedom fighters. For Israel at least every second Palestinian is a terrorist. There was a time when the Palestinian Islamists were fighting the leftist nationalists, destroying their libraries and cinemas in the Gaza strip. Of course, the early Hamas terrorists were our terrorists, if I may say so. Before 9/11 everything was easier to handle and things were not as confusing as they are today. Or could you have imagined putting Saudi Arabia, the Land of the Clean, on the rogue list? Before 9/11 it was unthinkable, now we are quite close to the final step. By the way, even the Arabs have two words for something which in our language is increasingly limited to one: *fedayin* is what they like to call their freedom fighters, *irhabiyin* are the terrorists. Right, even the Arabs have terrorists.

On September 11, 2001, a sunny and friendly autumn day, 19 of them were boarding American planes for domestic flights. 15 of the 19 originated from the Kingdom of Saudi Arabia. In short intervals they hijacked four commercial planes. Two of them they guided to New York City. American Airlines flight

11 departed at 7.59 from Boston to Los Angeles. The kidnappers commandeered this Boeing 767 with 92 passengers into the North Tower of the World Trade Center. United Airlines 175 took off at 7.58, from Boston to LA as well. At 9.05 the Boeing 767 with 65 people on board crashed into the southern tower. 60 respectively 90 minutes later this – more than 100 floors high – symbol of American wealth collapsed. American Airlines 77, a Boeing 757 with 64 passengers and crew, departed from Dulles International near Washington at 8.20 en route to LA. At 9.30 the hijacked plane crashed into the western wing of the Pentagon. The fourth airliner, United 93, which started 8.42 from Newark heading for San Francisco, exploded at 10.10 after a fierce fight between angry passengers and Islamists in a forest near Shanksville, Pennsylvania. On that tragic September 11, nearly 3000 people died, 2752 under the rubble of the World Trade Center.

Very quickly the enemy was identified, because the American terrorism investigators had been focusing on him for years: Osama bin Mohammed bin Awad bin Laden, born 1957 in Jedda, Saudi Arabia, the child of a very rich family. Osama bin Laden had lived in Afghanistan for years. He guided and financed the ultra-conservative Taliban militia. For a while the Americans tried half-heartedly to get hold of him. They fired Cruise Missiles on his training camps, watched the activities of his organisation, which is called "Al Qaida", closely. American laws before 9/11 did not permit the extermination of Osama bin Laden directly and/or with American forces. Later, when the laws were adjusted, it was already too late. Therefore they decided to set the house on fire, expecting Osama bin Laden to be in.
October 7, 2001, a Sunday, everything was ready. At one o´clock in the afternoon Eastern Standard Time, President George Bush sat in the Treaty Room on the first floor of the White House. From there he addressed the nation on TV.

Quote: “The U.S. military forces started the attack on terrorist training camps of Al Qaida and military facilities of the Taliban regime in Afghanistan. ... Our military activities are trying to clear the way for sustained, comprehensive and unyielding operations to remove the terrorists and bring them to justice.”

The name of the operation was “Enduring Freedom”. At 2.45 in the afternoon, the same day, Secretary Donald Rumsfeld and Joint Chief of Staff Richard Myers did an appraisal of the ongoing operations. 15 land-based bombers, 25 carrier-based fighter planes, 50 Tomahawk Cruise Missiles of the American and British Navy were being used. Both gentlemen did not mention that there was only a list containing 31 targets, most of them in remote areas. On the second day the planes were circling over Afghanistan lacking new targets. General Tommy Franks′ Central Command finally provided them with so-called “killing zones”. They were permitted to pick and destroy targets of their own choice.

On that particular day three dozen Taliban commanders defected together with 1200 fighters. CIA money made it easier for them to change sides. The air attacks increased. By the way: Even after four weeks the air force flew 90 to 120 sorties a day. Their main purpose was to destroy the Taliban troops in the north to allow the mujahedin of the future Defense Minister Mohammed Fahim to move towards Kabul. In TV reports about the Northern Alliance we saw bearded Afghan combatants watching the American B-52-bombers in the air, and immediately afterwards celebrating the explosions on the enemy hills. This time they simply waited until the Taliban defenses collapsed. Only then they started to advance. CIA suitcases full of money became very instrumental in thinning out the front lines. Through the Northern Alliance, the

Americans offered $50,000 each to the strategically important Islamist commanders.

Very soon it convinced them to forget their basic training in Wahhabi values and Allah's possible revenge, and opened the barriers towards Kabul. By Afghan standards, this is not unusual. Years before, the cruel, often psychopathic Taliban sped up their take-over of Afghanistan with the same monetary method. A suitable way to decide military conflicts in Afghanistan without losing too many fighters. Besides that, the Americans invested a lot in military hardware. The war could not have been more asymmetrical. Characters in rags on one side, who created the impression of having arrived by time machine from the depths of the middle ages; on the other side the most modern potential of destruction freshly invented in high-tech labs. Allah's warriors were sitting in the trenches waiting patiently for doomsday, while their invisible enemies where flying 13 hours from the U.S. to offload their deadly payload by using anonymous computer data, to return safely to their bases. A clash of very low and high civilisations with absolutely lethal consequences.

In early November 2001 the long awaited change on the battlefield took place. First the U.S. air force flattened both defense circles around Mazar-e Sharif, creating chaos on the ground. The supply and escape routes were destroyed, as well as Taliban shelters and vehicles. Another key commander defected to the Northern Alliance to pick up the usual dollar bundles. The defense of Mazar-e Sharif collapsed. With 600 armed horsemen the traditional ruler of Mazar, Uzbek General Abdul Rashid Dostum took advantage of this gap. The chaos was absolute when the Americans dropped two "Daisy Cutters", 7,5-ton-bombs, which completely erase all kinds of life up to a distance of 600 meters. The Taliban were finished. Hours later the victorious fighters celebrated with the people of Mazar, which was being terrorised by the fanatical Pashtuns from the South. In August 1998, when they managed to conquer Mazar, the Taliban had massacred no less than 5000 civilians. Now the time for revenge had come. Immediately after Mazar the city of Taloqan fell. Only in Kunduz some fierce fighting was still going on.

Next was Kabul. Heavy air raids killed approximately 2200 Taliban, who blocked the way to the south near the military airport of Bagram. Against the American demands, the Northern Alliance forces took over Kabul, driving 8000 more Taliban to the south. Like dominoes, the other major centers were falling: Herat, Kandahar. By December 7 heavy fighting started in the mountains around Tora Bora, close to the Pakistani border. Taliban leader Mullah Omar and his godfather Osama bin Laden had gone into hiding, and nobody has been able to find them since. So the Americans missed important targets of the war.

Not just that. More than two years after this war, hardly anything has improved in Afghanistan. The Karzai government is only running Kabul, and the warlords have again taken over the countryside. In the south, the Taliban are gaining ground. There are still 9000 American elite troops in the country. Sometimes they are hunting Islamists and sometimes they find themselves on the other side, being hunted. Still the Americans believe in the power of the air force. So, sometimes whole wedding parties are wiped out by mistake. Only last Sunday we heard about the unintentional death of nine children being attacked from the air. Collateral damage, 5000 cases so far. That is the best way to breed new terrorists, to adopt the American term.
On May 1, 2003 Bush and Rumsfeld declared the war on Afghanistan over. That does not mean very much, because on the same day they did it for Iraq, as well. But there, in Iraq, the

war started after the war. Iraq was the next target in the White House war against terror. Contrary to the deliberately false statements of the American leadership, there were no Weapons of Mass Destruction and – in contrast to Afghanistan – no terrorists. There was a desolate, impoverished regime which had tried to save itself in vain by empty threats. It would be far too simple to define this illegitimate war, which is not covered by international law, as an active revenge of the Bush-Clan. Maybe it is not even a question of occupying the world´s second largest oil reserves. Maybe it was just a messianic mission of a born again President who together with his crew wanted to change the world for the better without taking into account the fact that he was creating the basis for a new world war in the most sensitive region of the globe. The keyword could be Islam against the rest of the world.

What happened in Iraq? On March 15, 212,000 American and 45,000 British troops were ready for combat in the Gulf region. A final ultimatum for Saddam Hussein, to disarm weapons nobody had ever seen, went by. As it seems, the assault on Iraq was not avoidable at any time, because there was no reasonable offer the downtrodden Arab state could have made. On March 20, shortly before sunrise, the self-assured liberators left the Emirate of Kuwait with a huge force many times stronger than the Iraqi enemy. Heavy airstrikes on the defenseless defenders opened the way towards the north. The American-British operation "Iraqi Freedom" was designed as a Blitzkrieg. The strategy of the commanding general Tommy Franks included a major offensive from the air, followed by ground troops.
For a couple of weeks they spread shock and awe in Baghdad. Cruise missiles and tremendous bombs were targeting all kinds of government buildings, Presidential palaces and military facilities. Lots hit astray and hit civilian areas, especially in the last phase of the war. Eventually between 7784 and 9596 Iraqi

civilians have been killed and a threefold number was injured, according to the British “Iraq Body Count Project”.

You know the basic data of the war. On March 25 heavy sandstorms stopped the American columns on the way to Baghdad. Two days later U.S. airborne troops established a northern front. On April 2 the American APC´s advanced 30 kilometers close to the capital. On April 5 the Marines moved into the city center of Baghdad. One day later British troops managed to take over Basra. On April 7 Kerbela fell, on April 9 the whole of Baghdad. Until April 12 the fighting continued in the north: Mossul, Kirkuk, finally Tikrit.

Since then more than half a year has passed. Resistance against the invaders has reached a consolidated phase and a daily average of 35 assaults on U.S. troops as well as other foreigners has become serious reality. The American losses after the war have outnumbered those in the hot phase. More than 400 GI´s have died in Iraq, so far, more than 7000 wounded. Major terror attacks are being launched with the purpose of driving out all foreigners. On August 19 a truck full of explosives levelled the UN headquarters, killing the Special Representative de Melho and two dozen of his aides. In late October the same method was used at the office of the International Committee of the Red Cross, causing lots of dead and injured. Missiles hit Rashid Hotel, where U.S. Deputy Defense Secretary Paul Wolfowitz, the main architect of the Iraq strategy, was staying overnight.

Another bomb blast killed the main leader of the Iraqi Shiites, Ayatollah Bagher al Hakim together with more than 100 of his followers. For many people he was their hope for a peaceful future. This act of terrorism could have been an attempt to drive the Shiite majority against the occupiers, or simply part of an internal Shia power struggle. You know the pictures in the daily Prime Time News: Destroyed police stations, burning troop transporters, downed helicopters, a burning freight plane touching down on Baghdad airport, dead Iraqi politicians of the new generation – for Saddam people simply collaborators – dead Japanese diplomats and Spanish intelligence officers killed in a road ambush.

The Americans are answering with overreactions against the civilian population, and every day they are losing the battle for hearts and minds. They are acting like their fathers and grandfathers in Vietnam, like their buddies in Somalia and like the Soviets in Afghanistan, not having learned any lessons. According to international definitions there was no terrorism in Iraq, before the war. Even Colin Powell's accusation about special links between the anti-religious Saddam regime and the fanatical Al Qaida have never been proven. The U.S. government connected Baghdad, against better knowledge, with the 9/11 attacks. 70 percent of the Americans believed it, at least for a long while.

Iraq 2003 was no longer a threat to the region, the regime -–of course – a threat to its citizens. But this is quite common in large parts of the world. The invasion created a whole army of anti-western Iraqis. George Bush has succeeded in uniting hard-line Arab nationalists and devoted, death-seeking Islamists – unthinkable in the past. An enormous number of volunteers are travelling to Iraq to stop the new crusaders. This country has become a new breeding ground for terrorism, as we saw it in Beirut of the Eighties. This is clearly a result of the military intervention. Experts of many countries expected it, only the Americans refused to believe. And even today it is very difficult for them to listen to other advisers like the dubious opposition leader Shalabi. The superpower is again entrapped in a morass with no tangible and face-saving way out.

Should we stop at this point. No. Undoubtedly it would be much too simple and unsatisfactory. So, what are likely solutions to limit the fallout of the war against terror, to limit the worldwide spread of Islamist terrorism as such? Definitely, we can witness it every day, army, air force and navy are no recipes for the growing conflict with the Muslim world. This is a deadly-naïve illusion. The military is pouring kerosene into the religiously motivated wildfire.

First of all, we need a great deal of compassion with the Muslims, who represent the poorest and the richest in the world. Both need compassion, because an awful lot of them are misguided by false prophets like Osama bin Laden.

Secondly, we need many more development programs for the needy in the Muslim world. Because their rich brothers are not able to help them in an effective manner. For them, it would not be a matter of financial resources, it is because they are selfish and egoistic. At this point one could also discuss the necessary reform of Islam. But this is a huge subject, enough for a whole new seminar.

And, finally - but not least important - , we have to replace the gigantic military deployments by very professional and highly dedicated hit teams to hunt down the real terrorists.

On October 17, 2002, in a testimony before the joint House and Senate select intelligence committee investigating the 9/11 attacks, CIA director George Tenet judged that, (quote) "we should have taken down that sanctuary (in Afghanistan) a lot sooner… there may have been lots of good reasons why in hindsight it couldn´t have been done earlier …. But we let them operate with impunity for a long time without putting the full force and muscle of the United States against them”. In other words, there was a time for covert operations, but the U.S. got past that point.

Charles Cogan has been one of the most brilliant CIA field officers for 35 years, he covered the Middle East and finally in his last post he was Paris station chief. Chuck Cogan is a restless guy, and therefore he joined the John F. Kennedy School of Government at Harvard University as a Senior Research Associate. During this summer´s Wittenberg conference of the International Intelligence History Association, titled “Intelligence and Political Enemies, Intelligence and Terrorism in the 20th Century” Cogan unfolded his “Offensive Hunt Strategy”.

He quoted the military analyst William M. Arkin who has argued that fighting terrorism
in the twenty-first century is equivalent to the Cold War crusades against Communism, and that the magnitude of the threat requires new, aggressive and unorthodox tactics.
Cogan came to the conclusion that the Pentagon or more particularly Secretary Rumsfeld and his closest advisers are interested firstly in freeing Special Forces operations from the authority of the geographic military commands; and secondly, in keeping these operations away from the oversight of the Congressional intelligence committees. With regard to the issue of Congressional oversight, the larger problem is how to maintain the longstanding American principle of civilian control over the military.
Modalities, states Cogan, have to be worked out between the Department of Defense and the CIA as to how such offensive hunt operations are to be carried out. DCI Tenet is described as not opposed to a role for the military in this arena. Clearly the assets of the military have to be brought into play, as the threat is much too vast for an intelligence service to handle.

The juridical aspects of the symbiosis between Special Forces and the CIA are quite complicated, as the military and the CIA are governed by two separate legal statutes, Title 10 of the United States Code for the military and Title 50 of the United States Code for the CIA. Title 50, for example, covers the whole range of covert action as conducted by the CIA, the Presidential funding system, the reporting to the oversight committees of the Congress, etc. Title 10, the one dealing with the military, gives the President and the Secretary of Defense the authority to conduct special forces type operations such as counter-terrorism, but it does not specifically get into oversight by the Congress, whether by the Armed Services committees, which have jurisdiction over the military, or the intelligence oversight committees.

The Defense Science Board completed its study of the effects of 9/11 in late October 2002. The 78-page classified document of the 10-member board is entitled its "2002 Summer Study on Special Operations and Joint Forces in Support of Countering Terrorism". The study recommended that new special operations of an offensive nature world-wide should be planned by the National Security Council through a to-be-created "Proactive, Preemptive Operations Group", but the operations themselves would be executed by the military and/or the CIA, as the case may be. Terrorism is a weapon of mass destruction for the weak. As it seems, we have only reached the beginning of a new massive wave which could last for decades to come.

Therefore it is absolute necessary to find adequate means to counter the immanent danger. Military interventions of the medieval type –no contradiction to the use of the latest high tech armament - is definitely the wrong way.

Aufsätze

Geheimdienststaat Syrien

von Wilhelm Dietl

Wieder einmal stehen die syrischen Geheimdienste im Mittelpunkt weltweit beachteter Terrorismus-Ermittlungen. Es geht um den Tod des früheren libanesischen Premierministers Rafiq al-Hariri, 60. Der Politiker und Unternehmer war am 14. Februar 2005 vor dem Beiruter Luxushotel St. Georges mit einer Tonne TNT in die Luft gesprengt worden. Dabei starben weitere 14 Menschen, 120 wurden verletzt. Der Sprengsatz riss einen zwei Meter tiefen Krater. Die Vereinten Nationen setzten einen Sonderermittler ein, um die spektakuläre Tat aufzuklären – den Berliner Oberstaatsanwalt Detlev Mehlis, 54, einen erfahrenen Ankläger in Sachen Terror. Am 19. Oktober 2005 legte er seinen ersten Untersuchungsbericht vor. Der Kernsatz des 54 Seiten umfassenden Papiers lautet: „*Viele Spuren weisen direkt auf syrische Offizielle, die in das Attentat involviert waren.*“ Das deckt sich mit den bisherigen Theorien. Der Mehlis-Report hat politische Auswirkungen, die in ihren regionalen Konsequenzen noch nicht absehbar sind.

Das „alte“ Syrien des Hardliners Hafis el-Assad war ein Polizei- und Geheimdienststaat erster Güte. Die Strukturen ließen sich jederzeit mit dem blutrünstigen Apparat des Nachbarn Saddam Hussein vergleichen, aber auch mit der einstigen Sowjetunion. In Syrien regiert seit 1963 die sozialistische Baath-Partei, und nach deren weltlichen Regeln wurde auch die autoritäre Republik des von 1970 bis 2000 herrschenden Assad senior bestimmt. Der clevere Alawit lebte nach den Regeln des Kalten Krieges. Er verstand es meisterhaft, diese Klaviatur zu bedienen.

Obwohl die Syrer bei allen Auseinandersetzungen mit den israelischen Nachbarn den Kürzeren zogen, fühlten sie sich doch als Führungsmacht der Araber. Hinter Damaskus stand Moskau, lieferte Waffen und Know-how. Als die Sowjetunion zerbrach, diente sich Assad geschmeidig den Amerikanern an. Ein syrisches Kontingent rückte mit der internationalen Koalition in Kuwait ein. Assad, und vor allem sein Sohn und Nachfolger Baschar, eine Verlegenheitslösung, hatten allerdings nicht mit der reformunwilligen alten Garde gerechnet. Also gab es zuerst einen internen Machtkampf, den der Junior nur mühsam für sich entscheidet.

Syriens Terrorismusphase fand vorwiegend in den 80er Jahren statt. Am Damaszener Ende der internationalen Operationen zogen der Luftwaffen-Geheimdienst und der Militärische Nachrichtendienst die Strippen. Besonders berüchtigt waren die Chefs des Luftwaffendienstes, General Mohammed al-Khouli und Oberst Haitham Said, sowie ihr Kollege beim viel größeren Partnerdienst, General Ali Duba. Agenten von Khouli und Said bombten im März 1986 bei der „Deutsch-Arabischen Gesellschaft“ in Berlin. Sie stifteten den Jordanier Nizar Hindawi im April 1986 an, seine schwangere Freundin mit einer Bombe an Bord einer in London startenden El-Al-Maschine zu schicken. Das Flugzeug wäre mit 375 Passagieren über den Schweizer Bergen explodiert, hätte die Operation geklappt.

Die Staatsanwaltschaft beim Berliner Kammergericht kam Anfang der 90er Jahre zu dem Schluss, dass Syrien als „Hauptsponsorstaat der Bande um Sanchez/Weinrich“ anzusehen sei. Sanchez war der Klarname des weltweit gesuchten Terroristen Carlos. Die linken Politsöldner versteckten sich jahrelang im Ostblock, gelegentlich auch in Ostberlin. Dabei nutzten sie die syrische Botschaft zum Transport und zur Aufbewahrung von Geld, Waffen und Sprengstoff. So sollte es auch am 31. Mai 1982 geschehen.

Carlos´ rechte Hand, der Westfale Johannes Weinrich, traf mit einem syrischen Diplomatenpass auf den Namen Joseph Leon in Berlin-Schönefeld ein. Er kam aus Bukarest und trug eine schwere Ledertasche durch den Zoll. Bei genauer Durchsicht stellte der kontrollierende Beamte eine „sprengstoffverdächtige Substanz“ fest. Er hatte den richtigen Instinkt. Das Material wurde später als 24,38 Kilo des Plastiksprengstoffs „Nitropenta“ identifiziert.

Da Weinrich im Computer als Kontaktmann der Staatssicherheit erfasst war, wurde seine Ankunft sofort weiter gemeldet. Die Stasi entschied „salomonisch“. Weinrich durfte einreisen. Sein Sprengstoff wurde in der Waffenkammer eingelagert. Der Terrorist drängte auf die Herausgabe des brisanten Gepäckstücks. Das Material, so erklärte er, sei für „Befreiungsbewegungen“ bestimmt. Dann änderte er seine Taktik und fügte rasch hinzu, dass er die heiße Ware im

Auftrag der syrischen Botschaft transportiert habe. Erst mehr als ein Jahr später ließ sich die Staatssicherheit erweichen.

Weinrich lagerte den Sprengstoff bei der syrischen Botschaft ein. Am 25. August benötigte er ihn wieder. Weinrich und seine Komplizen bastelten eine Bombe und versteckten sie im „Maison de France“ am Kurfürstendamm. Um 11.20 Uhr explodierte der Sprengsatz und tötete einen jungen Berliner, der gerade gegen die französischen Atomversuche im Südpazifik demonstrierte. Der Anschlag war Teil des Privatkriegs, den Carlos gegen die französische Regierung führte. Er wollte damit seine spätere Ehefrau Magdalena Kopp aus französischer Haft freipressen.

Der damalige syrische Botschafter in der DDR hieß Faisal Sammak. Er wird von Oberstaatsanwalt Detlev Mehlis, diesmal in anderer Funktion, der Beihilfe zum Anschlag auf das „Maison de France“ beschuldigt und mit internationalem

Haftbefehl gesucht. Sammak ist der Onkel von Baschir Assad. Eine peinliche Familienangelegenheit, die Damaskus gerne lautlos lösen möchte.

Die syrischen Dienste unterstützten Terrororganisationen in Europa wie im Nahen Osten. Dazu zählten stets die extremen Palästinenser, wie Abu Nidal, Hamas oder Islamischer Dschihad, aber auch Hisbollah. Sie gaben ihnen gefälschte Reisepapiere „von hoher Qualität" (BKA) und logistische Hilfe. Als die Carlos-Gruppe ihre DDR-Gastgeber zunehmend belasteten, protestierte das ostdeutsche Außenministerium bei der syrischen Botschaft. Die Syrer stellten in ihrer Antwort fest, dass der Gebrauch ihrer Diplomatenpässe in Damaskus von höchster Stelle sanktioniert worden sei. Nachdem Carlos und seinen Leuten in Europa der Boden zu heiß wurde, siedelten sie nach Damaskus über. Erst als sie, mehrere Jahre später, das sichere Exil wieder verlassen mussten, konnten sie von den deutschen und französischen Ermittlern festgenommen werden.

Der andere „Geschäftszweig“ der syrischen Dienste funktionierte durch einen direkten Draht in die Kreise der organisierten Kriminalität. Die zeitweise 30 000 Mann starke syrische Besatzungsarmee im benachbarten Libanon sicherte die Interessen der Generäle und Obristen von Damaskus. Sie beschützten die Drogenindustrie in der Bekaa-Ebene und bewachten die Häfen des Landes, damit der Export nicht gefährdet war. Regelmäßig wurden gut gefälschte Dollarnoten in Umlauf gebracht. Der Libanon war für Syrien in jeder Hinsicht eine Goldmine, der militärische Rückzug des Jahres 2005 auch eine wirtschaftliche Katastrophe.

In einschlägigen Untersuchungsberichten europäischer Sicherheitsbehörden tauchten immer wieder Mitglieder des Präsidentenclans auf – gerade auch Assads Bruder Rifaat -, und die Geheimdienstchefs. Ali Dubas wichtigster Schützling hieß Monzer al-Kassar. Der Sohn eines ehemaligen syrischen Botschafters mit Wohnsitzen in Marbella, Wien und Damaskus verdiente in den 80er Jahren durch sein vielseitiges Engagement in den Geschäftssparten Drogen, Waffen und Terror (Abul Abbas) mehrere 100 Millionen Dollar. Insider wissen, dass er sich die Protektion in Damaskus einiges kosten ließ. Nicht wenige syrische Geheimdienst-Größen der Assad-Ära waren auch nach europäischen Maßstäben als reich einzuordnen.

Mit Hafis Assads Tod im Juni 2000 kam die Gemeinde der Geheimen in Bedrängnis, obwohl abzusehen war, dass ein schwacher Nachfolger Baschar trotz Reform-Agenda Jahre brauchen würde, um das System nach seinen Vorstellungen zu gestalten. Dass der Augenarzt, dessen bewusstes Leben sich bislang vorwiegend in London abgespielt hatte, der neue Diktator sein würde, war den leidgeprüften Syrern spätestens

1994 klar geworden. Damals war Assads ältester Sohn Basel, der Kronprinz, bei einem Autounfall zu Tode gekommen. Als erster zog der mächtige Stabschef der Streitkräfte, General Hikmat Shehabi, die Konsequenzen. Er protestierte gegen Assads Nachfolgeregelung, indem er 1998 in Pension ging.

Seit Baschar Assad den isolierten Staat mehr schlecht als recht über die Runden bringt, ist einiges passiert. Viele der personellen Veränderungen haben nur die professionellen Syria Watchers und die Geheimdienste registriert. Shehabis Nachfolger Ali Aslan musste gehen, dazu auch seine Stellvertreter Abd al-Rahman al-Sayyad, Faruk Ibrahim Isa, Ibrahim al-Safi, Shafiq Fayad und Ahmed Abd al-Nabi sowie der gefürchtete Chef der „politischen Sicherheit“, Adnan Badr Hassan. Der neue Präsident verabschiedete sich auch von Hassan al-Khalil, dem Nachfolger von Ali Duba als Chef des Militärgeheimdienstes. Hassan al-Khalil war vorher Direktor des Auslandsdienstes gewesen, und damit Partner des BND. In der Pullacher Weltordnung wird Partner Syrien „Silberfuchs“ genannt. Diese Generäle verkörperten wie wenig andere die Ära von Assad senior. Politisch ging eine Epoche zu Ende, als ein Urgestein der Baath-Partei, Abdul Halim Khaddam seine Ämter niederlegte, auch das des Vizepräsidenten.

In den fünf Amtsjahren von Baschar Assad haben sich, genau betrachtet, nur die Köpfe verändert, aber nicht die Mechanismen. Nach wie vor ruht die Herrschaft der Familie Assad auf den Säulen Staatssicherheit, Militärgeheimdienst und Republikanische Garde. Seit wenigen Monaten kommandiert der Ehemann von Baschar Assads Schwester Bushra, Assef Shaukat, 55, den Militärgeheimdienst. Bereits 2001 war er dessen Vizedirektor gewesen, 2002 an der Spitze einer Geheimdienst-Delegation im Berliner Kanzleramt empfangen worden. Manaf Tlass, der Sohn des früheren Verteidigungsministers und Assad-Weggefährten Mustafa Tlass, und Baschars Bruder Mahir befehligen die

Republikanische Garde. Für die Mehlis-Kommission gelten Shaukat und Mahir als Hauptverdächtige der Mordermittlung Hariri.

Bleibt noch ein Name; Ghazi Kanaan. Der General war von 1983 bis 2002 als Syriens Statthalter im Libanon tätig. Ohne seine Zustimmung passierte nichts im Zedernstaat. Während des Bürgerkriegs führte er die syrische Hegemonie ein, danach ein von Syrien kontrolliertes politisches System (Taif-Vertrag). Kanaan war der Pate der libanesischen Terrortrupps. Von der „Syrischen Sozialnationalistischen Partei“ (SSNP) bis zu Hisbollah nutzte er sie alle, sorgte für eine ausgewogene Balance zwischen den Interessen von Damaskus und Teheran. Als Ghazi Kanaan am Morgen des 12. Oktober 2005 mit einer Schusswunde in seinem Büro tot aufgefunden wurde, war er längst zum Innenminister befördert worden. Die offizielle Version seines Todes lautete auf Suizid. Ist ihm die Rolle des Sündenbocks zugedacht?

Die etwa 15 Geheimdienste Syriens halten das ausgepowerte Land noch immer zusammen. Sie kontrollieren ein Volk von aktuell 18,2 Millionen. Die Wirtschaft stagniert seit Jahrzehnten, auch eine Folge des 40jährigen Ausnahmezustandes. Der Lebensstandard sinkt rapide. In den Jahren 2003 und 2004 lebte nahezu ein Drittel der Bevölkerung unter der Armutsgrenze. Zwei Millionen Syrer mussten vom Staat alimentiert werden. Ein Fünftel der arbeitsfähigen Bevölkerung gilt als arbeitslos. Jedes Jahr wächst der Arbeitsmarkt um 300 000 neue Kräfte. Mit sieben Prozent Wachstumsrate könnten sie beschäftigt werden. Eine Utopie.

Die syrischen Geheimdienste haben seit den frühen 90er Jahren keine internationalen Anschläge mehr verübt. Der Libanon gehört zu Syrien, wie ein populärer Slogan in Damaskus seit Menschengedenken verkündet. Also sind die mörderischen Attentate der letzten Jahre gegen Syriens Gegner in Beirut eine

Art gefühlte innere Angelegenheit. Ob der Tod von Rafik Hariri von Syrien zu verantworten, und damit eine ernste Fehlkalkulation war, wird sich im weiteren Verlauf der UN-Untersuchungen zeigen.

Die Geheimdienste von Damaskus trösten sich über den Verlust des lukrativen Libanon hinweg, indem sie neue Geschäftszweige erschließen. Dazu zählen Serviceleistungen für den irakischen Widerstand. Gerade der sichere Transfer von fremden Dschihadis – angeblich 70 pro Tag - in die Kampfgebiete an Euphrat und Tigris stabilisiert die geheime Branche und lässt sie die drohenden Reformen besser ertragen.

Geheimdienststaat Iran

von *Wilhelm Dietl*

Ein Staatspräsident, der zu verbalem Kamikaze neigt, und der seine Karriere bei den Terrorkommandos der Revolutionsgarden begonnen hat. Ein weltweites Netz von Beschaffern hochsensibler Komponenten für den Bau der Atombombe, die identisch sind mit bekannten Anlaufstellen des Geheimdienstministeriums. Ein gut organisierter Apparat mit 'Hit Teams', die jederzeit und überall gegen Oppositionelle zuschlagen können, trotz internationaler Ächtung nach dem Berliner 'Mykonos'-Verfahren. So steht die Islamische Republik Iran heute da - umstrittener und isolierter denn je. Ein Pariah, der Anschläge und Massenvernichtungswaffen als erlaubte Fortsetzung seiner ohnehin aggressiven Politik sieht.

Erst vor wenigen Tagen verschärften die USA ihren Tonfall gegenüber dem erklärten Feind Iran. Außenministerin *Condoleeza Rice* bezeichnete das Mullah-Regime als *"Zentralbanker des Terrorismus"*. Der Iran werde *"von ein paar Nicht-Gewählten reagiert, die die Wünsche der Bevölkerung unterdrückten"*. Ähnliche Aussagen kamen vom Präsidenten und von UN-Botschafter *John Bolton*. Noch setze man auf Verhandlungen. Ein Präventivschlag gegen den Iran sei aber zu jeder Zeit möglich. Ungeachtet der tatsächlichen Erfolgsaussichten zeigt bereits ein Blick auf die geheimen – und außerhalb des Regimes kaum bekannten - Strukturen der Iraner, dass der Westen auf einen wesentlich stärkeren Gegner trifft, als vor drei Jahren im Falle des militärischen Hochstaplers *Saddam Hussein*.

In Teheran existieren sieben gut ausgestattete und schlagkräftige Geheimdienste:

- Das Ministerium für Aufklärung und Sicherheit (VEVAK, im Englischen auch MOIS),
- Der Nachrichtendienst der Revolutionsgarden (RGID im Englischen),

- Der Militärische Nachrichtendienst,
- Das Zentrum für Strategische Studien (ZSS),
- Der Nachrichtendienst des Staatspräsidenten (*Nochost Wazieri*),
- Der Nachrichtendienst der Law Enforcement Force (LEF-ICD),
- Der Nachrichtendienst der Quds-Streitkräfte.

Ihr wichtigster Auftrag ist die Überwachung, Unterwanderung und Vernichtung jeglicher Opposition im In- und Ausland. Es spielt keine Rolle, welcher Methoden sie sich dabei bedienen. Die iranischen Dienste kümmern sich auch um den Export der islamischen Revolution. Dazu infiltrieren sie vor allem die Glaubensgemeinschaften der unmittelbaren Nachbarländer. Die Anarchie des Irak ist ein ideales Arbeitsgebiet zur Projektion der eigenen Machtgelüste. Darüber hinaus nehmen die iranischen Geheimen jede Chance wahr, Komponenten für die unheimliche nukleare Rüstung des Landes zu beschaffen. Es liegt in der Natur der Sache, dass die iranischen Dienste im Wettbewerb zueinander stehen. Ihr eigenes Wohlergehen ist nur gesichert, wenn sie Erfolge auf Kosten der Mitbewerber aufzuweisen haben. Zweifellos liegt es auch im Interesse der Führung, dass sie sich gegenseitig überwachen und im Bedarfsfall sogar bekämpfen.

Der bedeutendste Geheimdienst ist MOIS, im Persischen auch VEVAK (*Vezarat-e Ettela'at va Amniat-e Keshvar*) oder VAJA. Letzteres steht für '*Vezarat Etalaat Jomhurie Eslami*', also 'Ministerium für Aufklärung und Sicherheit der Islamischen Republik'. Das MOIS steht in der Tradition der gefürchteten SAVAK, des kaiserlichen Geheimdienstes. Bei der Revolution des Jahres 1979 wurden die Führungskräfte des SAVAK hingerichtet, ihre Arbeitsebene und Methoden jedoch nahtlos in einen Übergangsdienst namens SAVAMA übernommen. Sein erster Chef war Generalmajor *Fardust*, der im Dezember 1985 als angeblicher Sowjetspion verhaftet wurde. Damals beseitigten die Frommen ihre linken Rivalen und zementierten die eigene Macht. Die Mullahs waren außerdem enttäuscht von den Veteranen der militärischen Sicherheit, und so nahmen sie auch diesen Bereich selbst in die Hand. *Mohammad Mohammadi Reyshahri* gründete das MOIS. Ihm stand *Ali Younesi* zur Seite, ein ehemaliger Chef des

Revolutionsgerichts in Teheran und des Politisch-Ideologischen Büros der Revolutionsgarden. *Reyshahris* Nachfolger *Ali Fallahian* (ab 1989) wurde weltweit als Verantwortlicher für den 'Mykonos'-Anschlag des Jahres 1992 identifiziert. Damals hatte ein iranisches 'Hit Team' vier iranisch-kurdische Oppositionelle in einem Berliner Restaurant ermordet. Trotz dringenden Tatverdachts empfing die Bundesregierung den Minister aus Teheran im Vorfeld des 'Mykonos'-Verfahrens als Staatsgast. Gegen *Fallahian* existiert ein Haftbefehl der Bundesanwaltschaft aus dem März 1996.

Der aktuelle Minister für Aufklärung und Sicherheit ist für das Ausland ein ziemlich unbeschriebenes Blatt. Er heißt *Gholam-Hossein Mohseni Eje'i* und wurde 1956 in Isfahan geboren. Seine Karriere in der Justiz brachte ihn zum Islamischen Revolutionsgericht, wo er Tausende von Todesurteilen gegen Andersdenkende unterschrieben haben soll. Mitte der 1980er Jahre war er für die Personalgewinnung des MOIS zuständig. Danach repräsentierte er die Justiz beim MOIS, soll 1988 aktiv an der Ermordung politischer Gefangener teilgenommen haben. In der Folge trat er wechselweise als Ankläger in Wirtschaftsstrafsachen, beim Spezialtribunal für den Klerus, einem vergleichbaren Gremium für Staatsbedienstete und beim MOIS in Erscheinung. In den 1990er Jahren wurden Dutzende von Dissidenten durch größtenteils unbekannte Täter ermordet. Der heutige MOIS-Minister soll die Aktion beaufsichtigt haben. Auch das qualifiziert ihn für seine jetzige Aufgabe.

Das Staatssicherheits-Ministerium besteht aus 16 Direktoraten und verfügt über eine Struktur, die bis zur lokalen Provinz-Ebene reicht. Die wichtigsten Abteilungen des MOIS:

- *Das Direktorat für ausländische Angelegenheiten*: Ihm steht momentan der mysteriöse *Mohammad-Reza Iravani* vor, der häufig als *Amir-Hossein Taghavi* auftritt. Wenig ist über ihn bekannt, außer seiner Zuständigkeit für Terroroperationen jenseits der Grenzen.
- *Das Direktorat für Auslandsaufklärung und Befreiungsbewegungen*: Das ist die eigentliche Spionageeinheit

der Iraner. Ihre Mitarbeiter operieren weltweit, führen Quellen und bedienen sich Organisationen wie *Hisbollah* oder *Hamas*.

- *Das Direktorat für Sicherheit*: Offiziell kümmert sich diese Abteilung um die innere Ordnung des Dienstes. Viel bedeutender ist jedoch ihre Aufgabe, die Einsätze von Killerkommandos zu steuern. Jahrelang leitete *Said Emami* alias *Said Eslami* alias *Said Shamshiri* dieses Ressort. Sein Name fiel erstmals in Zusammenhang mit den Serienmorden an iranischen Regimekritikern. Nach dem spektakulären Mord an den Vorsitzenden der 'Mellat'-Partei, *Dariush Forouhar* und seiner Ehefrau *Parvaneh Eskandari Forouhar* im Frühjahr 1998 lief die Aktion politisch aus dem Ruder. Die Regierung musste Schadensbegrenzung betreiben. *Said Emami*, das schwächste Glied in der Geheimdienst-Kette, wurde zum Sündenbock bestimmt. Ein Militärgericht ließ ihn verhaften. Der angeblich Hauptverantwortliche für die Mordserie starb Tage später in seiner Zelle. Er hatte, so die offizielle Version, einen mit Arsen angereicherten Puder zur Entfernung von Haaren geschluckt. Nun war es einfach, *Said Emami* mit dem Tod von 100 Dissidenten zu belasten. Er soll auch in den Fall 'Mykonos', in den Anschlag auf einen Bus mit 21 iranischen Journalisten und das überraschende Ableben von *Khomeinis* Sohn *Ahmed* verwickelt gewesen sein. *Emamis* Nachfolger *Hashmi Alavi* gelobte, die Amtsgeschäfte korrekter zu betreiben.
- *Direktorat für innere Sicherheit*: Hier waltet *Mullah Mohammed Shafi'i* seines Amtes. Er beobachtet Unruhestifter, versucht Demonstrationen und unerfreuliche politische Überraschungen für das Regime zu verhindern. Zu seinen angenehmeren Beschäftigungen zählt der Verkauf des Eigentums von erkannten Dissidenten. Seine vielfältigen Aufgaben scheinen dem Regime zunehmend wichtiger zu werden.

Die handwerklichen Fähigkeiten des MOIS stoßen immer wieder auf lobende Anerkennung durch den zeitweiligen Partnerdienst BND. Da heißt es dann in einer Analyse der deutschen Kollegen: "*Sowohl die hauptamtlichen Mitarbeiter der iranischen Geheimdienste als auch ihrer nachrichtendienstlichen Verbindungen sind gut ausgebildet; sie arbeiten daher im allgemeinen sehr professionell und effizient. Bei*

ihren Auslandseinsätzen können sie sich auf eine hervorragend funktionierende nachrichtendienstliche Infrastruktur stützen".
Das beginnt – ähnlich dem deutschen System – bei der engen Kooperation mit dem Außenministerium. Die Befugnisse der MOIS-Mitarbeiter reichen weit. Nicht selten mischen sie sich in die Tätigkeit der Botschafter ein. Der BND kam zu dem Schluss: "*Vermutlich sind alle Angehörigen der iranischen Botschaften und Generalkonsulate nachrichtendienstlich geschult und zur Zusammenarbeit mit den Diensten verpflichtet*". Die Agenten Teherans nutzen auch kulturelle und geschäftliche Kontakte, islamische Kanäle und ihren Einfluss auf Terror-Organisationen wie *Hisbollah*. Über ein globales Netz von Schein- und Tarnfirmen wickeln sie ihre Beschaffungsaufträge ab. In Deutschland konzentriert sich diese Szene auf Köln und Düsseldorf.

Das MOIS und ihm zuarbeitende Einrichtungen sind die Instrumente des iranischen Staatsterrorismus. Sie stehen hinter den meisten der 450 Terrorakte, die in den vergangenen 25 Jahren im Namen und Auftrag der *Ajatollahs* verübt wurden. Dazu zählen so spektakuläre Taten, wie die mächtigen Autobomben, die 1983 die amerikanische Botschaft und das Hauptquartier der Marines in Beirut zerstörten und mehrere hundert Menschen töteten. Dazu gehört die Entführung und Geiselhaft von rund 100 Ausländern im Bürgerkriegs-Libanon und auch Flugzeugentführungen. Eine Boeing 747 der Air France wurde 1983 nach Teheran gebracht und dort gesprengt. 1988 musste ein entführter Jumbo der Kuwait Airways in Maschad landen. Dort fanden interessanterweise auch die Verhandlungen mit den Hijackern statt.

Iranische Agenten waren auch in Versuche verwickelt, *Salman Rushdie* zu töten. Mehrere Menschen fielen *Khomeinis* Fatwa zu den 'Satanischen Versen' zum Opfer, in erster Linie Übersetzer des Buches. 1994 waren die israelische Botschaft und das jüdische Kulturzentrum in Buenos Aires Ziele von verheerenden Anschlägen. Die Spuren führten zum Iran. In Wien wurde 1989 der kurdische Exilpolitiker *Abdulrahman Ghassemlou* mit zwei seiner Mitarbeiter von iranischen Agenten erschossen, in Paris 1991 der frühere iranische Premierminister *Shahpour Bakhtiar* von Abgesandten

Teherans erstochen. Kopf und Hände lagen neben der Leiche. Das Berliner 'Mykonos'-Attentat vom September 1992 trägt dieselbe Handschrift. Mehrere Täter wurden überführt und verurteilt, ihre Auftraggeber öffentlich an den Pranger gestellt. Europäischen Polizeibehörden liegt seit Jahren eine Teheraner Todesliste vor. Darauf finden sich die Namen besonders gefährdeter Exiliraner, an erster Stelle der in Paris unter Hochsicherheitsbedingungen lebende Ex-Präsident *Abol Hassan Bani Sadr*.

Nicht nur MOIS erledigt, was die Geheimdienste als einen 'nassen Job' bezeichnen. Die eigentlichen Killer haben häufig eine militärische Ausbildung erhalten und kommen aus den Reihen der 'Quds Force', einer Eliteeinheit der Revolutionären Garden. 1990 gegründet, war die von Brigadegeneral *Ahmad Vahidi* befehligte Truppe stets von Geheimnissen umgeben. Ihre Angehörigen sehen sich als Nukleus einer künftigen 'Internationalen Islamischen Armee', einer Art schneller Eingreiftruppe der Fundamentalisten. *Vahidi* untersteht direkt *Khomeinis* Nachfolger *Khamenei* und hat von seiner Führung längst die Gewohnheit übernommen, jeden Terroranschlag als 'Export der islamischen Revolution' zu begründen.

An einem prominenten Beispiel lässt sich die Beteiligung der 'Quds-Truppe' gut nachvollziehen. 1989 stand der heutige Kommandeur des Geheimdienstes der 'Quds Force', Brigadegeneral *Muhammad-Ja'far Saharoudi*, dem sogenannten 'Ramadan-Hauptquartier' seiner Eliteeinheit vor. Im Fall *Ghassemlou* leitete er den Einsatz. Als ihn die österreichische Polizei vorübergehend festnahm, präsentierte *Saharoudi* einen gefälschten Pass mit dem Namen *Rahimi*. Teheran übte massiven Druck auf die Österreicher aus. Daraufhin wurden die Kurdenmörder freigelassen und nach Hause geschickt.

Der Nachrichtendienst der Revolutionsgarden (RGID) beschäftigt sich mit Spionageabwehr, der Bespitzelung der eigenen Bürger, aber auch mit der Beschaffung von Embargogütern. Der Militärische Nachrichtendienst interessiert sich nicht nur für die innere Situation der Streitkräfte. Seine Agenten sitzen auch an allen iranischen Botschaften. In enger Abstimmung mit dem MOIS betreiben sie klassische Spionage, versuchen aber auch rare Rüstungsgüter zu beschaffen. Das 'Zentrum für strategische Studien' (ZSS) operiert nachrichtendienstlich aus der iranischen Botschaft in Beirut. Seine Mitarbeiter liefern der iranischen Führung Informationen – zum Beispiel zu Israel -, decken aber auch Terroroperationen der *Hisbollah* ab.

Der Nachrichtendienst der 'Law Enforcement Force' (LEF-ICD) beobachtet und reguliert die innere Sicherheit. Seine Mitarbeiter überwachen auch ausländische Diplomaten. Das zählt zu den Aufgaben des Dienstes aus dem Präsidialamt. Seit 1995 sind die Agenten des Staatschefs auch auf die weltweit verstreut lebenden Exil-Oppositionellen angesetzt. Die Überwacher werden vom 'Nationalen Sicherheitsrat' (NSC) überwacht. Auch dem steht der Präsident vor. Zwei seiner Ausschüsse haben sich auf Nachrichtendienste spezialisiert – der 'Nachrichtendienstliche Koordinationsrat' (ICC) und der 'Ausschuss für innere Sicherheit' (SSC). Den ICC leitet traditionell der jeweilige Chef des MOIS. Von diesen beiden Gremien werden wichtige Operationen besprochen, wird aber auch die Zusammenarbeit der Dienste gesteuert.

Im Zentrum dieses umfangreichen und mit vielen Privilegien ausgestatten Sicherheitsapparates steht derzeit Irans neuer Präsident *Mahmud Ahmadinedschad*, ein echter Fachmann. Die islamische Revolution beendete sein Ingenieurstudium. *Ahmadinedschad* wurde zum fanatischen Gotteskrieger. Er soll 1979 an der Geiselnahme in der Teheraner US-Botschaft verantwortlich beteiligt gewesen sein. Ehemalige Opfer, wie der damals 20jährige Marine-Wachmann *Kevin Hermening*, wollen ihn ganz klar identifiziert haben. In den frühen 1980er Jahren arbeitete *Ahmadinedschad* bei der Sicherheitsabteilung der Pasdaran. Er soll ein besonders gnadenloser Folterknecht gewesen sein. 1986 wechselte er zur berüchtigten 'Quds Force' der Revolutionsgarden und rückte in die 'Ramadan-Garnison' bei Kermanschah ein. Von dort starten die Auslandseinsätze der Killerkommandos. Offizielle biographische Informationen sagen lediglich, dass *Ahmadinedschad* viele *"extra-territoriale Operationen der Revolutionsgarden"* befehligte. Unter anderem soll er 1989 zusammen mit anderen den Mordbefehl *Rafsandschanis* an den kurdischen Politikern im dritten Bezirk von Wien vollstreckt haben. Auch dafür gibt es einen zuverlässigen iranischen Zeugen und neue Ermittlungen der österreichischen Polizei. Als Teheraner Bürgermeister gründete er ein 'Hauptquartier zur Erinnerung an die Märtyrer der globalen islamischen Bewegung', eine zentrale Anlaufstelle für Islamisten. Derzeit soll diese Einrichtung vor allem zur Anwerbung von Selbstmordattentätern, bevorzugt für einmalige Irak-Einsätze, Verwendung finden.

Manchmal werden die Terror-Strategen unter den iranischen Mullahs auch von schlechten Nachrichten überrascht. Richter *John Bates* vom US-Distriktgericht Columbia sorgte im Dezember 2005 für eine solche Gelegenheit. Er verurteilte den Iran, an 29 Opfer des Selbstmordanschlags vom April 1983 auf die US-Botschaft in Beirut 126 Millionen Dollar Schadenersatz zu zahlen. Bei diesem konzertierten Einsatz des iranischen Geheimdienstes und der neu gegründeten *Hisbollah* waren damals 63 Menschen ums Leben gekommen, unter anderem die besten Experten der CIA zum Bereich nahöstlicher Terrorismus.